INTERMEDIATE FINANCIAL ACCOUNTING

高等学校会计学与财务管理专业系列教材

中级财务会计实训

（第三版）

ZHONGJI CAIWU KUAIJI SHIXUN

主　编　吕学典　张俊民
副主编　吴雯洁　李海玲　张　玲

2019年增值税
全新修订
最新会计准则

高等教育出版社·北京

内容提要

本书是高等学校会计学与财务管理专业系列教材之一。本书主要包括实训前准备、账务处理流程、公司基本概况以及日常经济业务四部分内容。本书既可作为《中级财务会计》配套实训用书,也可作为会计专业基础模拟实训用书。

图书在版编目(CIP)数据

中级财务会计实训 / 吕学典,张俊民主编. — 3版. — 北京:高等教育出版社,2019.9(2020.1重印)
ISBN 978-7-04-052411-6

Ⅰ.①中⋯ Ⅱ.①吕⋯ ②张⋯ Ⅲ.①财务会计 – 高等学校 – 教材 Ⅳ.①F234.4

中国版本图书馆 CIP 数据核字(2019)第 168549 号

策划编辑	林 荫 金 越	责任编辑	金 越 林 荫	
封面设计	张文豪	责任印制	高忠富	

出版发行	高等教育出版社	网　址	http://www.hep.edu.cn
社　　址	北京市西城区德外大街4号		http://www.hep.com.cn
邮政编码	100120		http://www.hep.com.cn/shanghai
印　　刷	上海华教印务有限公司	网上订购	http://www.hepmall.com.cn
开　　本	787mm×1092mm 1/16		http://www.hepmall.com
印　　张	21		http://www.hepmall.cn
字　　数	538千字	版　次	2011年5月第1版 2019年9月第3版
购书热线	010-58581118	印　次	2020年1月第2次印刷
咨询电话	400-810-0598	定　价	43.50元

本书如有缺页、倒页、脱页等质量问题,请到所购图书销售部门联系调换
版权所有　侵权必究
物 料 号　52411-00

第三版前言

2017年以来，我国企业会计准则和相关法规等又发生了许多变化：一是企业会计准则在2014年修订和完善的基础上，2017年再次进行修订和完善，新颁布了《企业会计准则第42号——持有待售的非流动资产、处置组和终止经营》，修订了《企业会计准则第22号——金融工具确认和计量》《企业会计准则第23号——金融资产转移》《企业会计准则第24号——套期会计》《企业会计准则第37号——金融工具列报》《企业会计准则第14号——收入》和《企业会计准则第21号——租赁》6个准则；二是2019年4月1日起开始施行的新增值税税率再次发生变化，制造业等行业现行税率由16%降至13%，交通运输业、建筑业等行业现行税率由10%降至9%；三是2019年4月30日财政部印发了《关于修订印发2019年度一般企业财务报表格式的通知》。因此，原第二版教材已经不能适用新的企业会计准则和相关法规变化的要求。为满足教学需要，体现企业会计准则和相关法规最新内容，本次修订着力解决了三个问题：一是按照最新颁布的企业会计准则修订了相关的会计处理方法；二是对所有涉及增值税的内容进行了相应的调整，包括税率调整及发票格式调整；三是按照最新财务报表格式修订了财务报告的内容。

鉴于时间仓促及作者水平有限，本次修订依然存在不足，或可能存在谬误，敬请读者批评指正。

作 者

2019年8月

第一版前言

　　强化会计学专业的实训教学对培养学生动手操作能力是十分重要的。会计实训目标应从属于会计学专业培养目标,尽管各高等学校会计专业培养目标表述上存在一定差异,但在强化会计实训方面已达成共识。强化会计实训必须打造一本实用型的会计实训教材,基于此,本实训教程在三个方面作了有益的尝试:

　　一、实现了"三仿"

　　一是"仿真业务",即会计实训的经济业务均来自实践,以实践为基础设计经济业务内容;二是"仿真样式",即会计实训的证、账、表等都应与实务工作中的证、账、表相同或相似;三是"仿真情景",即会计实训的情景与会计实务中的情景相吻合,营造一种"睹物(会计用品)思情(场所情景)"的氛围。

　　二、求"实"重"训"

　　求"实",即在"三仿"上仿"真","真"的根本即为"实",实训资料涉及的原始凭证、记账凭证、会计账簿、会计报表及公章、私章、签字等均以实践为基础,避免了"假作真"的误区;重"训",即在"实"的基础上加大"训"的力度,向学生指明训练的思路和过程,着力解决了"会计确认时间""经济业务内容""凭证传递流程""记账依据""岗位职责"等问题,并实现了文字叙述经济业务与原始凭证表现经济业务的对接。

　　三、适应学生"能力"需求

　　以本科会计学专业(或相近专业)学生能够接受为原则设计了融合理论与实践的实训业务,既解决了传统的实训层次偏低的问题,又不过于拔高学生的能力水平,真正体现了本科会计学专业(或相近专业)培养目标的要求。

　　另外,本教程多数表格后面附有与之对应的实际工作中账表的来源、用途、填写要求或提示,便于教与学。

　　本教程适用于会计学专业、财务管理专业、审计学专业及其他相关专业的中级财务会计实训,特别是对应用型高等学校的会计学专业、财务管理专业、审计学专业及其他相关专业,更具实用性。同时,也适用于高等职业教育院校的中级财务会计实训。

本教程由吕学典设计整体编写方案,参加编写的人员有:吕学典、张俊民、吴雯洁和李海玲。初稿完成后,由吕学典、张俊民统稿和总纂,最后由吕学典定稿。

本教程是作者多年会计教学实践的总结,其中参考了许多专家的宝贵经验和研究成果,恕不一一道名致谢。由于作者水平有限,不足甚至谬误在所难免,恳请读者批评指正。

作 者
2011 年 6 月

目 录

第一部分　实训前准备 …………………………… **001**
　　一、学生实训前的准备　　　　　　　　　　　*001*
　　二、教师实训前的准备　　　　　　　　　　　*001*

第二部分　账务处理流程 ………………………… **007**
　　一、账簿组织　　　　　　　　　　　　　　　*007*
　　二、记账程序　　　　　　　　　　　　　　　*014*
　　三、记账方法　　　　　　　　　　　　　　　*014*

第三部分　公司基本概况 ………………………… **015**
　　一、注册登记　　　　　　　　　　　　　　　*015*
　　二、会计机构及会计人员　　　　　　　　　　*016*
　　三、会计政策　　　　　　　　　　　　　　　*019*
　　四、期初余额及有关账户发生额　　　　　　　*019*

第四部分　日常经济业务 ………………………… **025**

参考文献 ………………………………………… **327**

第一部分
实训前准备

一、学生实训前的准备

(一) 理论知识准备

(1) 财务会计报告目标。

(2) 财务会计基本假设。

(3) 财务会计要素确认。

(4) 会计要素计量属性。

(5) 财务会计信息质量要求。

(二) 基本技能准备

(1) 点钞技能。

(2) 数字书写技能。

(3) 运算技能。

(三) 会计规范准备

(1) 会计法律规范,包括:《中华人民共和国会计法》《中华人民共和国企业所得税法》《中华人民共和国增值税暂行条例》《中华人民共和国消费税暂行条例》《企业会计准则》《会计基础工作规范》《现金管理暂行条例》《人民币银行结算账户管理办法》和《会计档案管理办法》等。

(2) 会计道德规范,包括:会计职业理想、会计工作态度、会计职业责任、会计职业技能、会计工作纪律、会计工作作风等。

二、教师实训前的准备

(一) 制定实训教学大纲

实训教学大纲的参考格式及内容如表 1-1 所示。

第一部分　实训前准备

表1-1　　　　　　　　　　　中级财务会计实训教学大纲

课程编号			课程名称		中级财务会计		开课院（系）	
总课时			实验课时		30		面向专业	
实训时间				年　　月　　日至　　年　　月　　日				
教材资料	《中级财务会计实训(第三版)》吕学典 张俊民主编　高等教育出版社,2019年版							
实训目的	通过实训教学,促进会计理论与会计实践的密切结合,促使学生加深对财务会计理论知识和相关法律法规的理解,提高理论学习效果,帮助学生提升分析问题、解决问题的能力,增强创新意识和自主学习意识,掌握会计业务的处理方法和操作技巧,逐步积累职业判断经验,为日后顺利从业奠定坚实基础							
实训项目内容	序号	项目名称		课时数	项目类型	必开	选开	说　　明
	1	数字书写		1	操作性		√	练习安排课后进行
	2	点钞与假币鉴别		1	操作性		√	练习安排课后进行
	3	原始凭证的填制		2	操作性	√		掌握常用原始凭证的填制方法和要求
	4	原始凭证的审核		10	综合性	√		以中级财务会计常规经济业务为例,从审核原始凭证开始,到编制记账凭证,再到登记账簿,最后编制会计报表
	5	记账凭证的编制			设计性	√		
	6	会计账簿的登记		10	设计性	√		
	7	会计报表的编制		6	综合性	√		
		合　　计		30				

制定人：　　　　　　审定人：　　　　　　实验教学负责人：

(二) 制订实训计划

实训计划的参考格式如图1-1所示(各学校可根据实际情况进行调整)。

　　为了进一步加强实践性教学,增强学生实践操作能力,为今后顺利走上会计工作岗位打下基础,现安排××级会计学专业学生进行为期一周(二○××年×月×日至×月×日)的中级财务会计模拟实训,特制定计划如下：

一、实训目的

"中级财务会计实训"是为"中级财务会计"课程而开设的专业实践性课程,目的是让学生通过运用手工操作,对仿真的经济业务资料进行实训,增强会计专业知识的理解和感性认识,提高会计业务综合处理能力,树立分工协作意识,培养良好的会计职业道德。通过实训,使学生系统掌握企业会计核算流程,熟悉会计内部控制制度,从而提高会计操作的实际应用能力。

二、实训要求

(1) 掌握国家有关财经法律法规和企业会计制度,掌握各项费用的开支范围、标准及规定,加强学生政策法制观念。

(2) 运用规范、仿真的原始凭证、记账凭证、会计账簿和会计报表,严格按现行企业会计准则的要求进行操作。

(3) 实训中遇到课堂教学中没有学到的新知识,要帮助学生自己查阅资料,培养独立分析问题和解决问题的能力。

(4) 实训结束后,将原始凭证、记账凭证、会计账簿、各种报表、各种登记簿与核对表进行装订,作为考核的依据。

(5) 实训结束后,每一名学生提交一份实验报告。

三、实训内容

(1) 熟悉会计工作环境。

(2) 掌握会计工作岗位流程。将会计岗位分为出纳、制单会计、记账会计、会计主管及审核等岗位,明确责任、分工协作,以仿真的经济业务资料,按照会计工作流程,完成从建账、填制和审核原始凭证、编制记账凭证、登记账簿、成本计算、财产清查,直至编制财务会计报告的全部会计工作。

(3) 训练会计操作技能。以手工会计操作为手段,通过处理货币资金、采购与付款、销售与收款、存货、工资、固定资产、投资、筹资和捐赠等经济业务,训练常规经济业务的处理能力;通过编制财务会计报告,训练财务会计报告编制能力。

四、时间安排及指导教师

时间安排	实 践 内 容	指 导 教 师
×月×日	开设账簿;编制上旬记账凭证	××× ×××
×月×日	登记上旬账簿;编制中旬记账凭证	××× ×××
×月×日	登记中旬账簿;编制下旬记账凭证	××× ×××
×月×日	登记下旬账簿;编制会计报表	××× ×××
×月×日	会计档案装订归档;模拟实训总结	××× ×××

五、实训考评

实训考评包括实训过程考评和实训结果考评,分别占总成绩的40%和60%。实训过程考评以实训小组的考评为主,实训结果考评以学生提交的实训成果为依据,其评分标准分别为:原始凭证填制和审核占30%、记账凭证填制和审核占30%、账簿登记和报表编制占20%、会计档案装订占10%、实验报告编写占10%。

年 月 日

图1-1 中级财务会计实训计划

(三) 实训材料准备

所需实训材料清单如表1-2所示。

表1-2　　　　　　　　　　　　　实训材料清单

序号	材 料 名 称	数量/每人	备 注
1	《中级财务会计实训》(第三版)教材	1本	
2	记账凭证	2本	200张
3	总账	1本	100页
4	库存现金日记账	1本	也可用三栏式账页代替
5	银行存款日记账	1本	也可用三栏式账页代替

续 表

序号	材料名称	数量/每人	备注
6	三栏式账页	30张	
7	数量金额式账页	20张	
8	多栏式账页	4张	
9	资产负债表	2张	
10	利润表	2张	
11	现金流量表	2张	
12	会计凭证封面封底	1套	
13	会计凭证包角	1份	
14	牛皮纸	1份	明细账、会计报表封面
15	胶水	1瓶	
16	刀片	1个	
17	不锈钢夹子	1个	
18	大头针	1盒	
19	装订线	1根	
20	材料袋	1个	
21	装订机	1台	实训班级共用
22	装订针	10根	

（四）确定实训小组

为了达到实训目的，实训小组可设置出纳、制单会计、总账会计、辅助会计、审核和会计主管五个岗位，明确每个岗位的工作职责。为了让每位学生按岗位进行实训，可以将每5～10位学生划分为一组，每组指定出纳、制单会计、总账会计、辅助会计、审核和会计主管的分工，每位同学根据自己分配的角色按提示要求完成相应工作。各小组成员轮换岗位，最终以总账会计的身份提交一整套会计凭证、会计账簿和会计报表装订完整的账册资料。

（五）准备总结材料

实训结束后，指导教师需对每位学生模拟实训的成绩进行评定，具体可以结合学生在实训期间纪律遵守情况、实训材料完成的准确和规范程度等进行，并且要收齐学生所完成的所有证、账、表等资料，以便归档保管。同时，学生也需要对自己及其他同学的实训表现作出评价。为便于实训考核，现提供部分实训成绩评定的参考格式。

1. 实训操作日志

实训操作日志可了解学生每日实训的内容、遇到问题及解决问题的情况。实训指导教师可依此随时了解学生实训的进度，以便对学生存在的问题及时辅导。同时，依此也可督促学生按计划完成实训内容。该表每位学生一张，按实训时间顺序填写，一般每半天填写一次，并由实训小组组长监督签字。实训操作日志的参考格式如表1-3所示。

表 1-3　　　　　　　　　　　　　实训操作日志

班级_____　　　　学号_____　　　　姓名_____

时　　间		实训内容	存在问题	已解决问题	组长签字
年　月　日	上午				
	下午				
年　月　日	上午				
	下午				
年　月　日	上午				
	下午				
年　月　日	上午				
	下午				
年　月　日	上午				
	下午				

2. 学生实训成绩自评表

学生实训成绩自评表是在学生提交实训总结的同时提交的一张表格,要求学生从实训态度端正程度、书写认真规范程度、更正方法规范程度、会计记录金额准确程度和装订美观规范程度五个方面进行自我评价。要求学生在自评时必须实事求是,客观评价实训成绩。实训成绩自评表的参考格式如表 1-4 所示。

表 1-4　　　　　　　　　　　　　实训成绩自评表

班级_____　　　　学号_____　　　　姓名_____

项　　目	自　我　描　述	自　评　分　值
实训态度端正程度(10 分)		
书写认真规范程度(10 分)		
更正方法规范程度(10 分)		
会计记录金额准确程度(60 分)		
装订美观规范程度(10 分)		
合　　计		

3. 实训小组互评表

实训小组互评表是由实训小组成员相互评价的表格。实训期间,各小组成员彼此相互了解,知晓各小组成员存在的问题及解决问题的方法,因而,实训小组成员之间的相互测评,能够客观地反映小组其他成员的真实情况,从而为指导教师对每位实训学生评定实训成绩提供参考依据。实训小组互评表的参考格式如表 1-5 所示。

表 1-5　　　　　　　　　　　　　实训小组互评表

班级_____　　学号_____　　姓名_____

项　　目	评　价　描　述	评　价　分　值
实训态度端正程度（10分）		
书写认真规范程度（10分）		
更正方法规范程度（10分）		
会计记录金额准确程度（60分）		
装订美观规范程度（10分）		
合　　计		

评价人：

第二部分 账务处理流程

账务处理流程是账簿组织、记账程序和记账方法有机结合的形式和步骤。企业应根据实际情况,选用恰当的账务处理流程,使会计凭证的填制、会计账簿的登记和会计报告的编制能够有机地结合起来,做到相互配合、相互衔接,从而形成一个严密的核算体系,有效地组织会计核算工作。

一、账簿组织

账簿组织是指会计凭证、会计账簿和会计报告的种类、格式及会计凭证与会计账簿、会计账簿与会计报告之间的关系。海城市恒易机电设备股份有限公司(以下简称恒易公司)的账簿组织如下:

(1)记账凭证采用通用格式,按旬汇总编制科目汇总表,月末根据原始凭证数量分册装订。记账凭证格式如图 2-1 所示,会计凭证装订样式如图 2-2 所示,科目汇总表格式如图 2-3 所示。

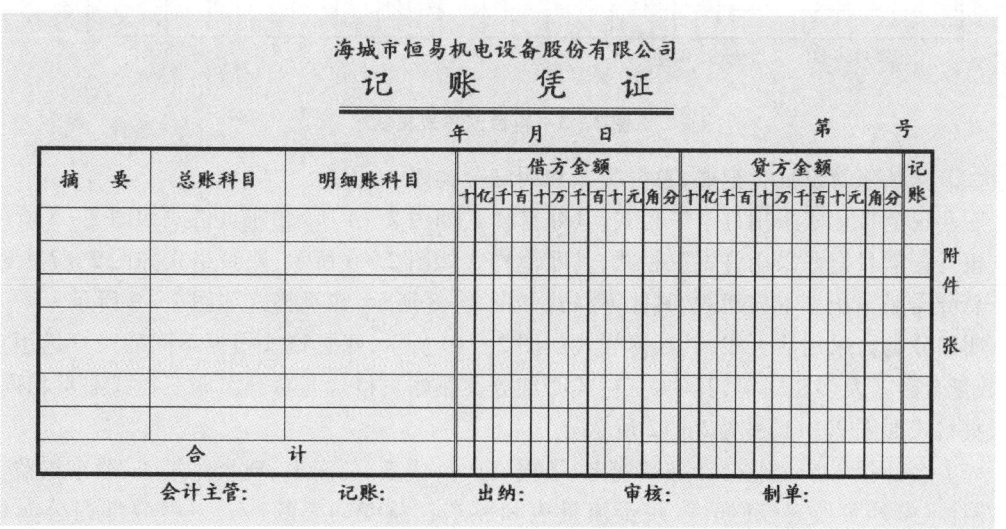

图 2-1 记账凭证格式

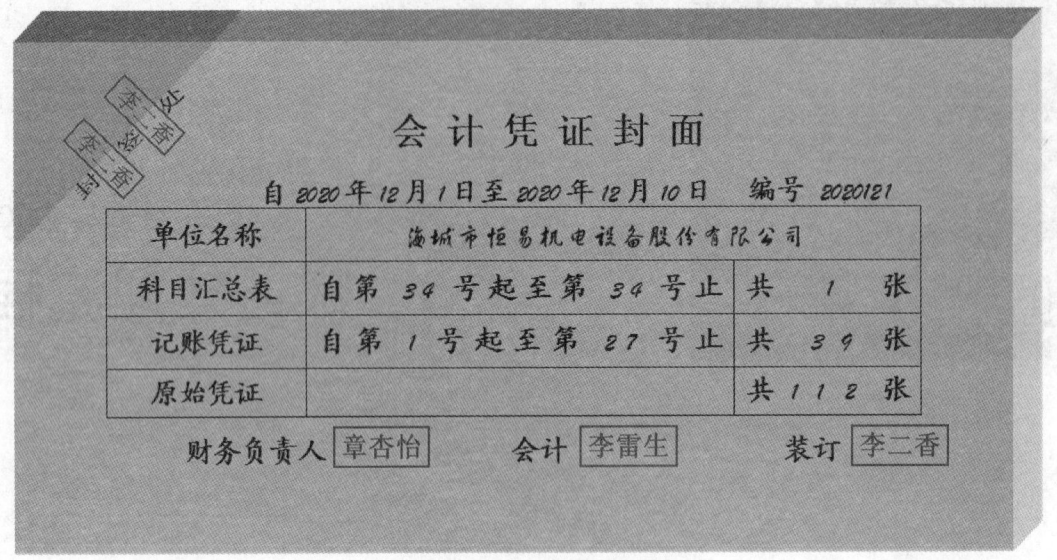

图 2-2 会计凭证装订样式

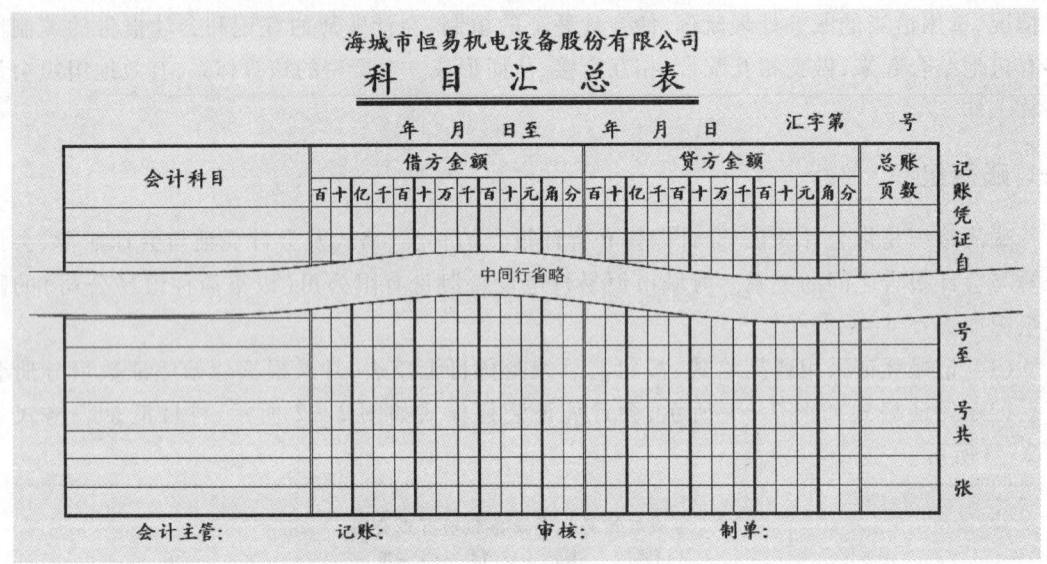

图 2-3 科目汇总表格式

（2）会计账簿设置日记账、总分类账和明细分类账。

库存现金日记账采用订本三栏式，其账簿样式如图 2-4 所示，账页格式如图 2-5 所示。
银行存款日记账采用订本三栏式，其账簿样式如图 2-6 所示，账页格式如图 2-7 所示。
总分类账采用订本三栏式，其账簿样式如图 2-8 所示，账页格式如图 2-9 所示。
明细分类账采用活页式，其账簿样式如图 2-10 所示，账页格式根据不同的账户选用三栏式、数量金额式及多栏式等，其中，三栏式明细分类账账页格式与总分类账三栏式账页相同，其他账页格式如图 2-11 和图 2-12 所示。

（3）会计报告按企业会计准则规定，填报资产负债表、利润表、现金流量表、股东权益变动表和附注（资产负债表、利润表、现金流量表和股东权益变动表的格式以财政部门公布的为准，实训时可到地方财政部门指定的会计用品店购买，此略）。

一、账 簿 组 织

图 2-4 库存现金日记账账簿

图 2-5 库存现金日记账账页

图 2-6 银行存款日记账账簿

图 2-7 银行存款日记账账页

一、账簿组织

图 2-8 总分类账账簿

图 2-9 总分类账账页

图 2-10 明细分类账账簿

图 2-11 明细分类账账页

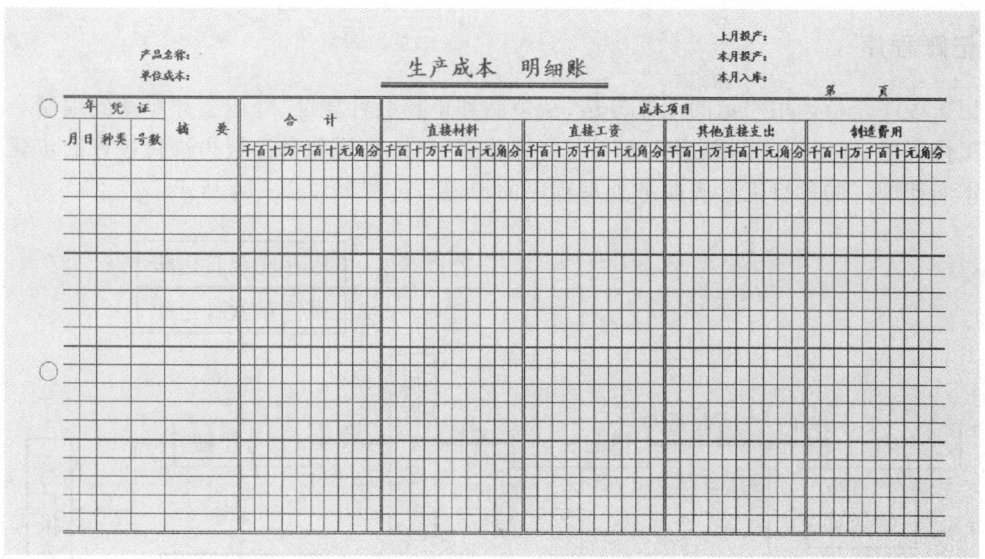

图 2-12 明细分类账账页

财务报表附注主要包括企业的基本情况、财务报表的编制基础、遵循企业会计准则的声明、重要会计政策和会计估计、会计政策和会计估计变更以及差错更正的说明、报表重要项目的说明。

年度会计报告经审核准许报出后,应在规定的时限内,装订成册并加盖公章对外报出,其封面及装订样式如图 2-13 所示。

图 2-13 年度会计报告封面及装订样式

二、记账程序

记账程序是指运用一定的记账方法,从填制和审核会计凭证、登记会计账簿到编制会计报告的工作程序,即对发生的经济业务利用会计凭证、会计账簿和会计报告进行核算的步骤与过程。本实训规定的科目汇总表账务处理程序的步骤与过程如图 2-14 所示。

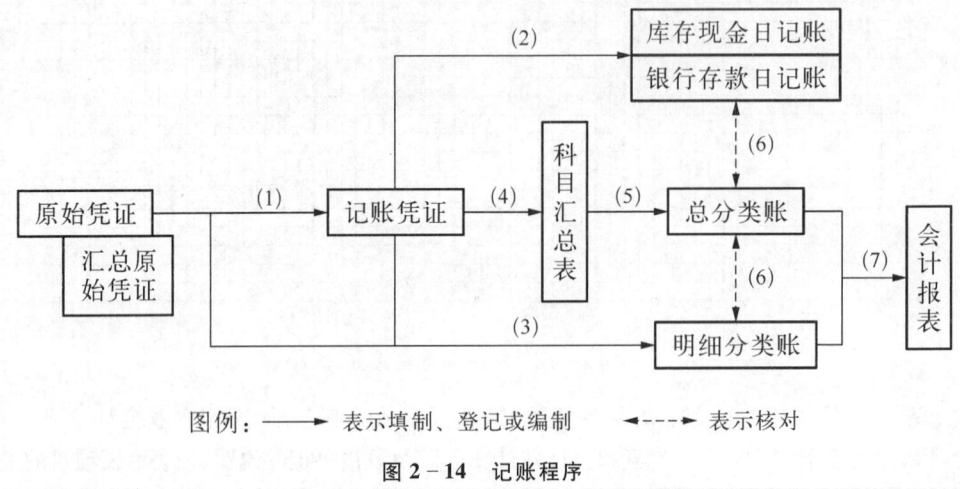

图 2-14 记账程序

三、记账方法

记账方法是指企业反映和监督经济业务活动所必须采用的技术手段或工具。根据《企业会计准则——基本准则》的规定,企业应当采用借贷记账法记账。

账簿组织、记账程序和记账方法与会计凭证、会计账簿和会计报表有机结合的关系如图 2-15 所示。

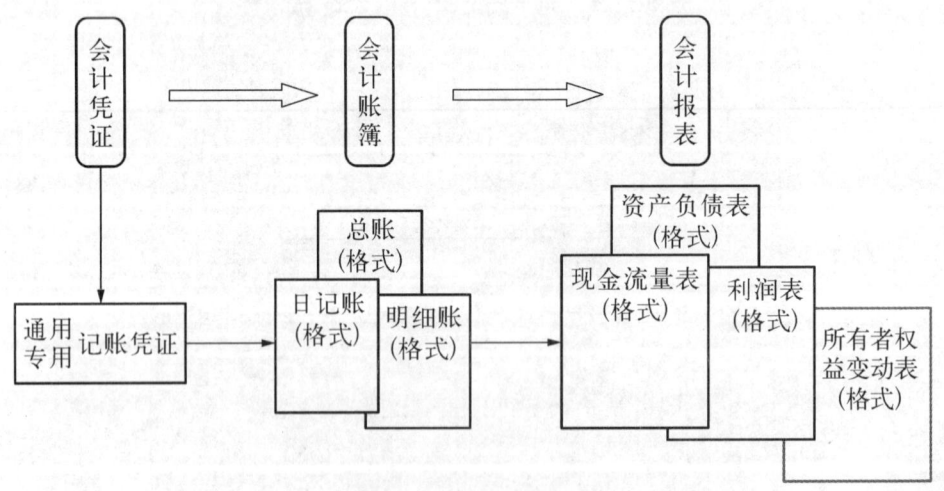

图 2-15 记账关系图

第三部分
公司基本概况

一、注册登记

恒易公司是一家以生产、销售电动机为主营业务的股份有限公司,1998年10月1日注册成立,2004年4月1日在××证券交易所上市,注册资本RMB2 200万元,登记为增值税一般纳税人,适用税率为13%。其《营业执照》(正本)如图3-1所示。

图3-1 企业法人营业执照

恒易公司在中国工商银行海城分行城东分理处开设基本存款账户,其预留银行的印鉴卡如图3-2所示。同时,恒易公司在中国建设银行海城分行中心支行开设专用存款账户,其预留银行的印鉴卡如图3-3所示。

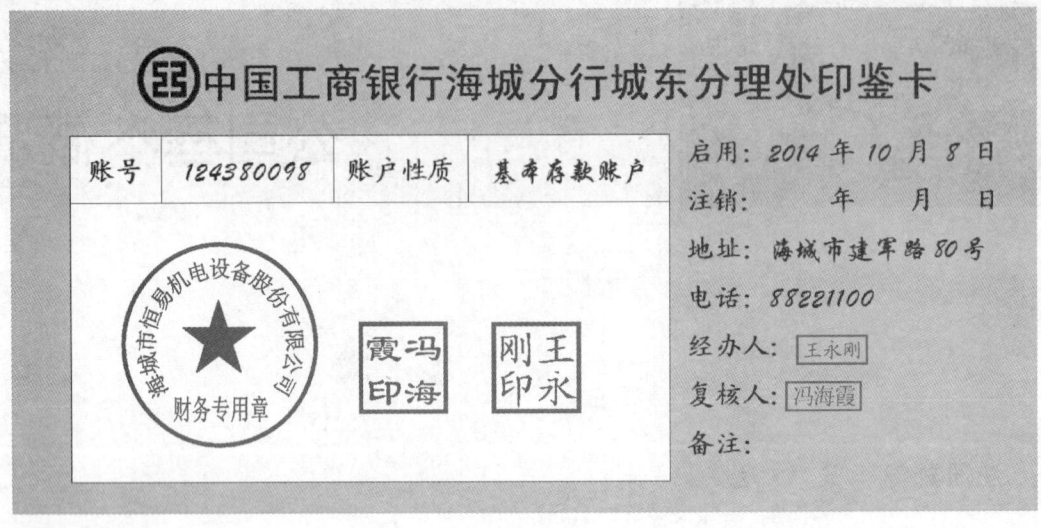

图3-2　印鉴卡

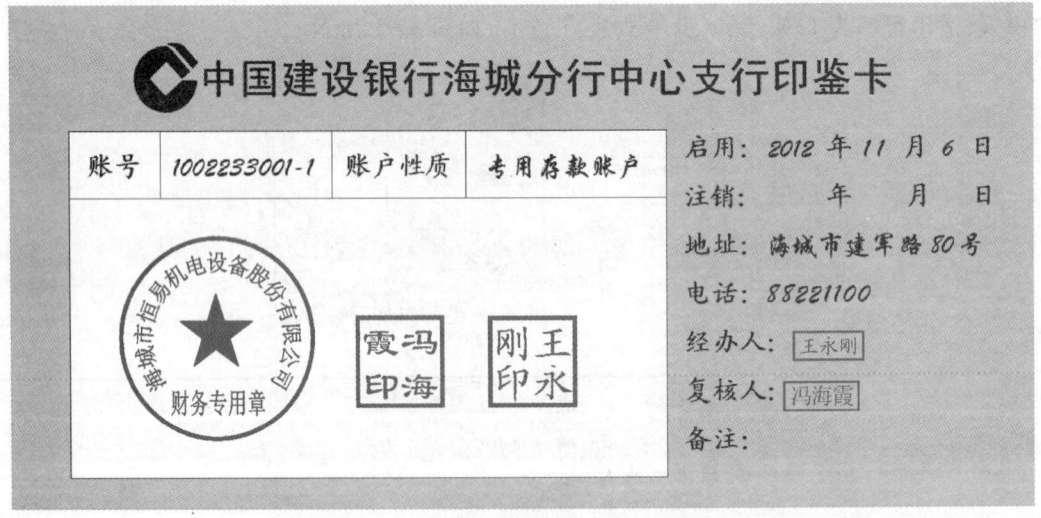

图3-3　印鉴卡

二、会计机构及会计人员

（一）设置财务科

恒易公司设置财务科,其主要职责是:

（1）依据《中华人民共和国会计法》及其他有关法律、法规,强化会计基础工作,严格执行会计法规、准则和制度,做好记账、算账、报账工作,编制各类会计报表,做到手续完备,数字有据,报表编制及时准确,情况真实可靠。按时报送各类会计报表,保证公司财务会计工作依法有序进行。

（2）各财务人员要在公司的统一领导下，按照各自的工作职责，既要各负其责、各司其职，又要通力协作、相互配合，做到账证相符、账账相符、账款相符、账实相符。认真执行现金管理制度，仔细审核每笔收支凭证，力争每笔经济业务符合财务收支标准。

（3）对各项收入及时足额入账，严格管理各项资金，分清资金渠道、费用开支范围及开支标准，杜绝多报、假报、无原始凭证报账的现象，把好日常报账审核关。

（4）注意收集积累资料，严格执行公司财务计划，年初做好预算，年终做好决算，认真书写结算报告，合理使用资金，检查资金使用情况，保证公司经济计划顺利完成。

（5）无论公司有无应税收入、所得和其他应税项目，或在减免税期间，均必须按照《中华人民共和国税收征收管理法》以及企业会计准则的规定，及时向税务部门报送相关报表和会计资料。

（6）妥善保管会计凭证、会计账簿和会计报表以及其他财务档案资料并及时立卷归档。

（7）积极完成领导交办的其他工作任务。

（二）财务科会计人员配备

财务科配备以下会计人员：

1. 总会计师冯海霞

其主要职责是：

（1）执行公司章程、股东大会和董事会的决议，主持编制并签署公司的财务计划、信贷计划和会计报表等，落实完成计划的措施，对执行中存在的问题提出改进措施，指导各项财务活动，考核生产经营成果，对总经理负责并报告工作。

（2）会签公司基建、投资、贸易等发展项目及重要经济合同，对可行性报告提出评估意见。

（3）负责公司的资金融通调拨决策工作，经总经理或董事会联合签署后执行。

（4）审核公司投资和效益的计算方案。

（5）编制公司工资、奖金、福利方案和年度分红派息方案。

（6）监督公司的财务管理和活动。

（7）监督公司的财务部门和会计人员执行国家的财经政策、法令、准则和遵守财经纪律，制止不符合财经法令、不讲经济效益、不执行计划和违反财经纪律的事项。

（8）对财会人员的调动、任免、晋升、奖惩等提出建议、评定，经总经理批准后交付执行。

（9）负责财会人员的培训工作，不断提高财会人员的素质和业务水平。

（10）负责会计凭证的稽核工作。

2. 财务科长章杏怡

其主要职责是：

（1）根据公司中、长期经营计划，组织编制公司年度综合财务计划和控制标准。

（2）建立、健全财务管理体系，对财务部门的日常管理、年度预算、资金运作等进行总体控制。

（3）主持财务报表及财务预决算编制工作，为公司决策提供及时有效的财务分析，保证财务信息对外披露的正常进行，有效地监督检查财务制度、预算的执行情况以及适当及时地调整。

(4) 对公司税收进行整体筹划与管理,按时完成税务申报以及年度审计工作。

(5) 精确预测现金流量,监控公司负债和资本的合理结构,统筹管理和运作公司资金并对其进行有效的风险控制。

(6) 对公司重大投资、融资、并购等经营活动提供建议和决策支持,参与风险评估、指导、跟踪和控制。

(7) 参与确定公司的股利政策,促进与投资者的沟通顺畅,保证股东利益的最大化。

(8) 与财政、税务、银行、证券等相关政府部门及会计师事务所等相关中介机构建立并保持良好的关系。

(9) 向上级主管汇报公司经营状况、经营成果、财务收支及计划的具体情况,为公司高级管理人员提供财务分析资料并提出有益的建议。

3. 总账会计李雷生

其主要职责是:

(1) 负责审核库存现金及银行存款余额是否账实相符。

(2) 负责公司日常财务核算。

(3) 负责公司产品成本核算、成本分析工作,按时编制相关产品成本计算单和成本分析报表。

(4) 负责编制会计报表以及会计报表附注,并进行财务报告分析。

(5) 负责审查会计档案资料的整理、装订和归档情况。

(6) 监督月末、年末存货的盘点工作。

(7) 保管预留银行印鉴并严格按规定使用。

(8) 负责指导及安排总账助理人员日常工作。

4. 辅助会计王楠

其主要职责是:

(1) 负责公司往来债权债务账目的定期检查与对账,按时登记应收款应付款明细账。

(2) 负责公司税金的计算工作,协助税务员进行税收的申报和解缴工作。

(3) 负责公司费用的核算工作,认真审核相关费用单据,按部门归集、分配各项费用,编制各部门费用明细表,定期进行纵向分析。

(4) 负责存货的核算工作,及时登记存货明细账,定期与仓储部门核对存货数量,确保账实相符。

(5) 负责其他相关明细账的登记工作,编制银行存款余额调节表。

(6) 完成总账会计交办的其他事项。

5. 出纳会计王永刚

其主要职责是:

(1) 负责现金和银行出纳工作。严格按照国家现金管理条例和银行结算制度,办理银行往来款项和现金的收付业务。

(2) 负责审查核对收付款原始凭证,按规定办理收付款手续。妥善保管好收付款凭证,做好原始凭证借出登记收回工作。

(3) 钱款当面点清,防止差错,保证资金安全;收取大额现钞时要认真鉴别,谨防假币;从银行提取现金或将现金送存银行时,必须请保安人员护送,以确保现金的安全。

(4) 负责支票的开具和保管工作。

(5) 负责登记库存现金日记账和银行存款日记账。每日终了,将现金余额与库存现金相核对,做到日清月结;定期将银行存款余额与银行核对,保证账实相符。

(6) 负责保管现金、银行票据、有价证券和相关印章,离岗前要将其放入保险柜,并妥善保管好保险柜钥匙和密码;库存现金超过限额时要及时送存银行。

(7) 根据业务需要提取现金备用,保证日常报销所需的现金周转,正确使用各种银行结算凭证,及时办理银行收付业务,银行单据要及时取回入账。

(8) 负责及时清理信汇、支票的收回工作,随时掌握银行存款余款。

6. 制单员李二香

其主要职责是:

(1) 负责编制公司全部经济业务的记账凭证。

(2) 及时向总账会计报告原始凭证复核中发现的问题。

(3) 及时更正记账凭证的错误。

(4) 负责会计凭证的整理、装订和归档工作。

(5) 完成总账会计交办的其他事项。

三、会计政策

会计政策是指企业在会计确认、计量和报告中所采用的原则、基础和会计处理方法。恒易公司的会计政策包括:

(1) 会计核算的记账基础为权责发生制。

(2) 原材料和库存商品发出成本的计价采用先进先出法。

(3) 短期借款利息按月预提,每季度第三个月月末支付给银行。

(4) 所得税按应付税款法核算,税率为25%。

(5) 按10%计提法定盈余公积。

四、期初余额及有关账户发生额*

1. 期初余额

恒易公司2020年1月1日和10月1日有关账户期初余额如表3-1所示。

表3-1　　　　2020年1月1日和10月1日有关账户期初余额表　　　　金额单位:元

账户	1月1日余额		10月1日余额	
	借方	贷方	借方	贷方
库存现金	3 928.50		3 873.20	
银行存款	1 455 262.37		3 187 274.50	
应收票据	128 800.00		928 800.00	
应收账款	986 000.00		1 235 260.00	

* 为简略起见,期初余额及发生额仅以表格形式表现,不提供账页。

续 表

账 户	1月1日余额 借方	1月1日余额 贷方	10月1日余额 借方	10月1日余额 贷方
预付账款	150 000.00		1 150 000.00	
其他应收款	5 000.00		4 500.00	
坏账准备		49 300.00		61 780.00
原材料	4 178 600.00		5 398 000.00	
库存商品	1 859 200.00		7 444 500.00	
周转材料	764 190.00		814 550.00	
存货跌价准备		4 464.00		4 464.00
债权投资	463 845.00		463 845.00	
长期股权投资	1 000 000.00		1 000 000.00	
固定资产	48 684 155.00		58 610 296.00	
累计折旧		11 488 368.40		14 953 978.20
在建工程	3 150 000.00		5 375 000.00	
无形资产	1 260 000.00		1 850 000.00	
累计摊销		34 895.00		94 475.01
短期借款				1 000 000.00
应付账款		2 963 240.00		2 628 350.00
预收账款		3 983 200.00		2 578 200.00
应付职工薪酬		3 344 763.00		2 568 816.83
应交税费		1 632 100.00		1 822 241.41
长期借款		5 150 000.00		5 375 000.00
股本		22 000 000.00		22 000 000.00
资本公积		11 796 245.47		11 796 245.47
盈余公积		1 959 105.00		1 959 105.00
本年利润				21 554 045.79
利润分配		841 500.00		841 500.00
生产成本	1 158 200.00		1 772 303.01	

2. 期末余额

恒易公司 2020 年 11 月 30 日有关账户期末余额如表 3-2 所示。

表 3-2　　　　　　　　2020 年 11 月 30 日有关账户期末余额表　　　　　　金额单位：元

账　户	借　方	贷　方	账　户	借　方	贷　方
库存现金	3 999.10		累计折旧		15 832 640.00
银行存款	3 351 884.09		在建工程	5 425 000.00	
交易性金融资产	106 000.00		无形资产	1 850 000.00	
应收票据	1 362 000.00		累计摊销		125 000.00
应收账款	2 215 140.00		短期借款		3 575 000.00
预付账款	759 300.00		应付账款		679 400.00
其他应收款	2 000.00		预收账款		1 900 000.00
坏账准备		110 757.00	应付职工薪酬		4 798 335.98
原材料	4 386 000.00		应交税费		1 175 600.00
库存商品	10 898 800.00		长期借款		5 425 000.00
委托加工物资	89 000.00		股本		22 000 000.00
周转材料	897 189.00		资本公积		11 796 245.47
存货跌价准备		4 464.00	盈余公积		1 959 105.00
债权投资	463 845.00		本年利润		24 013 412.74
长期股权投资	1 000 000.00		利润分配		841 500.00
固定资产	59 544 603.00		生产成本	1 881 700.00	

其中，有关明细账余额为（金额单位：元）：

(1) 交易性金融资产：
　　通达股份公司债券（成本）　　　　　　　　106 000.00
(2) 应收票据：
　　海城市机电商场（面值）　　　　　　　　　600 000.00
　　海城市机电商场（应计利息）　　　　　　　　2 000.00
　　海湖县机电公司（面值）　　　　　　　　　760 000.00
(3) 应收账款：
　　海湖县机电公司　　　　　　　　　　　　　890 000.00
　　海城市机电商场　　　　　　　　　　　　　 58 000.00
　　洪泽市泽南物贸商场　　　　　　　　　　　313 750.00
　　南平市机电设备公司　　　　　　　　　　　460 390.00
　　盐州市机电设备公司　　　　　　　　　　　303 000.00
　　盐州市盛祥设备有限公司　　　　　　　　　190 000.00
(4) 预付账款：
　　海城电子器材厂　　　　　　　　　　　　　500 000.00
　　盐州铜材厂　　　　　　　　　　　　　　　240 000.00

海城市太平洋保险公司　　　　　　　　　　15 000.00
　　设备维修费　　　　　　　　　　　　　　4 300.00
(5) 其他应收款：
　　陈国正　　　　　　　　　　　　　　　　2 000.00
(6) 原材料：
　　甲材料 20 000 千克，单位进价 100.00，金额 2 000 000.00
　　乙材料 15 000 千克，单位进价 60.00，金额 900 000.00
　　丙材料 12 500 千克，单位进价 80.00，金额 1 000 000.00
　　丁材料 13 200 千克，单位进价 30.00，金额 396 000.00
　　戊材料 9 000 千克，单位进价 10.00，金额 90 000.00
(7) 库存商品：
　　A 产品 3 500 台，单位成本 1 600.00，金额 5 600 000.00
　　B 产品 3 311 台，单位成本 1 500.00，金额 4 966 500.00
　　C 半成品 1 222 件，单位成本 110.00，金额 134 420.00
　　D 半成品 2 328 件，单位成本 85.00，金额 197 880.00
(8) 委托加工物资：
　　城南工业联合公司（原材料）　　　　　　80 000.00
　　城南工业联合公司（加工费）　　　　　　9 000.00
(9) 债权投资：
　　海鲜紫菜股份有限公司债券（成本）　　　400 000.00
　　海鲜紫菜股份有限公司债券（应计利息）　60 000.00
　　海鲜紫菜股份有限公司债券（利息调整）　3 845.00
(10) 长期股权投资：
　　海欣股份有限公司（成本）　1 000 000.00（20 万股，面值 1 元）
(11) 固定资产：
　　房屋、建筑物类　　　　　　　　　　　　39 857 000.00
　　生产设备类　　　　　　　　　　　　　　17 368 000.00
　　交通运输工具类　　　　　　　　　　　　1 348 500.00
　　其他固定资产　　　　　　　　　　　　　971 103.00
(12) 在建工程：
　　10 KV 高压电机生产楼　　　　　　　　　5 425 000.00
(13) 无形资产：
　　专利权　　　　　　　　　　　　　　　　1 000 000.00
　　商标权　　　　　　　　　　　　　　　　850 000.00
(14) 应付账款：
　　南平市金属材料厂　　　　　　　　　　　291 400.00
　　海城电子器材厂　　　　　　　　　　　　160 000.00
　　城南工业联合公司　　　　　　　　　　　119 000.00
　　盐州铸造有限公司　　　　　　　　　　　109 000.00
(15) 预收账款：

	海照市机械有限公司	500 000.00
	海平市机械有限公司	600 000.00
	海滨市机械有限公司	800 000.00

(16) 应付职工薪酬:

应付工资	3 534 540.98
职工福利	1 263 795.00

(17) 应交税费:

未交增值税	1 034 000.00
应交城市维护建设税	99 120.00
应交教育费附加	42 480.00

(18) 长期借款(2015年7月1日借入,用于10 KV高压电机生产楼建造,4年,年利率6%):

市建行	5 425 000.00
本金	5 000 000.00
应计利息	425 000.00

(19) 利润分配:

未分配利润	841 500.00

(20) 生产成本:

A 产品	926 200.00	B 产品	955 500.00
直接材料	430 100.00	直接材料	442 500.00
直接工资	312 400.00	直接工资	331 500.00
制造费用	183 700.00	制造费用	181 500.00

3. 有关账户发生额

恒易公司 2020 年 1—11 月有关账户的发生额如表 3-3 所示。

表 3-3　　　2020 年 1—11 月和 10—11 月有关账户发生额表　　　金额单位:元

账　户	1—11月发生额		10—11月发生额	
	借　方	贷　方	借　方	贷　方
库存现金	8 457 150.00	8 457 079.40	1 537 663.60	1 537 537.70
银行存款	95 204 313.20	93 307 691.48	17 309 875.13	17 145 265.54
交易性金融资产	106 000.00		106 000.00	
应收票据	35 360 400.00	34 127 200.00	5 544 773.00	5 111 573.00
应收账款	79 652 888.80	78 423 748.80	9 932 725.44	8 952 845.44
预付账款	6 993 456.00	6 384 156.00	101 296.80	491 996.80
其他应收款	43 400.00	46 400.00	5 420.00	7 920.00
坏账准备	634 543.00	696 000.00	29 893.00	78 870.00
原材料	49 642 080.00	49 434 680.00	7 514 414.00	8 526 414.00
库存商品	131 174 480.00	122 134 880.00	22 294 792.00	18 840 492.00
委托代销商品	870 000.00	870 000.00	148 500.00	148 500.00
委托加工物资	89 000.00		89 000.00	

续表

账户	1—11月发生额		10—11月发生额	
	借方	贷方	借方	贷方
周转材料	202 800.00	69 801.00	96 103.00	13 464.00
固定资产	10 896 603.00	36 155.00	970 462.00	36 155.00
累计折旧		4 344 271.60		878 661.80
在建工程	2 275 000.00		50 000.00	
无形资产	590 000.00			
累计摊销		90 105.00		30 524.99
短期借款	1 700 000.00	5 275 000.00	1 700 000.00	4 275 000.00
应付账款	2 283 840.00		1 948 950.00	
预收账款	24 303 000.00	22 219 800.00	4 450 490.00	3 772 290.00
应付职工薪酬	40 718 093.07	42 171 666.05	6 634 110.34	8 863 629.49
应交税费	14 764 944.00	14 308 444.00	4 984 026.91	4 337 385.50
其他应付款	16 189 210.45	16 189 210.45	2 962 214.23	2 962 214.23
长期借款		275 000.00		50 000.00
本年利润	127 306 339.20	151 319 751.94	25 955 821.95	28 415 188.90
生产成本	81 723 980.00	81 000 480.00	13 390 983.27	13 281 586.28
制造费用	10 741 600.00	10 741 600.00	1 833 480.00	1 833 480.00
主营业务收入	147 193 217.00	147 193 217.00	27 664 462.00	27 664 462.00
其他业务收入	3 934 800.00	3 934 800.00	712 800.00	712 800.00
投资收益	111 978.18	111 978.18	37 926.90	37 926.90
营业外收入	79 756.76	79 756.76		
主营业务成本	104 003 322.00	104 003 322.00	18 840 492.00	18 840 492.00
其他业务成本	3 464 810.00	3 464 810.00	527 660.00	527 660.00
税金及附加	2 413 839.13	2 413 839.13	516 473.69	516 473.69
销售费用	2 941 910.93	2 941 910.93	532 935.37	532 935.37
管理费用	5 506 817.20	5 506 817.20	997 575.30	997 575.30
财务费用	884 369.03	884 369.03	198 221.92	198 221.92
信用减值损失	86 800.00	86 800.00		
所得税费用	8 004 470.91	8 004 470.91	1 700 457.66	1 700 457.66

第四部分
日常经济业务

恒易公司2020年12月份发生一系列经济业务：
1. 12月1日（图4-1-1至图4-1-5）

图4-1-1

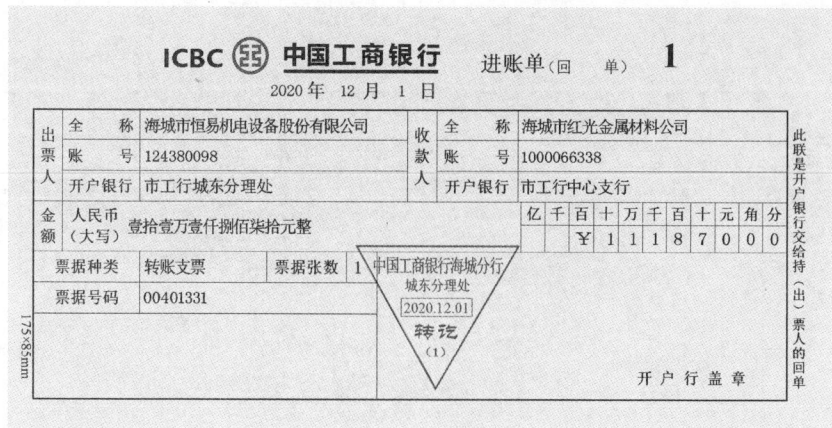

图4-1-2

业务 1

实训指导：

（1）原始凭证取得时间：2020年12月1日。

（2）经济业务内容：购进甲材料，用转账支票结算方式支付购货款及税款，材料已验收入库。

（3）凭证传递流程：出纳王永刚收到增值税专用发票的"发票联"和"抵扣联"及原材料入库单"会计记账联"后，及时与供应部门核对购销合同。经核实确认后，签发转账支票111 870元，将出票联加盖印鉴后并填写进账单到银行办理转账。银行审核无误后办理转账，盖章退回进账单"回单联"。

转账支票是支付款项的一种票据，由付款人签发。单位和个人签发支票的金额不得超过签发支票时签发人实有的存款金额，同时不得签发空头支票、与预留银行签章不符的支票以及支付密码错误的支票。否则，银行应予以退票，并按票面金额处以5%但不低于1 000元的罚款；持票人有权要求出票人赔偿支票金额2%的赔偿金。对屡次签发的，银行应停止其签发支票。

转账支票包括存根联（左）和出票联（右）两部分。出票联的填写要注意两点：一是日期必须是汉字大写，二是大、小写金额填写错误必须加盖"作废"戳记妥善保管并另开支票，不得修改。

另外，在签发支票时应使用碳素墨水或墨汁填写，中国人民银行另有规定的除外。

（4）记账依据：增值税专用发票的"发票联"和"抵扣联"、转账支票的"存根联"及进账单"回单联"和原材料入库单"会计记账联"。

（5）岗位职责：制单员李二香编制记账凭证，出纳王永刚登记"银行存款日记账"，辅助会计王楠登记"应交税费——应交增值税"明细账。

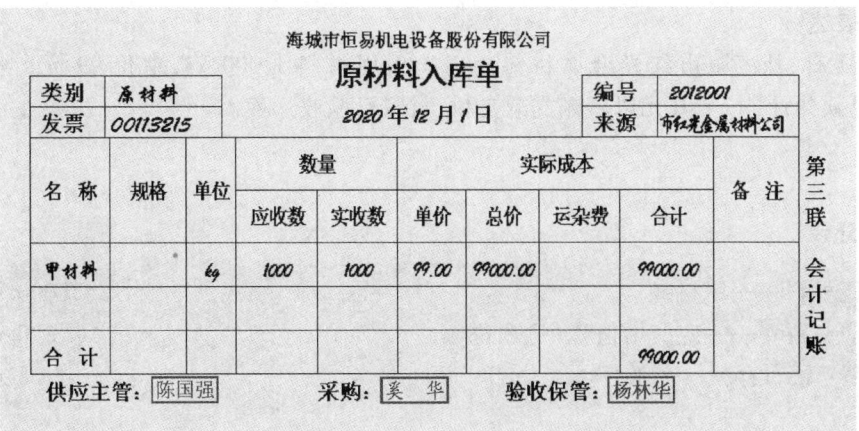

图 4-1-3

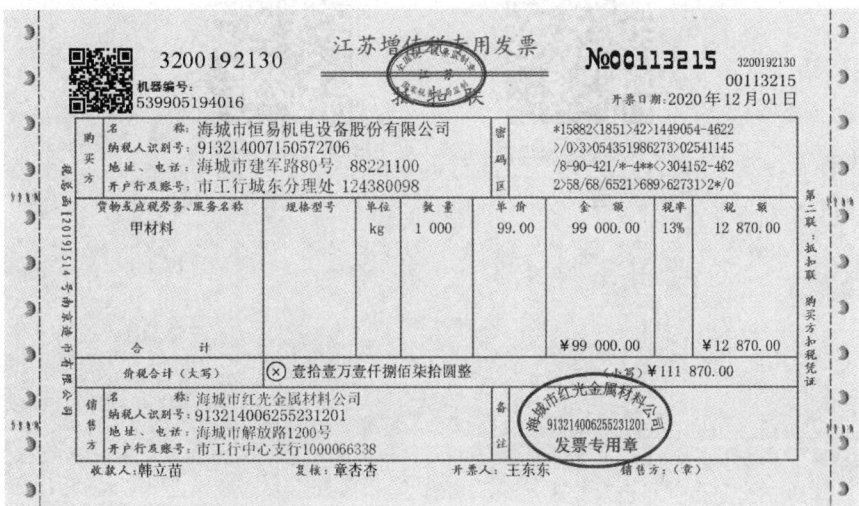

图 4-1-4

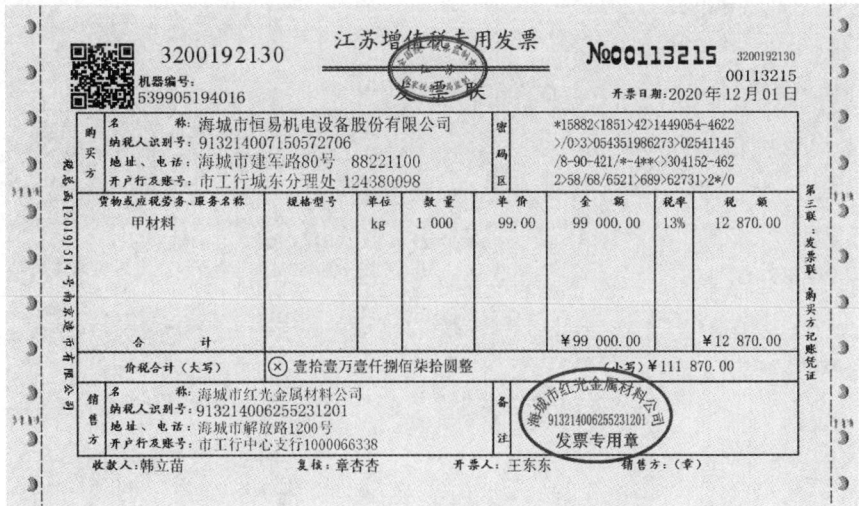

图 4-1-5

文字表述：

12月1日，从海城市红光金属材料公司购入甲材料 1 000 kg，单价 99 元，增值税税率 13%，价税款共计 111 870 元以转账支票支付，材料已验收入库。

会计分录：

借：原材料——甲材料　　　　　　　　　　　　　　　99 000.00
　　应交税费——应交增值税（进项税额）　　　　　　12 870.00
　　贷：银行存款——工行　　　　　　　　　　　　　111 870.00

（扫描查看原始凭证）　　　（扫描查看记账凭证）

2. 12月1日(图4-2-1至图4-2-4)

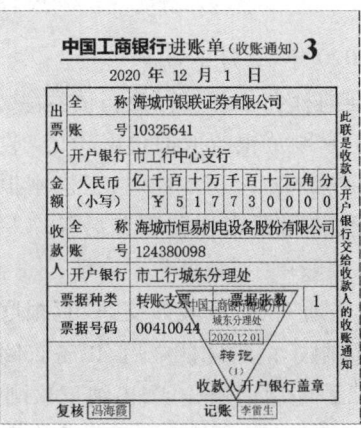

图4-2-1

图4-2-2

图4-2-3

业务 2

实训指导:

(1) 原始凭证取得时间:2020 年 12 月 1 日。

(2) 经济业务内容:经批准向社会公开发行公司债券。

(3) 凭证传递流程:出纳王永刚从银行取回进账单的"收账通知",海城市银联证券有限责任公司用转账支票方式将款项转入本公司。同时,王永刚根据《债券发行承销协议》相关条款规定,签发转账支票 25 000 元,将出票联加盖印鉴后并填写进账单到银行办理转账。银行审核无误后办理转账,盖章退回进账单"回单联"。

(4) 记账依据:进账单"收账通知联"和转账支票"存根联"及进账单"回单联"。《债券发行承销协议》不是记账依据,但应附于记账凭证之后,以备查阅。

(5) 岗位职责:制单员李二香编制记账凭证,出纳王永刚登记"银行存款日记账"。

文字表述:

12 月 1 日,经中国人民银行海城市分行批准向社会公开发行公司债券,发行数量为 5 000 张,每张面值 1 000 元,期限 4 年,票面利率 6%,每年付息一次,到期一次性还本。债券由海城市银联证券有限责任公司代理发行,发行价格为 1 035.46 元,现已全部售出,收到发行款 5 177 300 元存入银行,并签发转账支票支付 25 000 元的发行手续费。

会计分录:

借:银行存款——工行	5 177 300.00
贷:应付债券——面值	5 000 000.00
——利息调整	177 300.00
借:应付债券——利息调整	25 000.00
贷:银行存款——工行	25 000.00

(扫描查看原始凭证)

(扫描查看记账凭证)

债券发行承销协议

债券发行人(以下称甲方)：海城市恒易机电设备股份有限公司
住所：海城市建军路80号
法定代表人：仇海宁
债券承销人(以下称乙方)：海城市银联证券有限责任公司
住所：海城市纯化路2-10号
法定代表人：林雪海

甲方经中国人民银行批准，采用招投标方式发行"公司金融债券"(以下简称债券)，负责债券招投标发行的组织工作；乙方自愿成为该种债券承销商，承诺参与投标，并履行承购包销义务。

根据《中华人民共和国经济合同法》和中国人民银行的有关规定，甲乙双方经协商一致，签订本协议。

第一条 债券种类与数额

本协议项下债券指甲方按照2020年中国人民银行批准的债券发行计划采用招投标方法发行的债券。甲方根据其资金状况，经中国人民银行批准，确定发行数量为5 000张，每张面值1 000元，期限4年，票面利率6%，每年付息一次，到期一次性还本。

第二条 承销方式

乙方采用承购包销方式承销债券。

第三条 承销期

债券承销期由甲方在债券发行公告或发行说明书中确定。

第四条 承销款项的支付

乙方应按债券发行公告规定的销售价格1 035.46元/张(按公告日市场利率5%确定)，将债券承销款项及时足额划入甲方指定的银行账户。

第五条 发行手续费的支付

甲方按乙方承销债券面值总额的0.5%向乙方支付发行手续费，该笔费用由甲方在收到乙方承销款后十个营业日内划至乙方指定的银行账户。

第六条 登记托管

债券采用无纸化发行，中央国债登记结算有限责任公司(以下简称中央结算公司)负责债券的登记托管。

第七条 附属协议

甲乙双方均认可，通过债券招标系统在招标期间按规定格式传送和给出的投标书和中标通知书均为本协议项下附属协议。

第八条 信息披露

一、甲方应于债券发行前向承销人提供招投标办法和发债说明书，并于招投标结束后发布发行公告；
二、甲方应在发行说明书中公告债券发行的发债条件和发债方式；
三、甲方应在发行说明书中公布最近三年的主要财务数据；
四、甲方应按年披露其财务状况及其他有关债券兑付的重要信息。

第九条 甲方的权利和义务

甲方的权利如下：
一、甲方有权按债券发行条件和乙方承销额向乙方收取债券承销款项；
二、债券发行的招投标条件、程序和方式等由甲方确定；
三、按照国家政策，自主运用发债资金。

甲方的义务如下：
一、甲方应依约履行归还本息的义务，不得提前或推迟归还本金和支付利息；
二、甲方应按债券发行条件向乙方支付发行手续费；
三、甲方保证其采用的发债方式符合中国人民银行的有关规定；
四、甲方应按本协议约定及时披露信息。

第十条 乙方的权利和义务

乙方的权利如下：
一、有权参与债券发行承销投标；
二、向甲方收取其持有债券的本金和利息；
三、有权向认购人分销债券；

—1—

四、按甲方的发债条件取得发行手续费；

五、可获得承销期内（发行起始日至缴款日之间）分销认购款的暂存利息；

六、有权参加甲方举行的发行预备会议，有权获得甲方招投标发债的所有应依法公告的信息；

七、经中国人民银行批准后，可在同业债券市场进行债券交易，甲方参与同业债券交易时，乙方可与甲方进行对手交易；

八、有权无条件退出承销团，但须提前三十日书面通知甲方。

乙方的义务如下：

一、应以法人名义参与债券承销投标；

二、应按时足额将债券承销款项划入甲方指定的银行账户；

三、应按债券承销额度履行承购包销义务，依约进行分销；

四、应严格按承销额度分销债券，不得超冒分销；

五、乙方有义务按甲方确定的招标方式和发行条件参与债券发行投标，不得与其他投标人相互串通，操纵市场；

六、乙方应将发行经办部门、人员授权或变更等情况及时书面通知甲方和中央结算公司。

第十一条　违约责任

一、乙方如未能依约支付承销款项，则应按未付部分每日万分之五的比例向甲方支付违约金，未付款部分和违约金甲方可从应支付给乙方的其他债券的本息中扣除；缴款逾期十天以上的，甲方可取消乙方未付款项部分的承销额度，乙方自动丧失承销商资格，但对已承销的债券仍应按本协议承担义务。

二、乙方如借承销债券之机超冒分销债券，超冒分销部分甲方不予确认，责任由乙方承担。甲方保留单方面终止其承销商资格的权利。

三、甲方如未依约履行债券还本付息义务，则应按未付部分每日万分之五的比例向乙方支付违约金。

乙方如未按发债条件承担承销额度，或连续三次不参与投标或未按规定进行有效投标的，则视为自动放弃承销商资格。

第十二条　协议的变更

本协议的变更应经双方协商一致，达成书面协议。

如本协议与中国人民银行有关规定不一致时，甲乙双方应按中国人民银行的规定执行。

第十三条　附则

一、本协议项下附件包括：

1. 发债说明书；
2. 债券发行办法；
3. 甲方出具的招标书。

二、本协议的未尽事宜，经甲乙双方协商一致，可签订其他补充协议。本协议与补充协议不一致的，以补充协议为准。

三、本协议正式文本一式五份，甲乙双方各执二份，中央结算公司一份，具有同等法律效力。

四、本协议经双方法定代表人或其授权的代理人签字并加盖公章后生效。

五、本协议适用于甲方 2020 年发行的债券。

甲方（公章）：　　　　　　　　　　乙方（公章）：

法定代表人签字：　　　　　　　　　法定代表人签字：

二〇二〇年六月一日

图 4-2-4

3. 12月1日（图4-3-1）

中国工商银行　借款借据（入账通知）

2020年12月01日

收款人	全称	海城市恒易机电设备股份有限公司	借款人	全称	海城市恒易机电设备股份有限公司
	账号	124380098		账号	051021
	开户银行	市工行城东分理处		开户银行	市工行城东分理处

借款金额	人民币（大写）贰佰万元整	千百十万千百十元角分 ¥2 0 0 0 0 0 0 0 0
借款原因及用途	厂房工程借款	借款计划指标　2000000.00

借款期限

期次	计划还款日期	√	计划还款金额
1	2023-12-01		2000000.00
2			
3			

备注：年利率6%
到期一次性还本付息

中国工商银行海城东分理处 2020.12.01 转讫

你单位上列借款已转入你单位结算户内，借款到期时由我行按期自你单位结算账户转还。
此致

此联由银行退借款单位作入账通知

图4-3-1

4. 12月1日（图4-4-1至图4-4-4）

银行承兑汇票　2　10200056　00000551

出票日期（大写）　贰零贰零年 壹拾贰 月 零壹 日

出票人全称	海丰市机电设备有限公司	收款人	全称	海城市恒易机电设备股份有限公司
出票人账号	401316541		账号	124380098
付款人全称	工商银行海丰市分行中心营业部		开户银行	工商银行海城市分行城东分理处

出票金额	人民币（大写）贰佰贰拾陆万圆整	亿千百十万千百十元角分 ¥2 2 6 0 0 0 0 0 0

汇票到期日（大写）	贰零贰壹年零贰月贰拾捌日	付款行	行号	320118
承兑协议号	丰工[2020]00087号		地址	海丰市金融路212号

本汇票请你行承兑，到期无条件付款。
出票人签章

本汇票已承兑，到期日由本行付款。
承兑日期 2020年12月
备注 票面利率5%　0552
复核　记账

图4-4-1

业务 3

实训指导：

（1）原始凭证取得时间：2020 年 12 月 1 日。

（2）经济业务内容：从银行取得借款划入银行存款账户。

（3）凭证传递流程：出纳王永刚办理借款手续后，从银行取得银行盖章后的借款借据"入账通知联"。

（4）记账依据：借款借据"入账通知联"。

（5）岗位职责：制单员李二香编制记账凭证，出纳王永刚登记"银行存款日记账"和"长期借款日记账"。

文字表述：

12 月 1 日，为新建厂房工程从银行借入 3 年期款项 200 万元，年利率 6%，到期一次性还本付息。

会计分录：

借：银行存款——工行　　　　　　　　　　　　　　　　2 000 000.00
　　贷：长期借款——工行　　　　　　　　　　　　　　　　2 000 000.00

（扫描查看原始凭证）　　（扫描查看记账凭证）

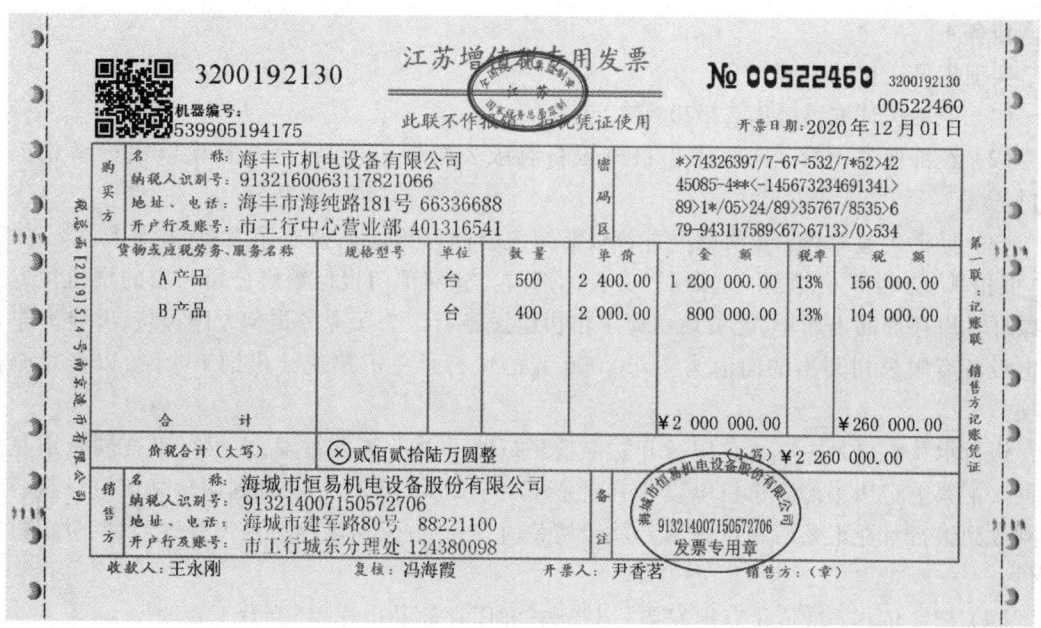

图 4-4-2

图 4-4-3

业务4

实训指导：

（1）原始凭证取得时间：2020年12月1日。

（2）经济业务内容：向海丰市机电设备有限公司销售产品，全部款项以银行承兑汇票抵付。

（3）凭证传递流程：开票员尹香茗根据销售合同开出增值税专用发票，并将其"发票联"和"抵扣联"交购货方，发票"记账联"交会计部门。仓储部门根据销售公司开出的增值税专用发票开具库存商品出库单，配货后由海丰市机电设备有限公司业务员何友强提货，并将海丰市机电设备有限公司开出的面值为2 260 000元的银行承兑汇票交给出纳王永刚，以抵付全部款项。

银行承兑汇票是由在承兑银行开立存款账户的承兑申请人签发，由银行审查同意承兑的票据。汇票上记明了海丰市机电设备有限公司将于2021年2月28日到期承兑该笔货款。王永刚收到银行承兑汇票后在备查簿上登记相关内容，并放入保险柜单独保管，待到期时到银行兑付。

（4）记账依据：增值税专用发票"记账联"和库存商品出库单"会计记账联"。

注：在实际工作中，银行承兑汇票原件不作为记账凭证附件，一般以其复印件作为附件。

（5）岗位职责：制单员李二香编制记账凭证，辅助会计王楠登记"应交税费——应交增值税"和"应收票据——海丰市机电设备有限公司"明细账。

银行承兑汇票 备查簿 第1页

承兑申请人：海丰市机电设备有限公司
承兑人：工商银行海丰市分行
出票日：2020年12月1日
到期日：2021年2月28日
票面金额：226 000元
年利率：5%
票据编号：00000551
说明：

图4-4-4

5. 12月1日（图4-5-1至图4-5-4）。

海城市恒易机电设备股份有限公司
其他物资出库单

部门	海丰市机电设备有限公司					编号	2012001
用途	出借			2020年12月1日		仓库	中州库

名称	规格	单位	数量 请领	数量 实发	单价	金额	备注
周转包装箱	X型	件	20	20	40.00	800.00	借用1个月，押金1000元已收。王永刚 2020.12.1
合计						800.00	

记账：王楠 发料：杨林华 领料单位负责人：邓晓静 领料：何友强

第三联 会计记账

图4-5-1

文字表述：

12月1日，售给海丰市机电设备有限公司A产品500台、B产品400台，销售单价分别为2 400元、2 000元，增值税税率13%，价税款共计2 260 000元，收到银行承兑汇票一张。已销产品的单位成本按先进先出法确定。

会计分录：

借：应收票据——海丰市机电设备有限公司	2 260 000.00
贷：主营业务收入	2 000 000.00
应交税费——应交增值税（销项税额）	260 000.00
借：主营业务成本	1 400 000.00
贷：库存商品——A产品	800 000.00
——B产品	600 000.00

（扫描查看原始凭证）

（扫描查看记账凭证）

业务5

实训指导：

（1）原始凭证取得时间：2020年12月1日。

（2）经济业务内容：出借周转用包装箱，收取现金押金存入银行，包装箱成本按一次摊销法摊销。

（3）凭证传递流程：出纳王永刚根据承租方交来的押金开具收款收据，留下"会计记账联"，同时填制现金交款单连同现金送存银行，银行受理后退回第一联留作银行存款收入凭证和库存现金付出凭证。仓储部门开具其他物资出库单交承租方提货，同时将其他物资出库单会计记账联转交会计部门，会计部门根据惯例方法分摊其价值，编制费用分摊计算表。

（4）记账依据：现金交款单"客户回执联"、收款收据"会计记账联"、其他物资出库单"会计记账联"和"费用负担计算表"。

（5）岗位职责：制单员李二香编制记账凭证，出纳王永刚登记"银行存款日记账"和"库存现金日记账"，辅助会计王楠登记"周转材料——包装物"和"销售费用——包装费"明细账。

中国工商银行 现金交款单

币别：人民币　　2020年12月1日　　流水号：2100026114070000006

单位填写	收款单位	海城市恒易机电设备股份有限公司	交款人	海城市恒易机电设备股份有限公司
	账号	124380098	款项来源	包装物押金
	（大写）壹仟元整		亿千百十万千百十元角分	￥100000

银行确认栏	收款人账号：124380098
	收款人户名：海城市恒易机电设备股份有限公司
	交款人名称：海城市恒易机电设备股份有限公司
	交易码　　收付　　金额
	120101　　收　　1000.00
	收入金额　1000.00
	实收金额　1000.00
	交易日期：2020年12月1日

中国工商银行海城分行 城东分理处 2020.12.01 转讫

（付出金额：0.00）

现金回单（无银行打印记录及银行签章此单无效）

第二联 客户回执

复核 林欢欢　　录入 韦婷　　出纳

图 4-5-2

收款收据　　№ 000096
2020年12月1日

交款单位	海丰市机电设备有限公司	收款方式	现金
人民币	壹仟元整	￥	1000.00
收款事由	周转包装箱押金		

记账：李雷生　　审核：冯海霞　　出纳：王永刚

第三联 会计记账

图 4-5-3

海城市恒易机电设备股份有限公司
费用负担计算表
2020年12月1日

项目	金额
包装物	800.00
本月分摊比例	100%
本月分摊金额	800.00

复核：冯海霞　　制表：李雷生

图 4-5-4

文字表述：

12月1日，出借周转用包装箱20件，单位成本40元，使用期1个月，收取现金押金1 000元存入银行。按一次摊销法摊销周转用包装箱的成本。

会计分录：

借：销售费用——包装费	800.00
贷：周转材料——包装物	800.00
借：库存现金	1 000.00
贷：其他应付款——海丰市机电设备有限公司	1 000.00
借：银行存款——工行	1 000.00
贷：库存现金	1 000.00

（扫描查看原始凭证）

（扫描查看记账凭证）

6. 12月1日(图4-6-1)

海城市恒易机电设备股份有限公司 借款凭证
2020年12月1日　　　　　　　　No:001128

借款部门	供应科	借款人	刘强
事　由	出差南平市采购材料		
借款金额	人民币(大写)：贰仟元正		￥2000.00
领导审批	同意暂借 仇海宁 2020.12.1		现金付讫

第二联　付款凭证

图 4-6-1

7. 12月2日(图4-7-1)

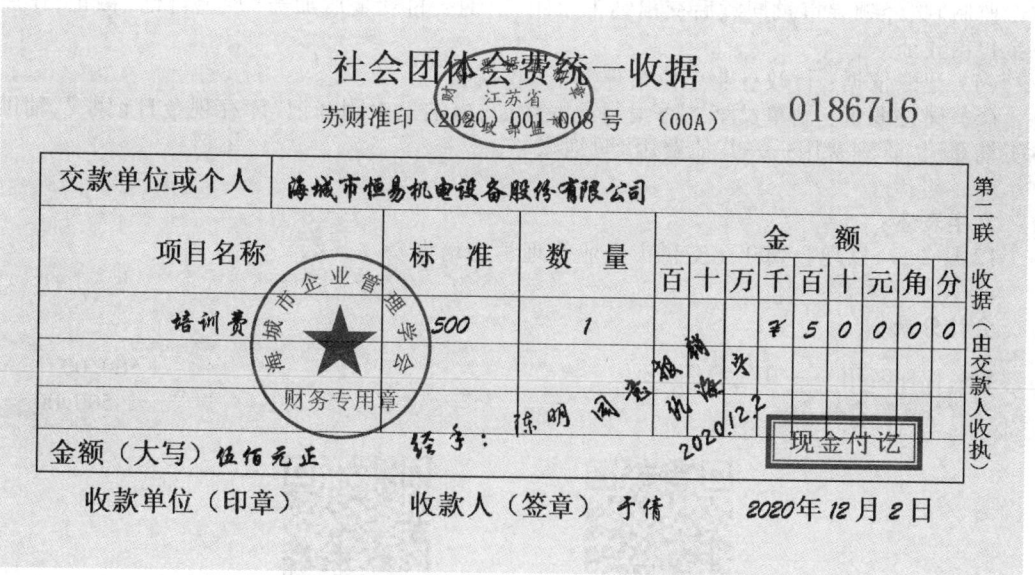

图 4-7-1

业务6

实训指导:

(1) 原始凭证取得时间:2020年12月1日。

(2) 经济业务内容:采购员刘强预借差旅费,以现金付讫。

(3) 凭证传递流程:采购员刘强填写借款凭证,报经领导审批同意后,将借款凭证的"付款凭证联"交出纳王永刚,出纳付出现金后加盖现金付讫戳记,作库存现金付出凭证。

(4) 记账依据:借款凭证"付款凭证联"。

(5) 岗位职责:制单员李二香编制记账凭证,出纳王永刚登记"库存现金日记账",辅助会计王楠登记"其他应收款——刘强"明细账。

文字表述:

12月1日,采购员刘强预借差旅费2 000元,以现金付讫。

会计分录:

借:其他应收款——刘强　　　　　　　　　　　　　　　　2 000.00
　　贷:库存现金　　　　　　　　　　　　　　　　　　　　　2 000.00

(扫描查看原始凭证)　　　　(扫描查看记账凭证)

业务7

实训指导:

(1) 原始凭证取得时间:2020年12月2日。

(2) 经济业务内容:以现金支付市企业管理学会培训费。

(3) 凭证传递流程:经手人陈明将由培训单位开具的行政事业单位结算凭证(必须是财政部监制)报经领导审批同意后交出纳王永刚,出纳支付现金后加盖"现金付讫"戳记,作库存现金付出凭证。

(4) 记账依据:行政事业单位结算凭证"收据联"。

(5) 岗位职责:制单员李二香编制记账凭证,出纳王永刚登记"库存现金日记账",辅助会计王楠登记"管理费用——其他费用"明细账。

文字表述:

12月2日,以现金500元支付市企业管理学会培训费。

会计分录:

借:管理费用——其他费用　　　　　　　　　　　　　　　　500.00
　　贷:库存现金　　　　　　　　　　　　　　　　　　　　　500.00

(扫描查看原始凭证)　　　　(扫描查看记账凭证)

8. 12月2日（图4-8-1至图4-8-2）

中国工商银行 资金汇划电报（代收款通知）

收报日期：2020-12-2

行名：市工行城东分理处

业务种类：汇兑

收款人账号：124380098

收款人户名：海城市恒易机电设备有限公司

付款人户名：聊城县诚达物流公司

大写金额：陆万元整

小写金额：￥60000.00

发报流水号：00000151

发报行行号：0411663201

收报流水号：0010398

发报行行名：工行聊城县支行

收报行行号：320119627

打印次数：01

用途：货款

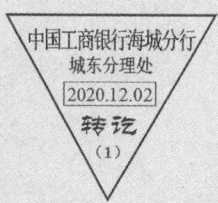

注：本凭证为打印件

图 4-8-1

业务 8
实训指导：
（1）原始凭证取得时间：2020年12月2日。
（2）经济业务内容：已作坏账损失的货款收回存入银行。
（3）凭证传递流程：销售公司将《关于聊城县诚达物流公司欠款催收的情况说明》转财务科后，出纳会计王永刚从银行取回"资金汇划电报（代收款通知）"，并以此作银行存款收入凭证。"资金汇划电报（代收款通知）"是汇兑结算方式中电汇形式的收款凭证。电汇是汇款人将一定款项交存汇款银行，汇款银行通过电报或电传给目的地的分行或代理行（汇入行），指示汇入行向收款人支付一定金额的一种汇款方式。此时，收款人以汇入行加盖受理业务专用章的"资金汇划电报（代收款通知）"作为银行存款收入的凭证。
（4）记账依据：汇兑结算凭证的"资金汇划电报（代收款通知）"。
（5）岗位职责：制单员李二香编制记账凭证，出纳王永刚登记"银行存款日记账"，辅助会计王楠登记"应收账款——聊城县诚达物流公司"明细账。

关于聊城县诚达物流公司欠款催收的

情况说明

财务科：

　　2017年4月28日，聊城县诚达物流公司从我公司购买的A产品60台，每台单价1300元，共计91260元（货款78000元，税款13260元）。诚达公司因该产品功率与其设备不配套（其责任为对方方案论证有误，我公司系按合同供货）提出退货，我公司没有同意，但全部款项一直未决。现经多方努力，已将产品调剂至其他公司，共计收到调剂款60000元，由诚达公司汇至我公司，请查收。

2020年11月30日

经查阅明细账，该款（91260.00）公司挂账逾3年，已于今年6月30日报请总经理批准核销，建议收到的60000.00元按准则规定处理。

李雷生
2020.11.30

同意。
冯海霞 2020.12.1

图 4-8-2

文字表述：

12月2日，接银行通知，收回已核销的聊城县诚达物流公司货款60 000元存入银行。

会计分录：

借：应收账款——聊城县诚达物流公司	60 000.00
贷：坏账准备	60 000.00
借：银行存款——工行	60 000.00
贷：应收账款——聊城县诚达物流公司	60 000.00

（扫描查看原始凭证）

（扫描查看记账凭证）

9. 12月2日(图4-9-1至图4-9-7)

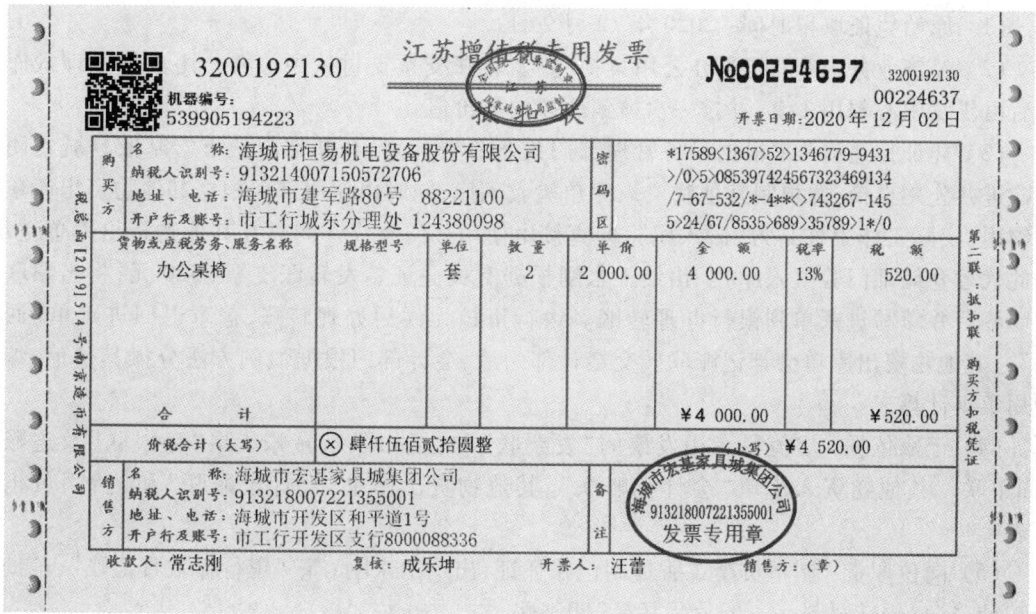

图 4-9-1

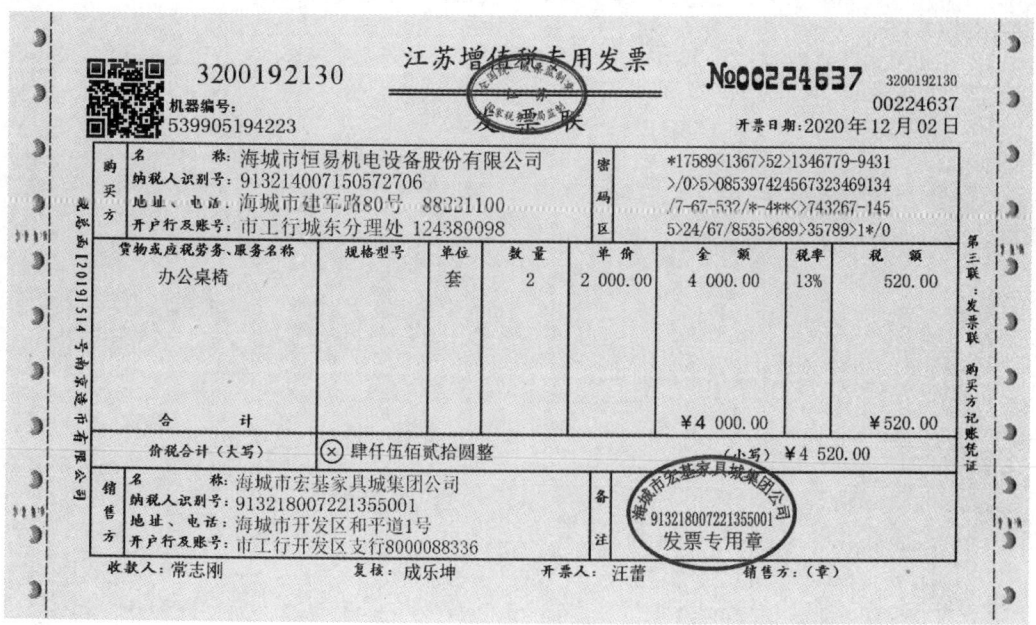

图 4-9-2

业务 9
实训指导：

（1）原始凭证取得时间：2020年12月2日。

（2）经济业务内容：购买办公用桌椅，签发转账支票支付款项。办公用桌椅办理入库手续后由研发中心领用1套，并按一次摊销法摊销其价值。

（3）凭证传递流程：根据设备管理部门设备添置计划，仓储部门从市宏基家具城集团公司购进办公用桌椅，并填制其他物资入库单验收入库，同时由使用部门根据其他物资出库单直接领用（实际工作中称其为"假入库"，即直接由使用部门验收并同时在其他物资出库单签章，以此代替仓储部门验收入库）。出纳王永刚根据有关凭证签发转账支票4 520元，将出票联加盖印鉴后并填写进账单到银行办理转账。银行审核无误后办理转账，盖章退回进账单"回单联"。其他物资出库单会计记账联转交会计部门后，会计部门根据惯例方法分摊其价值，编制费用负担计算表。

（4）记账依据：增值税专用发票的"发票联"和"抵扣联"、转账支票"存根联"及进账单"回单联"、其他物资入库单"会计记账联"、其他物资出库单"会计记账联"和"费用负担计算表"。

（5）岗位职责：制单员李二香编制记账凭证，出纳王永刚登记"银行存款日记账"，辅助会计王楠登记"周转材料——低值易耗品"明细账。

图 4-9-3

图 4-9-4

图 4-9-5

文字表述：

12月2日，购买办公用桌椅2套，单价2 000元，适用增值税税率为13%，签发转账支票支付4 520元款项。办公用桌椅办理入库手续后由研发中心领用1套，按一次摊销法摊销其价值。

会计分录：

借：周转材料——低值易耗品	4 000.00
应交税费——应交增值税（进项税额）	520.00
贷：银行存款——工行	4 520.00
借：管理费用——低值易耗品摊销	2 000.00
贷：周转材料——低值易耗品	2 000.00

（扫描查看原始凭证）　　　　（扫描查看记账凭证）

图 4-9-6

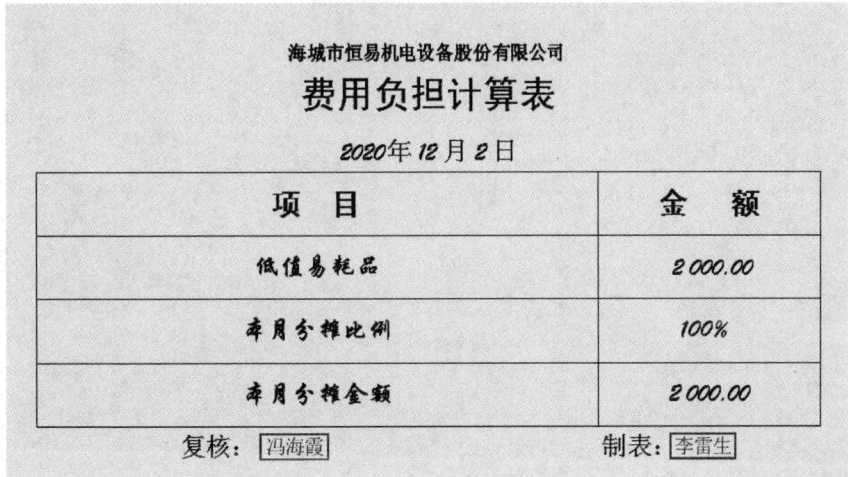

图 4-9-7

10. 12月2日（图 4-10-1 至图 4-10-3）

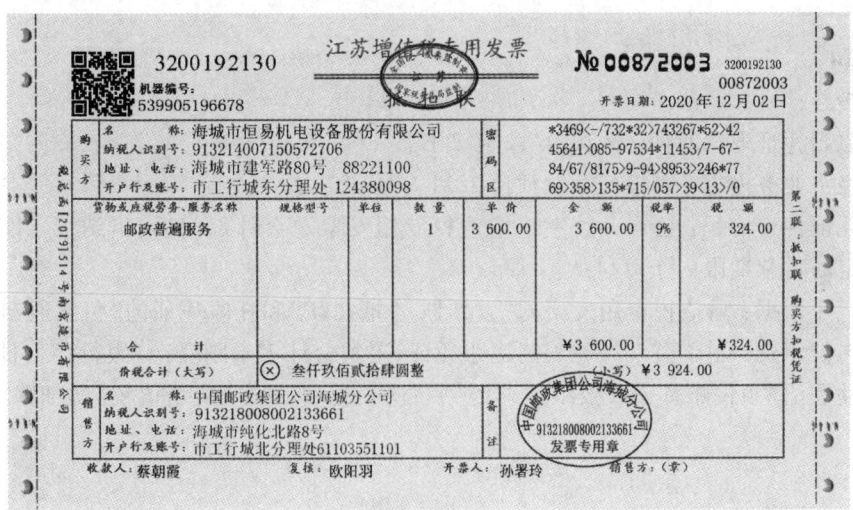

图 4-10-1

业务10
实训指导：
（1）原始凭证取得时间：2020年12月2日。
（2）经济业务内容：以银行存款预付2021年报纸杂志费。
（3）凭证传递流程：公司办公室将增值税专用发票送会计部门后，出纳王永刚根据有关凭证在规定的付款期限内予以付款。
（4）记账依据：增值税专用发票的"发票联""抵扣联"和托收凭证的"付款通知联"。
（5）岗位职责：制单员李二香编制记账凭证，出纳会计王永刚登记"银行存款日记账"，辅助会计王楠登记"预付账款——报纸杂志费"和"应交税费——应交增值税"明细账。

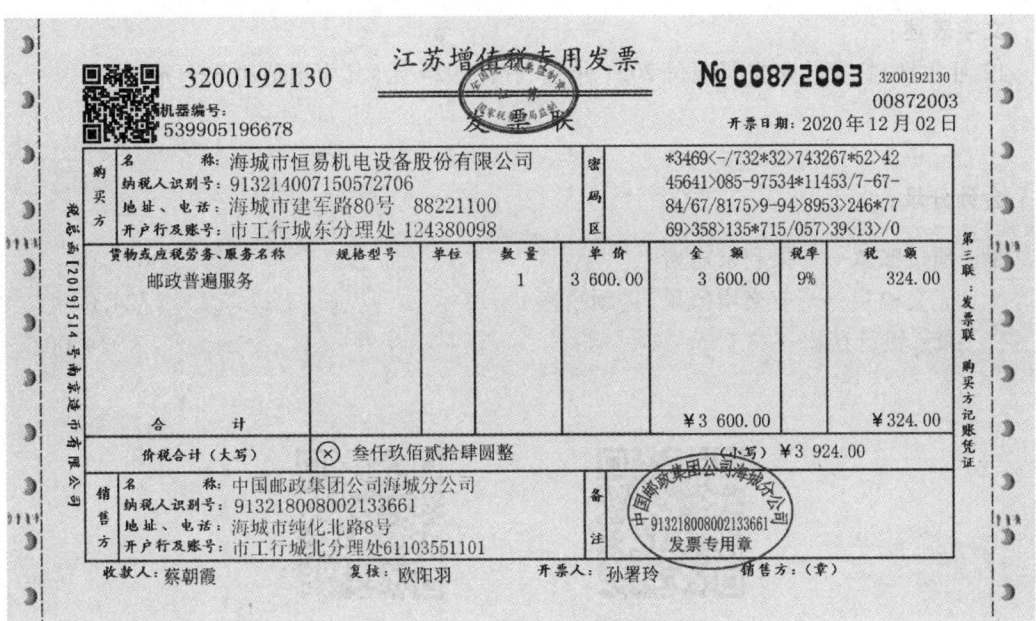

图 4-10-2

图 4-10-3

文字表述：

12月2日，签发转账支票预付2021年报刊费3 924元（其中增值税324元）。

会计分录：

借：预付账款——报刊杂志费　　　　　　　　　　　　　　3 600.00
　　应交税费——应交增值税（进项税额）　　　　　　　　324.00
　　贷：银行存款——工行　　　　　　　　　　　　　　　3 924.00

（扫描查看原始凭证）

（扫描查看记账凭证）

11. 12月2日（图4-11-1）

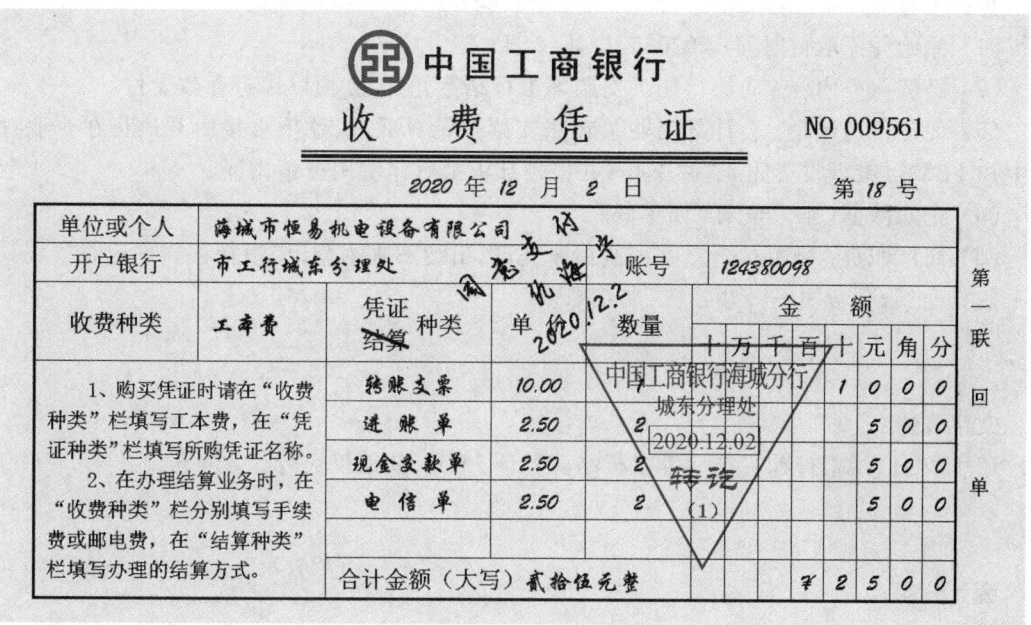

图4-11-1

12. 12月3日（图4-12-1至图4-12-3）

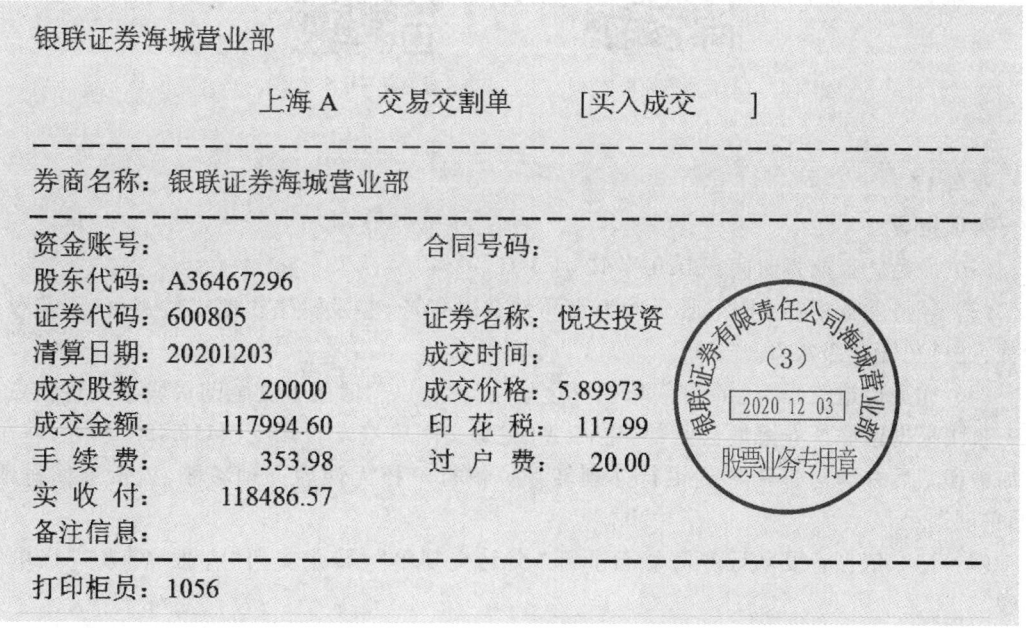

图4-12-1

业务 11
实训指导：

（1）原始凭证取得时间：2020年12月2日。

（2）经济业务内容：向银行购买支票等银行结算凭证，款项以银行存款支付。

（3）凭证传递流程：会计部门购买转账支票等结算凭证，款项直接由开户行在企业存款户中扣支，取得银行收费凭证"回单联"并报领导审批后作费用报销凭证。

（4）记账依据：收费凭证"回单联"。

（5）岗位职责：制单员李二香编制记账凭证，出纳王永刚登记"银行存款日记账"，辅助会计王楠登记"管理费用——办公费"明细账。

文字表述：

12月2日，从银行购买支票等银行结算凭证25元，款项以银行存款支付。

会计分录：

借：管理费用——办公费	25.00
贷：银行存款——工行	25.00

（扫描查看原始凭证）

（扫描查看记账凭证）

业务 12
实训指导：

（1）原始凭证取得时间：2020年12月3日。

（2）经济业务内容：购入股票作为交易性金融资产，签发转账支票支付买价、印花税、手续费、过户费等全部款项。

（3）凭证传递流程：会计部门根据资金使用计划，以暂时闲置资金购买股票进行投资，出纳王永刚根据银联证券海城营业部（上海A）交易交割单签发转账支票118 486.57元，将出票联加盖印鉴后并填写进账单到银行办理转账。银行审核无误后办理转账，盖章退回进账单"回单联"。

（4）记账依据：银联证券海城营业部"交易交割单"、转账支票"存根联"及进账单"回单联"。

（5）岗位职责：制单员李二香编制记账凭证，出纳王永刚登记"银行存款日记账"，辅助会计王楠登记"交易性金融资产——成本"明细账。

图 4-12-2

中国工商银行　进账单(回单)　1
2020年 12月 3日

出票人	全　称	海城市恒易机电设备股份有限公司	收款人	全　称	银联证券海城营业部
	账　号	124380098		账　号	4200011441
	开户银行	市工行城东分理处		开户银行	市工行城东分理外处
金额	人民币（大写）	壹拾壹万捌仟肆佰捌拾陆元伍角柒分		亿千百十万千百十元角分 ￥ 1 1 8 4 8 6 5 7	
票据种类	转账支票	票据张数	1		
票据号码	00401334				

中国工商银行海城分行 城东分理处 2020.12.03 转讫 (1)

开户行盖章

图 4-12-3

文字表述：

12月3日，购入悦达投资股票20 000股，作为交易性金融资产，成交价格为5.899 73元，成交金额为117 994.60元，印花税为117.99元，手续费为353.98元，过户费为20元，签发转账支票支付全部款项。

会计分录：

借：交易性金融资产——成本	117 994.60
投资收益	491.97
贷：银行存款——工行	118 486.57

（扫描查看原始凭证）

（扫描查看记账凭证）

13. 12 月 3 日(图 4－13－1 至图 4－13－6)

中国工商银行
转账支票存根
10203226
00401335

附加信息

出票日期 2020年 12 月 3 日

收款人：海城市建筑工程公司

金 额：2，834，000.00

用 途：厂房工程款

单位主管 章杏怡 会计 王永刚

江苏凤凰扬州鑫华印刷有限公司·2019年印制

图 4－13－1

ICBC 中国工商银行 进账单(回 单) 1

2020 年 12 月 3 日

出票人	全 称	海城市恒易机电设备股份有限公司	收款人	全 称	海城市建筑工程公司
	账 号	124380098		账 号	00211890-1
	开户银行	市工行城东分理处		开户银行	市建行中心支行
金额	人民币（大写）	贰佰捌拾叁万肆仟元整			亿 千 百 十 万 千 百 十 元 角 分 ¥ 2 8 3 4 0 0 0 0 0
票据种类	转账支票	票据张数	1		
票据号码	00401335				
					开户行盖章

中国工商银行海城分行 城东分理处 2020.12.03 转讫 (1)

此联是开户银行交给持（出）票人的回单

175×85mm

图 4－13－2

业务 13

实训指导：

（1）原始凭证取得时间：2020 年 12 月 3 日。

（2）经济业务内容：10 KV 高压电机生产楼在建工程完工，签发转账支票支付工程款。

（3）凭证传递流程：出纳王永刚根据增值税专用发票、竣工工程验收报告和建筑安装工程承包合同的规定，签发转账支票 2 834 000 元，将出票联加盖印鉴后填写进账单到银行办理转账。银行审核无误后办理转账，盖章退回进账单"回单联"。

（4）记账依据：转账支票"存根联"、增值税专用发票"抵扣联"和"发票联"及进账单"回单联"、竣工工程验收报告。

（5）岗位职责：制单员李二香编制记账凭证，出纳王永刚登记"银行存款日记账"，辅助会计王楠登记"在建工程——10 KV 高压电机生产楼"、"应交税费——应交增值税（进项税额）"明细账。

文字表述：

12 月 3 日，10 KV 高压电机生产楼在建工程已完工，签发转账支票支付工程款 2 600 000 元和增值税进项税额 234 000.00。

会计分录：

借：在建工程——10KV 高压电机生产楼	2 600 000.00
应交税费——应交增值税（进项税额）	23 400.00
贷：银行存款——工行	2 834 000.00

（扫描查看原始凭证）

（扫描查看记账凭证）

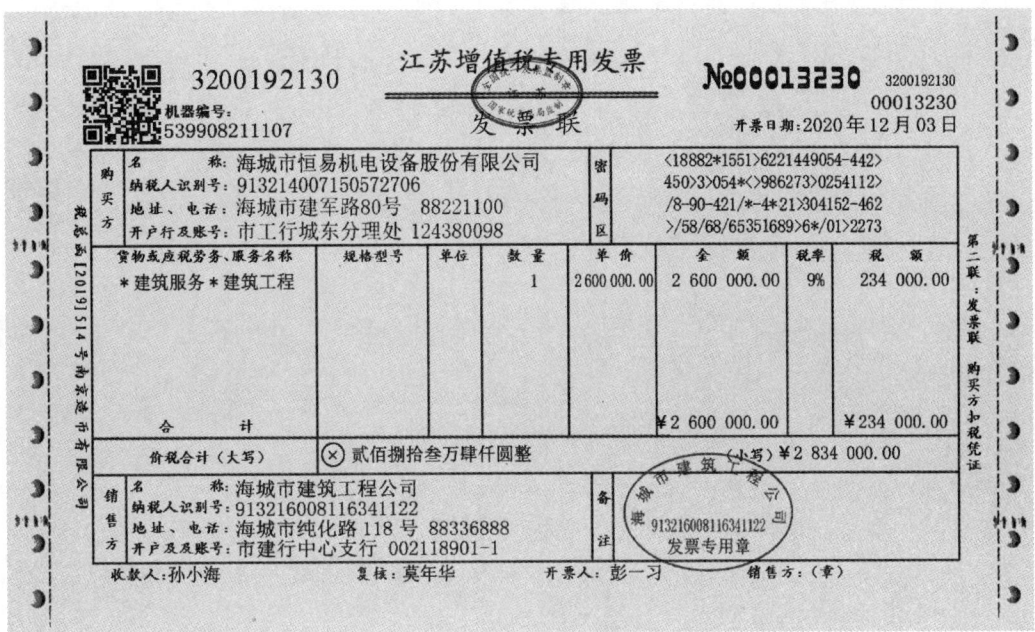

图 4-13-3

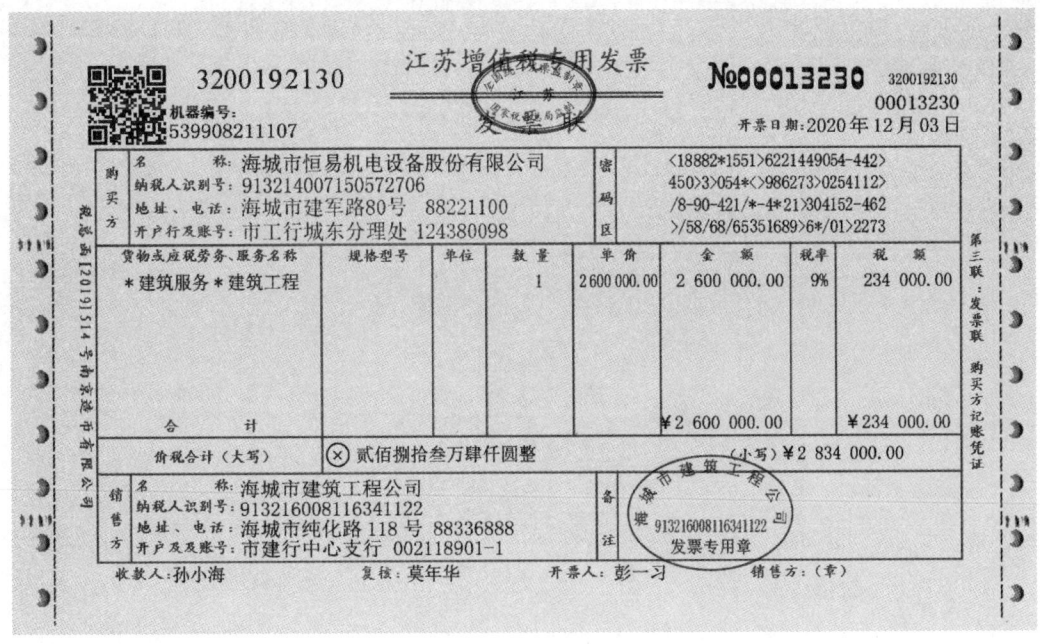

图 4-13-4

竣工工程验收报告

工程名称	10KV高压电机生产楼	批准文号	海发改[2019]198号
建筑面积	11428 M²	工程造价	800万元
工程地址	海城市建军路80号		
工程结构	框架	层　数	2
报建日期	2019年1月10日	施工许可证号	海建[20190515007]
承包形式	固定总价	设计审查批准文号	海建院[2019]0027号
验收结论	本工程2019年7月1日开工，于2020年12月1日竣工，经建设单位组织施工、监理、设计单位核验，工程质量符合国家和省有关设备安装工程标准、规范和设计要求。		
建设单位	工程质量符合国家和省有关设备安装工程标准、规范和设计要求。 负责人：优宁海印　　经办人：霞冯印海　　2020年12月3日		
监理单位	工程质量符合国家和省有关设备安装工程标准、规范和设计要求。 负责人：章纪印章　　经办人：沈良正印　　2020年12月3日		
设计单位	工程质量符合国家和省有关设备安装工程标准、规范和设计要求。 负责人：孙涛海印　　经办人：唐春仪印　　2020年12月3日		
施工单位	工程质量符合国家和省有关设备安装工程标准、规范和设计要求。 负责人：徐川明印　　经办人：易济方印　　2020年12月3日		

图 4-13-5

建筑安装工程承包合同

发包方：海城市恒易机电设备股份有限公司
承包方：海城市建筑工程公司
　　根据《中华人民共和国经济合同法》和《建筑安装工程承包合同条例》及有关规定，结合本工程的具体情况，经双方协商一致，签订本合同，以资共同遵守。
　　第一条　工程概况
　　1. 工程名称：10 KV 高压电机生产楼。
　　2. 工程地点：海城市建军路 80 号。
　　3. 工程计划批准单位及文号：海城市发展和改革委员会，海发改〔2019〕198 号。
　　4. 工程范围和内容：全部工程建筑面积 11 428 平方米。（各单项工程详见工程项目一览表）
　　第二条　工程期限
　　1. 本工程合同总工期为 488 天（自开工之日算起）。
　　2. 本工程开工日期为 2019 年 7 月 1 日，竣工日期 2020 年 10 月 31 日。
　　3. 如遇下列情况，经发包方现场监理工程师或工程师代表签证后，工期作相应顺延，并用书面形式确定顺延期限。
　　(1) 发包方在合同规定开工日期前 10 天，不能交承包方施工场地、进场道路、施工用水，或电源未按规定接通，影响承包方进场施工者；
　　(2) 明确由发包方负责供应的材料、设备、成品或半成品等未能按双方认定的时间进场，或进场的材料、设备、成品或半成品等向承包方交验时发现有缺陷，需要修配、改、代、换而耽误施工进度者；
　　(3) 不属包干系数范围内的重大设计变更；提供的工程地质资料不准，使基础超深；施工方法与设计规定不符而增加工程量影响进度者；
　　(4) 在施工中因停水、停电连续影响 8 小时以上者；
　　(5) 发包方现场监理工程师或工程师代表无故拖延办理签证手续而影响下一工序施工者；
　　(6) 未按合同规定拨付预付款、工程进度款、代购材料价差款而影响施工进度者；
　　(7) 因遇人力不可抗拒的自然灾害（如台风、水灾、自然原因发生的火灾、地震等）而影响工程进度者。
　　第三条　工程合同总价
　　1. 本工程合同总价为人民币（大写）捌佰万元整（￥8 000 000）。
　　2. 如遇下列情况，合同总价作相应调整：
　　(1) 合同总价内经双方确认的暂估价变化；
　　(2) 在合同工期内政策性调整所发生的材料差价、工资、费率及其他费用的变化；
　　(3) 重大设计发生变更；
　　(4) 基础超过设计深度；
　　(5) 在施工中新增加工程项目；
　　(6) 其他。
　　第四条　材料、设备供应
　　1. 本工程所需的全部建筑材料物资的供应方法，经双方商定，均由承包方组织供应。
　　2. 由承包方组织的全部建筑材料物资均应附有合格证，都要检验验收，签交物资验收合格单方可进场，已进场的物资未经发包方许可签署出场证书，不得运出场外。已进场的物资若发现有不合格者，承包方必须迅速将其运出场外。
　　3. 具有合格证书的建筑材料，发包方如有异议要求检验时，可以重新检验，检验后如属合格产品，其检验费用由发包方承担；如属不合格产品，检验费用由承包方负担。
　　4. 无合格证书且未经试验鉴定或经过试验鉴定为不合格的建筑材料，双方均不得用于本工程。一方强迫另一方使用不合格建筑材料的，要签证记录在案，由此引起的一切后果由强迫一方负责。
　　5. 材料价差及实物价格的结算。
　　(1) 发包方提交主要材料指标由承包方采购供货的，应根据指标的性质、发生的政策性调价等，以建筑安装材料预算价格为依据，逐项计算出原价价差或预算价差，均由发包方负责补差。此价差未包括在本合同承包造价之内的，不得列入工程直接费。

— 1 —

（2）发包方指定厂家、品种由承包方购买和供应其所指定材料的，其价款按实结算。

第五条 工程质量和检查验收

1. 承包方必须严格按施工图纸、说明文件和国家颁发的有关规范、规程进行施工，并接受发包方现场监理工程师或工程师代表的监督检查。

2. 发包方聘用的现场监理工程师或工程师代表，必须将其姓名、身份、所承担的任务以书面形式通知承包方。

3. 承包方确定的施工现场负责人及技术负责人、专门技术人员及管理人员，必须以书面形式将其姓名、身份、所分担的工作通知监理工程师或工程师代表。

4. 承包方应按工程进度，及时提供关于工程质量的技术资料，如材料合格证、试验、试压、测试、报告等的影印件。材料代用必须经过设计单位和发包方同意并签证后，方可使用。

5. 隐蔽工程由承包方自检后，填写《隐蔽工程验收单》通知现场监理工程师或工程师代表检查验收，监理工程师接到通知后2小时内应到现场检验，认可签证后，方可进行下一工序施工。监理工程师未接的检查验收，承包方经质量检验部门检验确认合格后，即可隐蔽继续施工，发包方应予承认并办理检验合格手续。如提出异议，经复查合格者，其费用由发包方负责；不合格者，由承包方负责，因此而造成工期损失由责任方负责。

6. 电气照明、通风、水暖、卫生等工程竣工后，必须按照有关规定进行技术检验。

7. 工程竣工验收，应以施工图纸、图说、技术交底纪要、设计更改通知、国家颁发的施工验收规范和质量检验标准为依据。

8. 工程竣工后，承包方按规定整理提供完整的技术档案资料，并发出竣工通知书，经双方协商确定验收时间，由发包方组织有关单位进行竣工验收。验收合格后，双方签署交工验收证书，并将工程移交给发包方管理，如发包方拖延接收，其保管费用和造成的损失由发包方承担。交工验收中如发现有不符质量要求，需要返工的工程，应分清责任。属施工原因造成的，按双方验收时商定的时间，由承包方负责修好再进行检验。竣工日期以最后检验合格的日期为准。

9. 已竣工未验收工程，在交工前由承包方负责保管，发包方不得动用，若发包方已经使用，即视同交验。由于承包方原因，应交工验收而不交不验的工程，除按拖延工期条款处理外，并赔偿因此而造成的经济损失。

10. 工程交工验收后，土建工程保修期为1年，采暖工程为一个采暖期，水电保修期为半年。保修证书在交工验收后由承包方填写交给发包方。由施工造成的工程质量问题，发包方应书面通知承包方并约定时间进行修理。在保修期内承包方拒不修理时，发包方可动用预留保修款请人修理，超支部分应由承包方负担。

第六条 施工设计变更

1. 发包方交付的设计图纸、说明和有关技术资料，均为施工的有效依据，任何一方均不得擅自修改。

2. 施工图的重大修改变更，必须经原批准、设计单位同意，并于修改前10天办理设计修改议定单。设计修改议定单经发包方签证后，承包方才予实施。议定单和修改图纸发出份数与施工图份数相同，并作为合同的补充文件。

3. 当修改图纸属于设计错误、建筑面积增加、结构改变、标准提高、工艺变化、地质条件与设计不符合实际时，其增加的费用（包括返工损失、停工、窝工、人员和机械设备调迁，材料积压的实际损失）由责任方负责并调整合同造价。

4. 承包方在保证工程质量和不降低设计标准的前提下，提出修改设计的合理化建议，经发包方、设计单位或有关技术部门同意后实施，其节约的价值按国家有关规定分配。

5. 在工程施工中发生下列各项事实之一时，承包方必须立即以书面形式通知发包方，要求确认：

（1）设计图纸和说明文件与工程现场状况不一致，如地质、地下水情况等，设计文件所标明的施工条件与实际不符；

（2）设计图纸和设计文件表示不明确或有错误及遗漏，图纸与说明书不符；

（3）设计图纸和说明文件中未标明的施工条件发生了预料不到的特殊困难等。

确认的事实必须在限期内解决，不能如期解决而造成停工的，工期损失由发包方承担。

－2－

第七条　双方负责事项

1. 发包方。

（1）办理土地征用、青苗、树木的赔偿，坟地迁移、房屋拆迁、障碍物的拆除（包括架空及隐蔽的），并提供有关隐蔽、障碍物资料。

（2）在开工前做好建筑红线以外的"三通"和红线以内的场地平整；按审定的施工组织设计或施工方案，提供在红线图以内距建筑物不大于200米的水、电源联结点，并装好水、电表，以便承包方按表计费；负责红线以外进场道路的维修。

（3）根据施工地区供水、供电、水压、电压情况，采取措施满足施工用水、用电的需要。

（4）按规定提供不少于承包合同建筑面积50%的施工用地，办理红线外的临时用地及临时占用道路许可证，并承担所发生的费用。

（5）合同签订后3天内（以收签最后一张图纸为准）向承包方提供完整的建筑安装施工技术资料2套。

（6）确定建筑物（或构筑物）道路、线路、上下水道的定位标桩、水准点和坐标控制点。

（7）组织承发包双方和设计单位参加的施工图纸交底，并做好三方签署的交底纪要，并在10天内分送有关单位。

（8）审核承包方工程进度月报，及时向承包方支付工程进度款。

（9）派驻施工现场的监理工程师或工程师代表，对工程进度、工程质量、隐蔽工程和合同执行进行监督检查，负责设计图纸问题的处理、设计变更的签证、工程中间验收、工程进度拨款签证和其他必需的签证。

（10）组织对工程的竣工验收，并按合同规定日期配合承包方办好决算工作，及时了结工程财务和工程尾款。

2. 承包方。

（1）施工场地的平整、施工界区以内的用水、用电、道路和临时设施的施工；

（2）编制施工组织设计（或施工方案），施工总进度计划、材料设备、成品、半成品等进场计划，用水、用电计划、开竣工通知书、隐蔽工程验收单等，并及时送发包方及有关单位；

（3）按双方商定的分工范围，做好材料和设备的采购、供应和管理；

（4）于每月底前1天向发包方报送月度施工计划（包括工程量、工作量和形象进度等）；

（5）严格按照施工图与说明书进行施工，确保工程质量，按合同规定的时间如期完工和交付；

（6）已完工工程在交工前应负责保管，并清理好场地；

（7）提供竣工验收技术资料，办理工程竣工结算，参加竣工验收；

（8）在合同规定的保修期内，对属于承包方责任的工作质量问题，负责无偿修理。

第八条　工程价款的支付与结算

1. 本合同签订后3日内，发包方预付工程款计人民币300万元。

2. 工程进度达到60%时，发包方预付工程款计人民币200万元。

3. 工程完工办理交工验收后3日内支付260万元，预留工程款40万元存入建设银行，待保修期满后按实际结余本息（见第五条第10款规定）一次支付给承包方。

4. 如发包方拖欠工程进度款或尾款，应按银行有关逾期付款办法或"工程价款结算办法"的有关规定处理。

5. 确因发包方拖欠工程款而影响工程进度、造成承包方的停、窝工损失的，应由发包方承担。

第九条　违约责任与奖励规定

1. 承包方的责任。

（1）工程质量不符合合同规定的，负责无偿修理或返工。由于修理返工造成逾期交付的，按合同总价的3%偿付逾期违约金。

（2）工程交付时间不符合规定，按合同总价的1%偿付逾期违约金。

2. 发包方的责任。

（1）未能按照承包合同的规定履行自己应负的责任，除竣工日期得以顺延外，还应赔偿承包方因此发生的实际损失。

（2）工程中途停建、缓建或由于设计变更以及设计错误造成的停工，应采取措施弥补或减少损失，同时，赔偿承包方由此而造成的停工、窝工、返工、倒运、人员和机械设备调迁、材料积压的实际损失。

（3）工程未经验收，发包方提前使用或擅自动用，由此而发生的质量或其他问题，由发包方承担责任。

（4）超过合同规定日期验收，按合同总价的1%偿付逾期违约金。

3. 发包方有提前工期要求的，可以实行提前竣工奖，按照合同工期，每提前1天由发包方奖励10 000元给承包方。

第十条　争议的解决方式

合同执行过程中如发生争议，双方应及时协商解决。协商不成时，任何一方均可向工商局经济合同仲裁委员会申请仲裁，也可直接向人民法院起诉。

第十一条　特殊条款

本合同条款如对特殊情况有未尽事宜，双方可根据具体情况结合有关规定议定特殊条款。

第十二条　附则

其他本合同未言明事项，一律按《中华人民共和国经济合同法》和《建筑安装工程承包合同条例》规定执行。

合同附件：

（1）工程项目一览表；

（2）全部施工图纸；

（3）施工图预算；

（4）国家（或省、自治区、市政府、计委、建委等有关单位）对工程的批准投资计划、计划任务书等3份文件。

上述附件均为本合同的组成部分，具有同等的法律效力。

本合同经双方签字盖章后生效，至合同工程竣工交验，结清工程尾款，保修期满后自然失效。

本合同正本贰份，其中发包方执壹份，承包方执壹份，副本叁份，分别报送业务主管部门、工商行政管理局和建设银行备案。

发包方（盖章）：　　　　承包方（盖章）：　　　　公证意见

地址：市建军路80号 　地址：市纯化路118号 　公证员：

法定代表人（签名）：　　法定代表人（签名）：　　公证机关（章）

开户银行：市工行城东分理处　开户银行：市建行中心支行

账号：124380098　　　　账号：002118901-1

电话：88221100　　　　　电话：88336888

邮政编码：224001　　　　邮政编码：224003

签约日期：2019年6月30日

签约地点：市建设局会议室

图 4-13-6

14. 12月3日(图4-14-1)

借款费用计算表

2020年12月3日

项目	计算过程或说明	合计
一、已资本化		
资产支出	2019年7月01日预付工程款300万元 2020年4月30日预付工程款200万元	500万元
资本化率	6%	6%
2019年（7-12月）资本化金额	500×6%×6/12	15万元
2020年（1-11月）资本化金额	500×6%×11/12	27.5万元
合计	/	42.5万元
二、本期资本化		
2020年11月30日累计支出金额	500万元	500万元
2020年12月3日支出金额	260万元	260万元
2020年12月3日累计支出金额	760万元	760万元
资产支出占用时间	3天	3天
会计期间涵盖时间	360天	360天
专门借款利息资本化金额	700×6%×3/360	0.35万元
超过专门借款的资本化支出	760-700	60万元
一般借款利息资本化金额	515.23×5.141%×3/360×60/500	0.026488万元
三、本期费用化		
应付债券应付利息	500×6%×3/360	0.25万元
应付债券利息费用	515.23×5.141%×3/360	0.220733万元
应付债券应摊销溢价	0.25-0.220733	0.029267万元
费用化金额	0.220733-0.026488	0.194245万元
复核：冯海霞		制表：李雷生

图4-14-1

业务 14

实训指导：

（1）原始凭证取得时间：2020年12月3日。

（2）经济业务内容：根据资本支出情况确认本月借款费用。

（3）凭证传递流程：总账会计李雷生根据有关账簿记录,编制借款费用计算表,报经总会计师冯海霞复核后作借款费用资本化的依据。

（4）记账依据：借款费用计算表。

（5）岗位职责：制单员李二香编制记账凭证,辅助会计王楠登记"在建工程——10 KV 高压电机生产楼"明细账。

文字表述：

12月3日,确认本月借款费用,其资本支出情况如下：

2019年7月1日支出300万元；

2020年4月30日支出200万元；

2020年12月3日支出260万元。

会计分录：

借：在建工程——10KV 高压电机生产楼	3 764.88
财务费用——利息支出	1 942.45
应付债券——利息调整	292.67
贷：长期借款——应计利息	3 500.00
应付债券——应计利息	2 500.00

（扫描查看原始凭证）　　（扫描查看记账凭证）

15. 12月3日(图4-15-1至图4-15-5)

图4-15-1

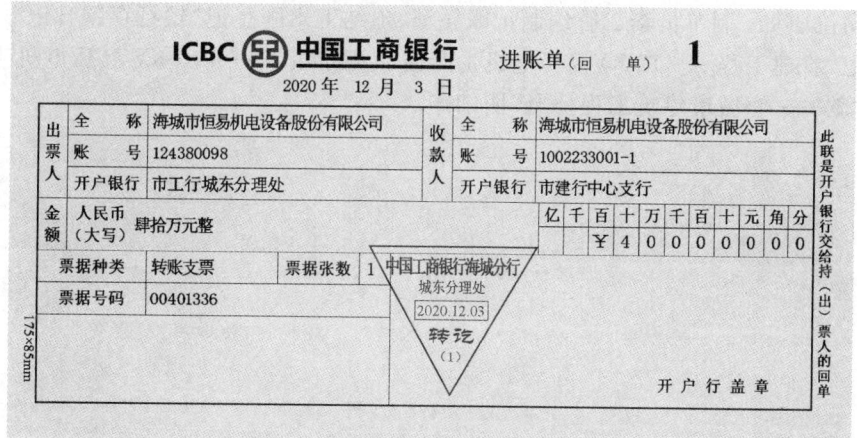

图4-15-2

图4-15-3

业务 15

实训指导：

（1）原始凭证取得时间：2020年12月3日。

（2）经济业务内容：办理10 KV高压电机生产楼竣工决算及资产交接手续，签发转账支票将工程保修款划入建行专户存储。

（3）凭证传递流程：

10 KV高压电机生产楼竣工后，由施工单位和建设单位会同相关部门进行验收。验收无异议，施工单位和建设单位办理交接手续，"固定资产建设交接单"经双方签章后交会计部门，会计部门总账会计李雷生根据工程预、决算书及其他相关材料，编制"10 KV高压电机生产楼决算汇总表"。

出纳王永刚根据"固定资产建设交接单""10 KV高压电机生产楼决算汇总表"和建筑安装工程承包合同，签发转账支票400 000元，将出票联加盖印鉴后并填写进账单到银行办理转账。银行审核无误后办理转账，盖章退回进账单"回单联"。当日，出纳王永刚从建行取回由建行盖章的进账单"收账通知联"。

（4）记账依据：转账支票"存根联"及进账单"回单联"、进账单"收账通知联"、10 KV高压电机生产楼决算汇总表、固定资产建设交接单。

（5）岗位职责：制单员李二香编制记账凭证，出纳王永刚登记"银行存款日记账"，辅助会计王楠登记"在建工程——10 KV高压电机生产楼""固定资产——10 KV高压电机生产楼"和"其他应付款——海城市建筑工程公司"明细账。

10KV 高压电机生产楼决算汇总表

2020 年 12 月 3 日　　单位：元

决算项目	决算金额	备　注
合同总造价	8 000 000.00	附件：建筑工程预算书
其中：已支付	7 600 000.00	
预留保修款	400 000.00	
追加项目造价	/	
减少项目造价	/	
最后总造价	8 000 000.00	
借款费用资本化金额	428 764.88	
其他支出金额	/	
固定资产总成本	8 428 764.88	

复核：冯海霞　　制表：李雷生

图 4－15－4

固定资产建设交接单

2020 年 12 月 3 日

名　称	10KV 高压电机生产楼	建筑面积	11428 M²
结　构	框架	层　数	2
实际成本	8 428 764.88元	预计使用年限	20 年
预计残值	427 600.00元	预计清理费用	90 449.40元
交出方	海城市建筑工程公司（印章） 经办：尚新生	接收方	海城市恒易机电设备股份有限公司（印章） 经办：邓晓静

图 4－15－5

文字表述：

12月3日，办理10 KV高压电机生产楼竣工决算及资产交接手续，其总造价为8 428 764.88元，同日签发转账支票将工程保修款划入建行专户存储。

会计分录：

借：在建工程——10 KV高压电机生产楼	400 000.00
贷：其他应付款——海城市建筑工程公司	400 000.00
借：银行存款——建行	400 000.00
贷：银行存款——工行	400 000.00
借：固定资产	8 428 764.88
贷：在建工程——10 KV高压电机生产楼	8 428 764.88

（扫描查看原始凭证）　　（扫描查看记账凭证）

16. 12月4日(图4-16-1至图4-16-3)

租赁资产交接单

2020年12月4日

租赁资产名称	10KV 高压电机生产线
公允价值	800万元
预计使用年限	8
预计净残值	24万元
合同约定租赁期限	2020年12月4日—2026年12月3日
出租方	承租方
经办：范育新	经办：邓晓静

图4-16-1

租赁资产实际成本计算单

2020年12月4日

租赁资产名称	10kv 高压电机生产线
租赁负债	150×(P/A,6,6%)+1×(F/P,6,6%)=738.3
+预付租赁付款额	
-已享受的租赁激励	
+初始直接费用	
+预计将发生的拆卸及移除、复原或恢复成本	
租赁资产实际成本	738.3
复核：冯海霞	制表：李雷生

图4-16-2

业务 16

实训指导：

（1）原始凭证取得时间：2020年12月4日。

（2）经济业务内容：租入10 KV高压电机全新生产设备一套。

（3）凭证传递流程：出租方与承租方签订《资产租赁合同》后，承租方设备管理部门与出租方办理租赁资产交接手续，总账会计李雷生根据资产租赁合同及租赁资产交接单等，编制租赁资产实际成本计算单，经总会计师冯海霞复核无误后作租赁固定资产入账的依据。

（4）记账依据：租赁资产交接单、租赁资产实际成本计算单。

（5）岗位职责：制单员李二香编制记账凭证，辅助会计王楠登记"使用权资产——10 KV高压电机生产线""租赁负债——应付租赁设备款"明细账。

资产租赁合同

出租方（以下称甲方）：海城市恒力租赁有限公司
地址：海城市前园128号
法定代表人：管潮
承租方（以下称乙方）：海城市恒易机电设备股份有限公司
地址：海城市建军路80号
法定代表人：仇海宁

根据《中华人民共和国经济合同法》及其他有关法律规定，经双甲、乙双方协商一致，签订本合同，以资共同遵守。

一、租赁标的物：10 KV高压电机生产流水线（以下称该生产线）。
该生产线为全新设备，公允价值为800万元，预计使用年限为8年，预计净残值为24万元。

二、租赁期开始日：租赁标的物运抵乙方指定地点之日，具体时间为：2020年12月4日，因生产楼工程进度问题，乙方不提前接收租赁标的物。

三、租赁期限：自租赁期开始日起72个月，即：自2020年12月4日起至2026年12月3日止。

四、租金总额：租金总额为900万元，分6次等额支付。

五、租金支付：以租赁时间满12个月为租赁年度，每个租赁年度期末（即12月3日）以转账方式结清该期租金。

六、合同利率：6%。

七、设备安装：该生产线由甲方负责安装，安装费用以3万元定额包干，由乙方承担，在安装结束并调试正常运行后，一次性支付给甲方。

八、租赁期满：租赁期满时，乙方以1万元的价格留购该生产线，其款项与最后一期租金一并支付。

九、争议解决：合同执行过程中如发生争议，由双方协商解决。协商不成时，可向城东区工商行政管理局经济合同仲裁委员会申请仲裁，也可直接向城东区人民法院起诉。

十、特殊条款：本合同条款如对特殊情况有未尽事宜，双方可根据具体情况结合有关规定议定特殊条款。

十一、附则：
1. 本合同附件包括该生产线涉及的全部技术资料、修理用备件、专用修理工具、器具等。
2. 本合同经双方签字盖章后生效，租赁期满时自然失效。
3. 本合同正本贰份，甲、乙方各执壹份；副本肆份，甲、乙方业务主管部门、工商行政管理局和市公证处各执1份。

甲方（盖章） 　　　乙方（盖章）

法定代表人（签名）：管潮之印　　　法定代表人（签名）：仇宁海印

开户银行：市交行中心支行　　　开户银行：市工行城东分理处
账号：104466806　　　账号：124380098

签约日期：2020年5月31日

图4-16-3

文字表述：

12月4日，租入10KV高压电机全新生产设备一套，其公允价值为800万元，预计使用年限为8年，预计净残值为24万元；租赁期开始日为租赁设备运抵本公司指定地点之日，2020年12月4日，设备运抵本公司；租赁期限自租赁期开始日起72个月，即2020年12月4日至2026年12月3日；租金总额为900万元，分6次等额支付，以租赁时间满12个月为租赁年度，每个租赁年度期末（即12月3日）以转账方式结清该期租金；合同规定利率为6%；生产线由出租方负责安装，安装费用以3万元定额包干，由本公司承担，在安装结束并调试正常运行后，一次性支付给甲方；租赁期满时，乙方以1万元的价格留购生产线，其款项与最后一期租金一并支付。

会计分录：

借：使用权资产——10KV高压电机生产设备　　　7 383 000.00
　　贷：租赁负债——应付租赁设备款　　　　　　7 383 000.00

（扫描查看原始凭证）

（扫描查看记账凭证）

17. 12月4日(图4-17-1至图4-17-2)

关于10KV高压电机生产线安装领用产品的

请 示 报 告

总经理：

　　10KV高压电机生产线已经开始安装，根据安装进度，现需申领自产A产品40台（有关成本见附表），请审批。

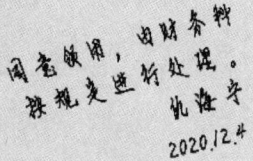

2020年12月4日

附表：

10KV高压电机生产线领用产品成本计算表

金额单位：元

领用产品名称	A产品
领用数量	40台
单位成本	1 600.00
总成本	64 000.00
固定资产成本构成	64 000.00

图4-17-1

业务17

实训指导：

（1）原始凭证取得时间：2020年12月4日。

（2）经济业务内容：10 KV高压电机生产设备安装领用自产产品。

（3）凭证传递流程：设备管理部门根据10 KV高压电机生产设备安装进度，提交领用自产A产品的请示报告，经领导批示同意后，由仓储部门开出库存商品出库单，设备安装部门领取库存商品，库存商品出库单"会计记账联"转送会计部门，据以确认设备安装成本，并登记库存商品账簿。

（4）记账依据：关于10 KV高压电机生产线安装领用产品的请示报告及附表、库存商品出库单"会计记账联"。

（5）岗位职责：制单员李二香编制记账凭证，辅助会计王楠登记"使用权资产——10 KV高压电机生产线"和"库存商品——A产品"明细账。

图 4-17-2

海城市恒易机电设备股份有限公司
库存商品出库单

提货单位	设备管理科				编号	2012002
用　途	10kV高压电机生产线安装		2020年12月4日		仓库	东1#库

名　称	规格	单位	数　量	单位成本	金　额	备注
A产品		台	40	1 600.00	64 000.00	
合　计					64 000.00	

记账：王楠　仓库主管：邓晓静　发货：郑玲玲　提货：陆卫东

第三联　会计记账

18. 12月5日（图4-18-1和图4-18-2）

海城市恒易机电设备股份有限公司
库存商品出库单

提货单位	泰南物贸商场				编号	2012003
用　途	委托代销		2020年12月5日		仓库	东2#库

名　称	规格	单位	数　量	单位成本	金　额	备注
B产品		台	60	1 500.00	90 000.00	
合　计					90 000.00	

记账：王楠　仓库主管：邓晓静　发货：郑玲玲　提货：吴丽丽

第三联　会计记账

图 4-18-1

文字表述：

12月4日，10 KV高压电机生产设备安装领用A产品40台，每台公允价值2 400元，单位成本1 600元。

会计分录：

借：使用权资产——10KV高压电机生产设备	64 000.00
贷：库存商品——A产品	64 000.00

（扫描查看原始凭证）

（扫描查看记账凭证）

业务18

实训指导：

（1）原始凭证取得时间：2020年12月5日。

（2）经济业务内容：委托代销产品。

（3）凭证传递流程：销售公司与秦南物贸商场签订《委托代销合同》后，仓储部门开出"库存商品出库单"，将代销商品送至对方指定的地点，经对方业务员吴丽丽验货并签收后，将其"会计记账联"转交会计部门，据以登记库存商品账簿。

（4）记账依据：库存商品出库单"会计记账联"。

（5）岗位职责：制单员李二香编制记账凭证，辅助会计王楠登记"委托代销商品——秦南物贸商场"和"库存商品——B产品"明细账。

委托代销合同

委托方(以下称甲方)：海城市恒易机电设备股份有限公司
受托方(以下称乙方)：秦南物贸商场
一、甲方委托乙方代销下列产品：

产品名称	单位	代销数量		备注
		现货	每月补货	
B产品	台	60	100	

二、产品代销价格：单台销售，每台不含税价2 000元，增值税税率13%；批量销售(5台及以上)，以不含税价折扣5%，增值税税率13%。

三、交货地点：由甲方将产品送达乙方指定地点的指定仓库。

四、每月补货数量：代销产品每月实际补货数量由甲方根据乙方电话通知确定。

五、手续费与货款结算：手续费按销货款总额(不含税价格)的5%计算，直接在代销收入中扣除，乙方按扣除手续后的实际款项在开出代销清单后三日内支付给甲方。

六、发票管理：乙方销售代销产品时，应开具由甲方提供的普通发票，以便客户凭此进行产品的保修。

七、退货约定：如乙方收到代销产品后一个月内未有销售，乙方应将代销产品在其后三天内如数退还甲方，逾期不退的，即视同乙方已经销售，按照原发数量结算货款。

八、争议解决：合同执行过程中如发生争议，由双方协商解决。协商不成时，可向城东区工商行政管理局经济合同仲裁委员会申请仲裁，也可直接向城东区人民法院起诉。

九、特殊条款：本合同条款如对特殊情况有未尽事宜，双方可根据具体情况结合有关规定议定特殊条款。

十、附则：本合同一式贰份，甲、乙方各执壹份，具有同等法律效力。

甲方(盖章)：    乙方(盖章)：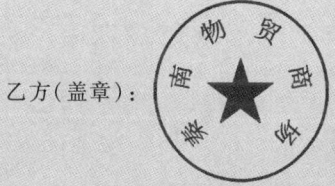

法定代表人(签名)：仇宁海印   法定代表人(签名)：吕自银印

开户银行：市工行城东分理处   开户银行：市农行秦南分理处
账号：124380098   账号：600420061-1

签约日期：2020年12月5日

图4-18-2

文字表述：

12月5日，委托秦南物贸商场代销B产品60台，合同规定：单台销售的，不含税销售价格为2 000元；批量销售（5台及以上）的，按不含税销售价格给予5%的折扣，增值税税率为13%。代销手续费按销货款总额（不含税价格计算）的5%直接在代销收入中扣除。

会计分录：

借：委托代销商品——秦南物贸商场　　　　　　　　　　　　　　90 000.00
　　贷：库存商品——B产品　　　　　　　　　　　　　　　　　　90 000.00

（扫描查看原始凭证）

（扫描查看记账凭证）

19. 12月5日（图4-19-1至图4-19-5）

海城市恒易机电设备股份有限公司
原材料出库单

编号：2012001
仓库：西1#2#3#库
部门：一车间
用途：生产A产品
2020年12月5日

名称	规格	单位	数量 请领	数量 实发	单价	金额	备注
甲材料		kg	4000	4000	100.00	400 000.00	
乙材料		kg	3500	3500	60.00	210 000.00	先进先出法
丙材料		kg	2500	2500	80.00	200 000.00	
合计						810 000.00	

记账：王楠　发料：杨林华　领料单位负责人：赵成树　领料：刘国威

第三联　会计记账

图4-19-1

海城市恒易机电设备股份有限公司
原材料出库单

编号：2012002
仓库：西1#2#3#库
部门：二车间
用途：生产B产品
2020年12月5日

名称	规格	单位	数量 请领	数量 实发	单价	金额	备注
甲材料		kg	3000	3000	100.00	300 000.00	
乙材料		kg	4000	4000	60.00	240 000.00	先进先出法
丙材料		kg	4000	4000	80.00	320 000.00	
合计						860 000.00	

记账：王楠　发料：杨林华　领料单位负责人：赵成树　领料：孙国权

第三联　会计记账

图4-19-2

海城市恒易机电设备股份有限公司
原材料出库单

编号：2012003
仓库：西4#库
部门：一、二车间
用途：一般耗用
2020年12月5日

名称	规格	单位	数量 请领	数量 实发	单价	金额	备注
丁材料		kg	2000	2000	30.00	60 000.00	先进先出法
合计						60 000.00	

记账：王楠　发料：杨林华　领料单位负责人：钟志强　领料：邱兴旺

第三联　会计记账

图4-19-3

业务 19

实训指导：

（1）原始凭证取得时间：2020 年 12 月 5 日。

（2）经济业务内容：生产产品领用材料、生产车间领用材料和行政管理部门领用材料。

（3）凭证传递流程：生产部门、车间管理部门和行政管理部门根据生产进度及管理需要，填制原材料出库单从仓储部门领用各种原材料，仓库发货后将其"会计记账联"转交会计部门，会计部门根据原材料出库单"会计记账联"汇总后编制"原材料领用汇总表"，据以登记生产成本、制造费用、管理费用、原材料账簿。

（4）记账依据：原材料领用汇总表及原材料出库单"会计记账联"。

（5）岗位职责：制单员李二香编制记账凭证，辅助会计王楠登记"生产成本——A 产品""生产成本——B 产品""制造费用——物料消耗""管理费用——物料消耗""原材料——甲材料""原材料——乙材料""原材料——丙材料"和"原材料——丁材料"明细账。

海城市恒易机电设备股份有限公司
原材料出库单
2020年12月5日 编号 2012004

| 部门 | 厂办公室 | | | | | 仓库 | 西4#库 |
| 用途 | 一般耗用 | | | | | | |

名称	规格	单位	数量 请领	数量 实发	单价	金额	备注
丁材料		kg	1500	1500	30.00	45 000.00	先进先出法
合计						45 000.00	

记账：王楠　发料：杨林华　领料单位负责人：钟志强　领料：邱兴旺

第三联 会计记账

图 4-19-4

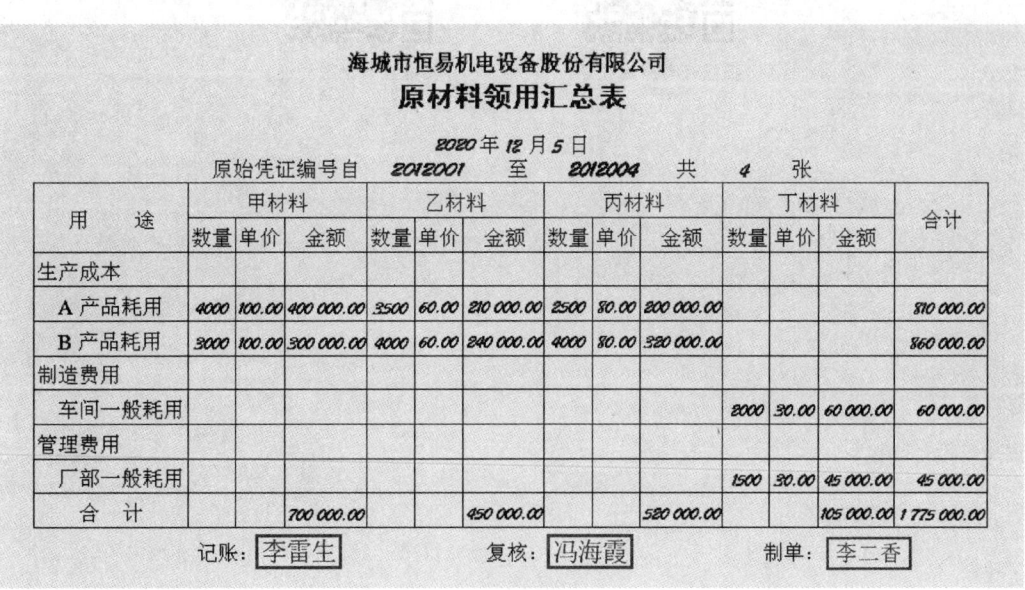

图 4-19-5

文字表述：

12月5日，领用原材料一批，其中：A产品领用甲材料4 000 kg、乙材料3 500 kg、丙材料2 500 kg，B产品领用甲材料3 000 kg、乙材料4 000 kg、丙材料4 000 kg，车间一般消耗领用丁材料2 000 kg，厂部办公一般消耗丁材料1 500 kg。各种材料的单位成本按先进先出法确定。

会计分录：

借：生产成本——A产品	810 000.00
——B产品	860 000.00
贷：原材料——甲材料	700 000.00
——乙材料	450 000.00
——丙材料	520 000.00
借：制造费用——物料消耗	60 000.00
管理费用——物料消耗	45 000.00
贷：原材料——丁材料	105 000.00

（扫描查看原始凭证）　　（扫描查看记账凭证）

20. 12月5日(图4-20-1)

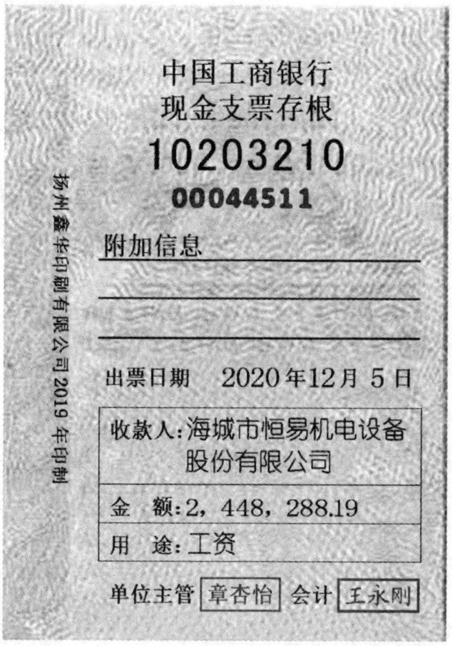

中国工商银行
现金支票存根
10203210
00044511

附加信息

出票日期　2020年12月5日
收款人:海城市恒易机电设备股份有限公司
金　额:2,448,288.19
用　途:工资
单位主管 章杏怡　会计 王永刚

图4-20-1

业务 20

实训指导：

（1）原始凭证取得时间：2020 年 12 月 5 日。

（2）经济业务内容：签发现金支票提取现金备发工资。

（3）凭证传递流程：出纳王永刚根据工资结算情况，签发现金支票，将出票联加盖印鉴并加盖签票人私章后凭其向银行提取现金，银行审核无误后据实支付现金。

（4）记账依据：现金支票"存根联"。

（5）岗位职责：制单员李二香编制记账凭证，出纳王永刚登记"库存现金日记账"和"银行存款日记账"。

文字表述：

12 月 5 日，提取现金 2 448 288.19 元，备发工资。

会计分录：

借：库存现金　　　　　　　　　　　　　　　　　　　　　　　　　　2 448 288.19
　　贷：银行存款——工行　　　　　　　　　　　　　　　　　　　　2 448 288.19

（扫描查看原始凭证）　　（扫描查看记账凭证）

21. 12月5日(图4-21-1至图4-21-2，注：工资结算明细表只提供样张，其他略）

海城市恒易机电设备股份有限公司

工 资 结 算 汇 总 表

2020年12月5日

部门	应付工资						代扣款项							实发工资
	基础工资	岗位工资	职称工资	车劳工资	绩效工资	养老保险	医疗保险	失业保险	住房公积金	工会经费	职工教育费	水费	电费	所得税	
生产A产品人员	647,360.00	213,680.00	62,940.00	68,900.00	242,800.00	112,560.00	41,800.00	12,800.00	85,600.00	12,000.00	6,640.00	560.00	860.00	4,042.00	958,818.00
生产B产品人员	627,571.00	202,600.00	70,240.00	66,400.00	224,500.00	108,320.00	39,800.00	11,600.00	81,400.00	11,800.00	6,320.00	480.00	660.00	3,788.00	927,143.00
车间管理人员	276,920.00	60,500.00	35,400.00	27,000.00	85,000.00	46,200.00	16,500.00	4,800.00	33,400.00	4,860.00	2,680.00	120.00	280.00	32,352.50	343,627.50
厂部管理人员	109,200.00	41,000.00	16,000.00	12,000.00	38,000.00	22,000.00	8,100.00	2,400.00	16,800.00	1,980.00	1,240.00	60.00	60.00	26,700.31	136,859.69
销售人员	60,571.00	24,000.00	10,200.00	6,600.00	21,000.00	11,400.00	4,200.00	1,360.00	9,800.00	1,120.00	860.00	80.00	130.00	11,581.00	81,840.00
合计	1,721,622.00	541,780.00	194,780.00	180,900.00	611,300.00	300,480.00	110,400.00	32,960.00	227,000.00	31,760.00	17,740.00	1,300.00	1,990.00	78,463.81	2,448,288.19

记账：李雷生　　复核：冯海霞　　制单：王永刚

图4-21-1

业务 21

实训指导：

（1）原始凭证取得时间：2020年12月5日。

（2）经济业务内容：以现金发放工资。

（3）凭证传递流程：出纳王永刚根据人力资源等部门的考勤记录、工资标准以及医疗保险、养老保险、失业保险、住房公积金、工会经费、职工教育经费、水费、电费、个人所得税等扣款情况编制工资结算明细表共41张，经冯海霞复核并报经领导同意后进行工资发放。工资发放结束后，根据工资结算明细表汇总编制工资结算汇总表，经冯海霞再次复核后作工资发放的付款凭证。

（4）记账依据：工资结算明细表"会计联"、工资结算汇总表。

（5）岗位职责：制单员李二香编制记账凭证，出纳王永刚登记"库存现金日记账"。

海城市恒易机电设备股份有限公司
工 资 结 算 明 细 表
2020年12月5日

第 1 页

工号	姓名	应付工资					代扣款项							实发工资
		基础工资	岗位工资	职称工资	年功工资	绩效工资	养老保险	医疗保险	失业保险	住房公积金	工会经费	职工教育费	水费	电费	所得税	
5001	倪海宁	6,450.00	2,800.00	750.00	105.00	4,650.00	2,598.40	921.00	277.40	1,456.00	185.60	139.20			601.00	8,278.40
5002	刘贵祥	4,620.00	2,400.00	700.00	140.00	3,800.00	1,965.60	702.00	210.60	1,404.00	140.40	105.30			247.00	6,285.10
5003	鸣海贵	4,620.00	2,400.00	700.00	140.00	3,800.00	1,965.60	702.00	210.60	1,404.00	140.40	105.30			247.00	6,285.10
5004	李云怡	4,620.00	2,400.00	700.00	140.00	3,800.00	1,965.60	702.00	210.60	1,404.00	140.40	105.30			247.00	6,285.10
5005	鸣海贵	4,620.00	1,800.00	540.00	140.00	3,800.00	1,478.40	581.00	157.40	1,056.00	105.60	79.20			73.00	4,796.40
5006	海雷生	3,480.00	1,800.00	540.00	105.00	2,350.00	1,478.40	581.00	157.40	1,056.00	105.60	79.20			73.00	4,796.40
5007	王 梅	3,480.00	1,800.00	540.00	105.00	2,350.00	1,478.40	581.00	157.40	1,056.00	105.60	79.20			73.00	4,796.40
5008	王永刚	3,480.00	1,600.00	500.00	105.00	2,200.00	1,360.80	486.00	145.80	972.00	97.20	72.90			40.80	4,519.50
5008	李二香	3,500.00	1,600.00	520.00	105.00	2,400.00	1,456.00	520.00	156.00	1,040.00	104.00	78.00			65.00	4,806.00
5010	杨林华	3,500.00	1,600.00	500.00	105.00	2,400.00	1,422.40	501.00	152.40	1,016.00	101.60	76.20			58.00	4,755.40
5011	陆国兴	3,480.00	1,600.00	480.00	100.00	2,400.00	1,360.80	486.00	145.80	972.00	97.20	72.90	17.00		40.80	4,579.50
5012	吴 年	3,860.00	1,600.00	480.00	100.00	2,100.00	1,360.80	486.00	145.80	972.00	97.20	72.90			40.80	4,364.50
5013	尹寿君	3,860.00	1,600.00	480.00	100.00	2,100.00	1,360.80	486.00	145.80	972.00	97.20	72.90			40.80	4,364.50
5014	邓晓梅	3,860.00	1,600.00	420.00	80.00	1,800.00	1,192.20	406.00	127.80	832.00	85.20	63.90	86.00	71.00	22.80	3,692.50
5015	郑玲玲	2,660.00	1,600.00													
合计		57,180.00	29,000.00	8,770.00	1,755.00	39,500.00	24,410.40	8,718.00	2,615.00	17,436.00	1,745.60	1,307.70	103.00	139.00	2,112.00	78,979.90

记账：李雷生　　复核：冯海霞　　制单：王永刚

图 4-21-2

文字表述：

12月5日，发放工资，其中：实发工资 2 448 288.19 元，代扣医疗保险 110 400 元，代扣养老保险 300 480 元，代扣住房公积金 227 000 元，代扣水费 1 300 元，代扣电费 1 990 元，代扣失业保险 32 960 元，代扣个人所得税 78 463.81 元，代扣工会经费 31 760 元，代扣职工教育经费 17 740 元。

会计分录：

借：应付职工薪酬——工资	3 250 382.00
贷：库存现金	2 448 288.19
应交税费——应交个人所得税	78 463.81
其他应付款——海城市自来水公司	1 300.00
——海城市电力公司	1 990.00
——海城市医保中心	110 400.00
——海城市社会劳动保障中心	300 480.00
——住房公积金	227 000.00
——海城市劳动就业中心	32 960.00
——工会经费	31 760.00
——职工教育经费	17 740.00

（扫描查看原始凭证）

（扫描查看记账凭证）

22. 12月6日(图4-22-1至图4-22-5)

江苏增值税专用发票

发票号码：00363567
3200192130
机器编号：5399905192118
开票日期：2020年12月06日

购买方：
名称：海城市恒易机电设备股份有限公司
纳税人识别号：913214007150572706
地址、电话：海城市建军路80号 88221100
开户行及账号：市工行城东分理处 124380098

密码区：
>743267*17589<1367>52)42456
73234691341346779-9431)/0>5
>085397/7-67-532/*-4**<-145
5>24/67/8535>689>35789)1*/0

货物或应税劳务、服务名称	规格型号	单位	数量	单价	金额	税率	税额
甲材料		kg	2 000	98.00	196 000.00	13%	25 480.00
乙材料		kg	2 000	58.00	116 000.00	13%	15 080.00
丁材料		kg	2 000	78.00	156 000.00	13%	20 280.00
合　计					¥468 000.00		¥60 840.00

价税合计（大写）：伍拾贰万捌仟捌佰肆拾圆整　（小写）¥528 840.00

销售方：
名称：海城电子器材厂
纳税人识别号：913214007110611021
地址、电话：海城市新兴路21号
开户行及账号：市工行城西分理处 3100022551

备注：海城电子器材厂 913214007110611021 发票专用章

收款人：高真新　复核：贾春天　开票人：刘开山　销售方：(章)

第二联：抵扣联　购买方扣税凭证

图4-22-1

江苏增值税专用发票

发票号码：00363567
3200192130
机器编号：5399905192118
开票日期：2020年12月06日

购买方：
名称：海城市恒易机电设备股份有限公司
纳税人识别号：913214007150572706
地址、电话：海城市建军路80号 88221100
开户行及账号：市工行城东分理处 124380098

密码区：
>743267*17589<1367>52)42456
73234691341346779-9431)/0>5
>085397/7-67-532/*-4**<-145
5>24/67/8535>689>35789)1*/0

货物或应税劳务、服务名称	规格型号	单位	数量	单价	金额	税率	税额
甲材料		kg	2 000	98.00	196 000.00	13%	25 480.00
乙材料		kg	2 000	58.00	116 000.00	13%	15 080.00
丁材料		kg	2 000	78.00	156 000.00	13%	20 280.00
合　计					¥468 000.00		¥60 840.00

价税合计（大写）：伍拾贰万捌仟捌佰肆拾圆整　（小写）¥528 840.00

销售方：
名称：海城电子器材厂
纳税人识别号：913214007110611021
地址、电话：海城市新兴路21号
开户行及账号：市工行城西分理处 3100022551

备注：海城电子器材厂 913214007110611021 发票专用章

收款人：高真新　复核：贾春天　开票人：刘开山　销售方：(章)

第三联：发票联　购买方记账凭证

图4-22-2

业务 22

实训指导：

（1）原始凭证取得时间：2020年12月6日。

（2）经济业务内容：购进甲、乙、丙材料，货款及税款以原预付账款抵付一部分，其余尚未支付，材料已验收入库。

（3）凭证传递流程：出纳王永刚收到增值税专用发票的"发票联"和"抵扣联"及原材料入库单"会计记账联"后，及时与供应部门核对购销合同。经核实确认后，及时办理货款抵付手续并确认应付债务。

（4）记账依据：增值税专用发票的"发票联""抵扣联"和原材料入库单"会计记账联"。

（5）岗位职责：制单员李二香编制记账凭证，辅助会计王楠登记"原材料——甲材料""原材料——乙材料""原材料——丙材料""应交税费——应交增值税"和"预付账款——海城电子器材厂"明细账。

海城市恒易机电设备股份有限公司

原材料入库单

2020年12月6日

类别	原材料								编号	202002
发票	00363567								来源	海城电子器材厂

名称	规格	单位	数量		实际成本				备注
			应收数	实收数	单价	总价	运杂费	合计	
甲材料		kg	2000	2000	98.00	196000.00		196000.00	
乙材料		kg	2000	2000	58.00	116000.00		116000.00	
合计								312000.00	

供应主管：陈国强　　采购：奚华　　验收保管：杨林华

第三联　会计记账

图 4-22-3

海城市恒易机电设备股份有限公司

原材料入库单

2020年12月6日

类别	原材料								编号	2012003
发票	00363567								来源	海城电子器材厂

名称	规格	单位	数量		实际成本				备注
			应收数	实收数	单价	总价	运杂费	合计	
丙材料		kg	2000	2000	78.00	156000.00		156000.00	
合计								156000.00	

供应主管：陈国强　　采购：奚华　　验收保管：杨林华

第三联　会计记账

图 4-22-4

文字表述：

12月6日，从海城电子器材厂购入原材料一批，其中：甲材料2 000 kg，单价98元；乙材料2 000 kg，单价58元；丙材料2 000 kg，单价78元。各种材料适用的增值税税率均为13%。该批材料的款项已于11月5日预付500 000元，其余款项尚未支付，材料已验收入库。

会计分录：

借：原材料——甲材料	196 000.00
——乙材料	116 000.00
——丙材料	156 000.00
应交税费——应交增值税（进项税额）	60 840.00
贷：预付账款——海城电子器材厂	528 840.00

（扫描查看原始凭证）

（扫描查看记账凭证）

购 销 合 同

供方：海城电子器材厂
需方：海城市恒易机电设备股份有限公司
一、根据《中华人民共和国经济合同法》规定，供需双方按照平等互利的原则，经协商一致，签订本合同。
二、货物的名称、数量及价格：

产品名称	单 位	数 量	单 价	总金额	备 注
甲材料	kg	2 000	98.00	196 000.00	
乙材料	kg	2 000	58.00	116 000.00	均为不含税价格
丙材料	kg	2 000	78.00	156 000.00	
合 计	/	/	/	468 000.00	

三、付款条件及期限：
1. 需方应在本合同签订时预付给供方人民币伍拾万元整（￥500 000.00）。
2. 需方在验收货物合格后，应在3日内付清全部货款和税款，超过3日仍未付清的，需方应按未付清部分款项的日万分之二支付利息给供方。
3. 付款方式为转账支票。
4. 在需方完全付清货款前，该货物所有权仍属于供方。
四、交货时间：
2020 年 12 月 6 日。
五、交货地点：
海城市建军路 80 号厂区内西 1#、2#、3#库。
六、质量要求：
供方保证合格产品符合行业规定的质量标准。
七、争议解决：
合同执行过程中如发生争议，由双方协商解决。协商不成时，可向城东区工商行政管理局经济合同仲裁委员会申请仲裁，也可直接向城东区人民法院起诉。
八、特殊条款：
本合同条款如对特殊情况有未尽事宜，双方可根据具体情况结合有关规定议定特殊条款。
九、附则：
本合同一式贰份，甲、乙方各执壹份，具有同等法律效力。

供方（盖章）： 　　　需方（盖章）：

法定代表人（签名）：　　　　　　　法定代表人（签名）：

开户银行：市工行城西分理处　　　　开户银行：市工行城东分理处
账号：3100022551　　　　　　　　账号：124380098

签约日期：2020 年 11 月 5 日

图 4-22-5

23. 12月8日(图4-23-1至图4-23-2)

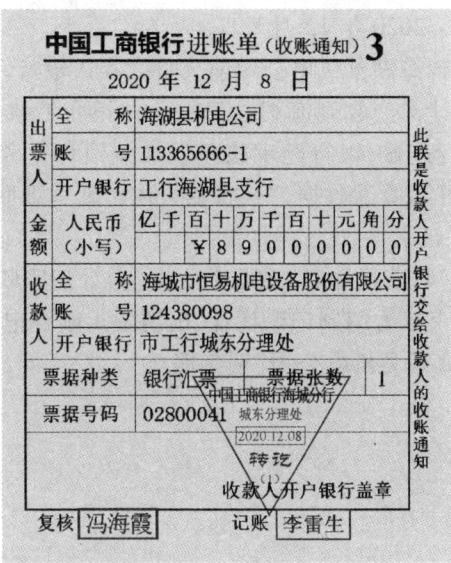

图4-23-1

图4-23-2

业务 23

实训指导：

（1）原始凭证取得时间：2020 年 12 月 8 日。

（2）经济业务内容：收到海湖县机电公司前欠货款存入银行。

（3）凭证传递流程：会计部门收到海湖县机电公司银行汇票后，由出纳王永刚及时填制进账单，连同银行汇票送银行进账，银行经审核无误加盖银行业务专用章，退回进账单"收账通知联"；同时，出纳王永刚开出收款收据，"交付款人作付款凭证联"交海湖县机电公司，留下"会计记账联"作债权结算凭证。

（4）记账依据：进账单"收账通知联"和收款收据"会计记账联"。

（5）岗位职责：制单员李二香编制记账凭证，出纳王永刚登记"银行存款日记账"，辅助会计王楠登记"应收账款——海湖县机电公司"明细账。

文字表述：

12 月 8 日，收到海湖县机电公司前欠货款 890 000 元存入银行。

会计分录：

借：银行存款——工行　　　　　　　　　　　　　　　　　　　　890 000.00
　　贷：应收账款——海湖县机电公司　　　　　　　　　　　　　890 000.00

（扫描查看原始凭证）　　（扫描查看记账凭证）

24. 12月9日（图4-24-1至图4-24-8）

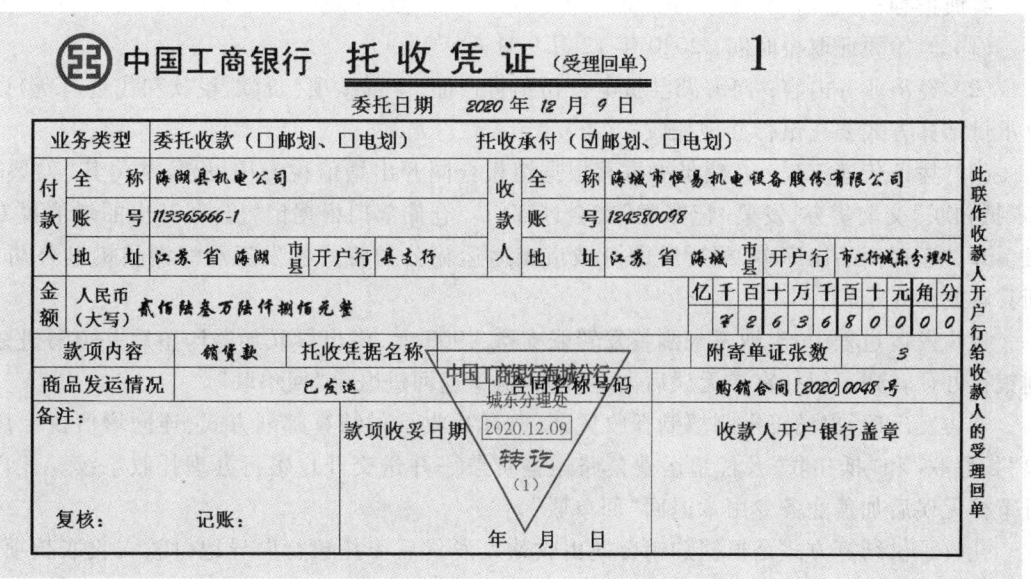

图4-24-1

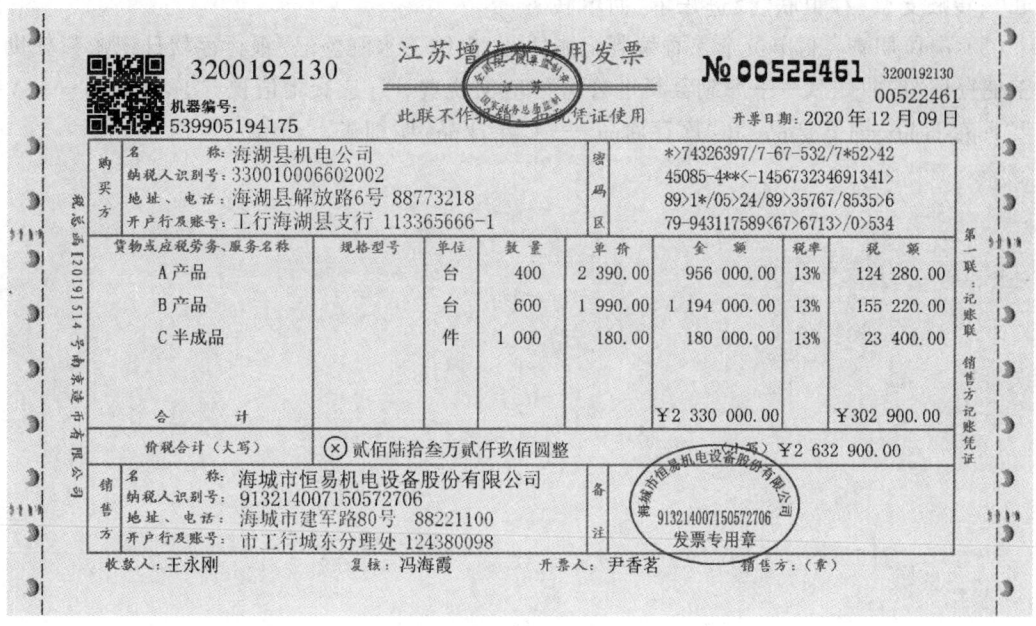

图4-24-2

业务 24

实训指导：

（1）原始凭证取得时间：2020 年 12 月 9 日。

（2）经济业务内容：向海湖县机电公司销售产品，全部款项（价款、税款和代垫运费）以托收承付结算方式委托银行办理托收。

（3）凭证传递流程：开票员尹香茗根据销售合同开出增值税专用发票，并将其"发票联"和"抵扣联"交购货方，发票"记账联"交会计部门。仓储部门根据销售公司开出的增值税专用发票开具库存商品出库单，配货后由海城市交通运输公司将货物发运至海湖县机电公司（海湖县解放路6号）。

货物发运过程中，出纳王永刚签发转账支票3 900元，将出票联加盖印鉴后并填写进账单到银行办理转账。银行审核无误后办理转账，盖章退回进账单"回单联"。

货物发出后，出纳王永刚填制托收凭证，选择托收承付结算邮划方式，连同增值税专用发票"发票联"和"抵扣联"及代垫运费公路运输货票一并送交开户银行办理托收手续。开户银行审核无误后加盖业务专用章退回"回单联"。

托收承付结算方式是根据购销合同由收款人发货后委托银行向异地付款人收取款项，由付款人向银行承认付款的结算方式。收款人委托银行收款时填写一式五联的托收凭证。第一联为回单联，由委托人留存；第二联为收款行留存；第三联为付款行留存；第四联为收账通知，由收款行交给收款人作为货款收妥入账的通知；第五联为承付通知，由付款行交给付款人，在约定的期限内支付款项。

（4）记账依据：托收凭证"回单联"、增值税专用发票"记账联"、库存商品出库单"会计记账联"、转账支票"存根联"及进账单"回单联"。

（5）岗位职责：制单员李二香编制记账凭证，出纳王永刚登记"银行存款日记账"，辅助会计王楠登记"应收账款——海湖县机电公司""应交税费——应交增值税""库存商品——A产品""库存商品——B产品"和"库存商品——C半成品"明细账。

图 4-24-3

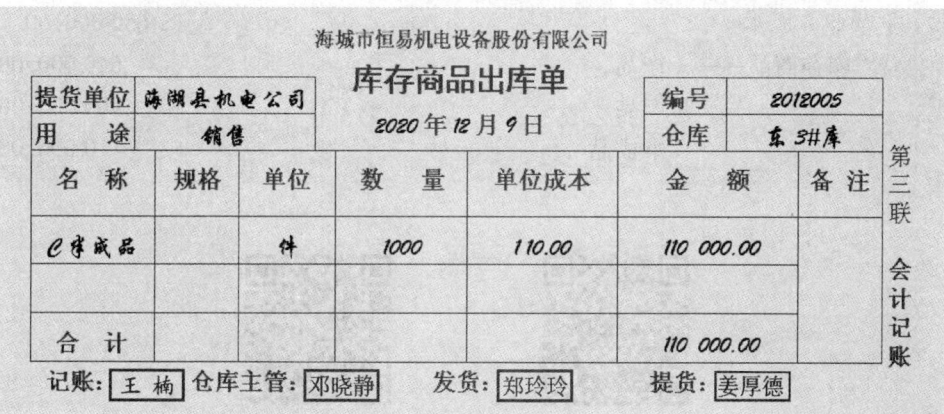

图 4-24-4

图 4-24-5

文字表述：

12月9日，售给海湖县机电公司产品一批，其中：A产品400台，单位不含税售价2 390元；B产品600台，单位不含税售价1 990元；C半成品1 000件，单位不含税售价180元；签发转账支票垫付运杂费3 900元；全部款项已向银行办理托收并取得回单。已销产品的单位成本按先进先出法确定。

会计分录：

借：应收账款——海湖县机电公司	2 636 800.00
贷：主营业务收入	2 330 000.00
应交税费——应交增值税（销项税额）	302 900.00
银行存款——工行	3 900.00
借：主营业务成本	1 650 000.00
贷：库存商品——A产品	640 000.00
——B产品	900 000.00
——C半成品	110 000.00

（扫描查看原始凭证）

（扫描查看记账凭证）

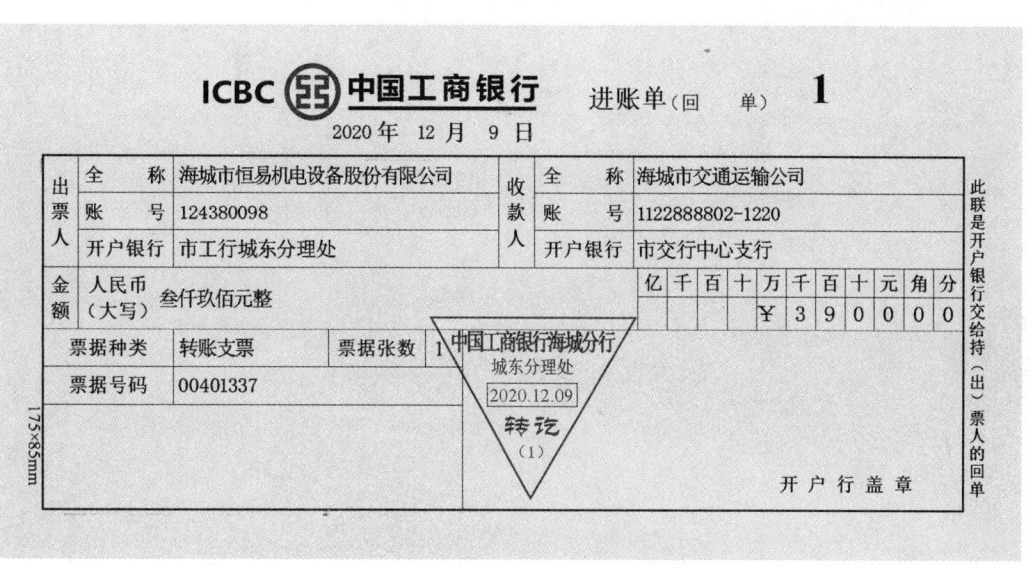

图 4-24-6

图 4-24-7

购 销 合 同

供方：海城市恒易机电设备股份有限公司
需方：海湖县机电公司

一、根据《中华人民共和国经济合同法》规定，供需双方按照平等互利的原则，经协商一致，签订本合同。

二、货物的名称、数量及价格：

产品名称	单位	数量	单价	总金额	备注
A 产品	台	400	2 390.00	956 000.00	
B 产品	台	600	1 990.00	1 194 000.00	均为不含税价格
C 半成品	件	1 000	180.00	180 000.00	
合 计	/	/	/	2 330 000.00	

价税款总计为贰佰陆拾叁万陆仟捌佰元整（￥2 636 800.00）。

三、交货时间及地点：
供方于 2020 年 12 月 9 日将货物发运至需方单位所在地（海湖县解放路 6 号），运费由需方承担。

四、付款条件及期限：
1. 款项结算方式为托收承付结算方式。
2. 需方应在收到货物次日起五日内验收货物，验收无误后最迟于 2020 年 12 月 15 日向银行承付全部款项。

五、质量要求：
供方保证合格产品符合行业规定的质量标准。

六、争议解决：
合同执行过程中如发生争议，由双方协商解决。协商不成时，可向城东区工商行政管理局经济合同仲裁委员会申请仲裁，也可直接向城东区人民法院起诉。

七、特殊条款：
本合同条款如对特殊情况有未尽事宜，双方可根据具体情况结合有关规定议定特殊条款。

八、附则：
本合同一式贰份，甲、乙方各执壹份，具有同等法律效力。

供方（盖章）： 　　　　需方（盖章）：

法定代表人（签名）： 　　　　法定代表人（签名）：

开户银行：工行海湖县支行　　　　开户银行：市工行城东分理处
账号：113365666-1　　　　账号：124380098

签约日期：2020 年 11 月 28 日

25. 12月10日（图4-25-1至图4-25-2）

贴现凭证（收账通知） 3

申请日期：2020年 12 月 10 日　第 001 号

贴现汇票	种类	银行承兑汇票	票号	00000551	持票人	全称	海城市恒易机电设备股份有限公司
	出票日	2020年12月1日				账号	124380098
	到期日	2021年2月28日				开户银行	市工行城东分理处

汇票金额 人民币（大写）贰佰贰拾陆万元整　￥2 260 000.00

贴现率 6%　贴现利息 ￥30 510.00　实付贴现金额 ￥2 257 740.00

贴现款项已划入你单位账户

（中国工商银行海城分行 城东分理处 2020.12.10 转讫）

收款人开户行盖章（盖章有效）

备注：
票面年利息率为5%
年贴现率为6%
到期价值为2 288 250.00
实际贴现利息为30 510.00
实付贴现金额为2 257 740.00

此联是银行给持票人的收账通知

图4-25-1

银行承兑汇票 备查簿　第1页

承兑申请人：海丰市机电设备有限公司

承兑人：工商银行海丰市分行

出票日：2020年12月1日

到期日：2021年2月28日

票面金额：2 260 000元

年利率：5%

票据编号：00000551

说明：
1. 票据到期价值为：2 260 000×（1+5%×3/12）=2 288 250元
   实际贴现利息为：2 288 250×6%×80/360=30 510元
   实付贴现金额为：2 288 250-30 510=2 257 740元

图4-25-2

业务 25

实训指导：

（1）原始凭证取得时间：2020 年 12 月 10 日。

（2）经济业务内容：持银行承兑汇票向银行申请贴现。

（3）凭证传递流程：出纳王永刚填制一式五联的贴现凭证（其中第一联贴现凭证可代申请书），携带贸易合同、增值税专用发票、贷款证及其他相关资料（营业执照、代码证、法人身份证、税务登记证复印件等），向银行办理贴现手续。银行审查后，确认符合贴现条件，计收贴息并贴现入账，王永刚取回贴现凭证"收账通知联"。银行计收贴息的计算如下：

票据到期值 = 2 260 000 × (1 + 5% × 3/12) = 2 288 250（元）

实际贴现利息 = 2 288 250 × 6% × 80/360 = 30 510（元）

实付贴现金额 = 2 288 250 − 30 510 = 2 257 740（元）

（4）记账依据：贴现凭证"收账通知联"。

（5）岗位职责：制单员李二香编制记账凭证，出纳王永刚登记"银行存款日记账"，辅助会计王楠登记"应收票据——海丰市机电设备有限公司"明细账。

文字表述：

12 月 10 日，将持有的海丰市机电设备有限公司银行承兑汇票向银行申请贴现，其票面年利息率为 5%，年贴现率为 6%，实得贴现款存入银行。

会计分录：

借：银行存款——工行	2 257 740.00
财务费用——利息支出	2 260.00
贷：应收票据——海丰市机电设备有限公司	2 260 000.00

（扫描查看原始凭证）

（扫描查看记账凭证）

26. 12月10日(图4-26-1至图4-26-3)

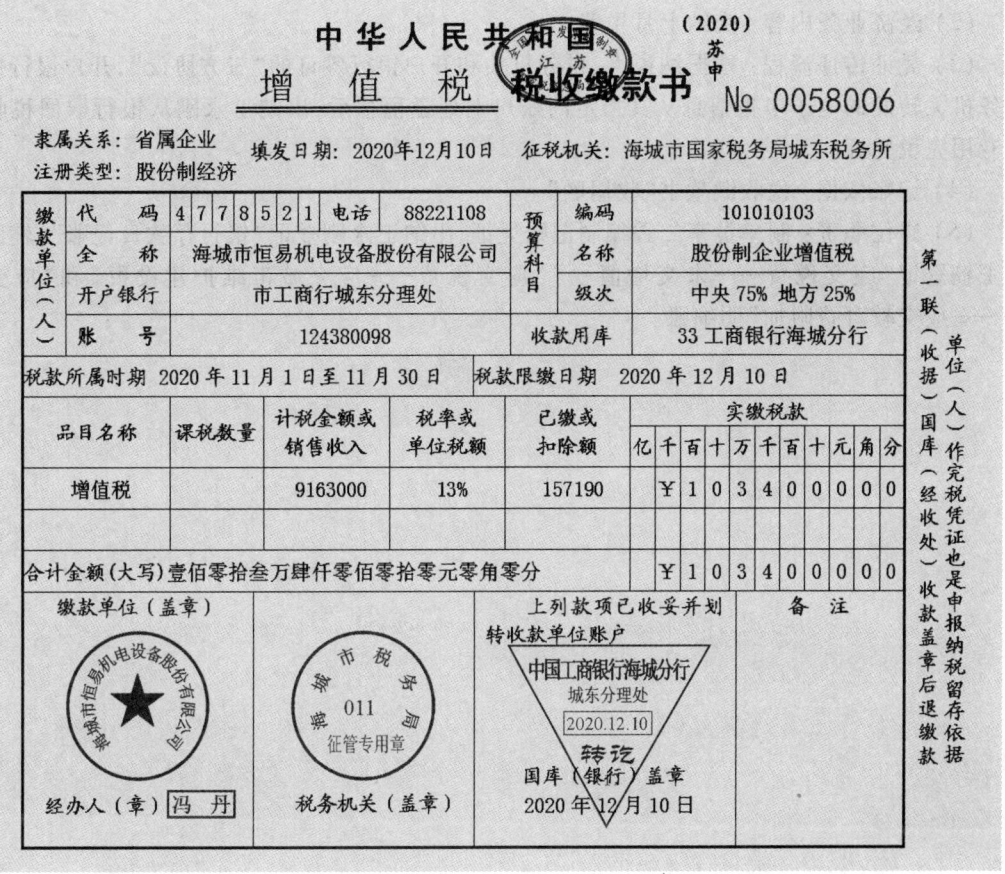

图4-26-1

业务 26

实训指导：

（1）原始凭证取得时间：2020 年 12 月 10 日。

（2）经济业务内容：交纳上月税费。

（3）凭证传递流程：根据纳税人、税务机关和开户银行签订的"三方协议"，开户银行按照税务机关转发的电子申报信息从其指定的账户上划缴税款后，出纳王永刚从银行取回税收转账专用完税凭证。

（4）记账依据：税收缴款书"收据联"。

（5）岗位职责：制单员李二香编制记账凭证，出纳王永刚登记"银行存款日记账"，辅助会计王楠登记"应交税费——未交增值税""应交税费——应交城市维护建设税"和"应交税费——应交教育费附加"明细账。

中华人民共和国 城市维护建设税 税收缴款书

（2020）苏申 No 0006117

隶属关系：省属企业　　填发日期：2020年12月10日　　征税机关：海城市税务局城东税务所
注册类型：股份制经济

缴款单位（人）	代码	4778521	电话	88221108	预算科目	编码	101091900
	全称	海城市恒易机电设备股份有限公司				名称	城市维护建设税
	开户银行	市工商行城东分理处				级次	地方级
	账号	124380098				收款用库	33 工商银行海城分行

税款所属时期 2020年11月1日至11月30日　　税款限缴日期 2020年12月10日

品目名称	课税数量	计税金额或销售收入	税率或单位税额	已缴或扣除额	实缴税款 亿 千 百 十 万 千 百 十 元 角 分
城市维护建设税		1 416 000	7%		￥　　　　9 9 1 2 0 0 0
合计金额(大写) 玖万玖仟壹佰贰拾零元零角零分					￥　　　　9 9 1 2 0 0 0

缴款单位（盖章）	税务机关（盖章）	上列款项已收妥并划转收款单位账户 中国工商银行海城分行 城东分理处 2020.12.10 转讫 国库（银行）盖章 2020年12月10日	备注
经办人（章）冯丹	011 征管专用章		

第一联（收据）国库（经收处）收款盖章后退缴款 单位（人）作完税凭证也是申报纳税留存依据

图 4-26-2

文字表述：

12月10日，以银行存款交纳上月税费，其中：增值税 1 034 000 元、城市维护建设税 99 120 元、教育费附加 42 480 元。

会计分录：

借：应交税费——未交增值税	1 034 000.00
——应交城市维护建设税	99 120.00
——应交教育费附加	42 480.00
贷：银行存款——工行	1 175 600.00

（扫描查看原始凭证）　　（扫描查看记账凭证）

中华人民共和国 教育费附加 税收缴款书

(2020) 苏申 № 0006118

隶属关系：省属企业　　填发日期：2020年12月10日　　征税机关：海城市税务局城东税务所
注册类型：股份制经济

缴款单位（人）	代　码	4 7 7 8 5 2 1	电话	88221108	预算科目	编码	103020301
	全　称	海城市恒易机电设备有限公司				名称	教育费附加
	开户银行	市工商行城东分理处				级次	地方级
	账　号	124380098				收款用库	33 工商银行海城分行

税款所属时期 2020年11月1日至11月30日　　税款限缴日期 2020年12月10日

品目名称	课税数量	计税金额或销售收入	税率或单位税额	已缴或扣除额	实缴税款 亿 千 百 十 万 千 百 十 元 角 分
教育费附加		1 416 000	3%		¥　　　　4 2 4 8 0 0 0
合计金额(大写) 肆万贰仟肆佰捌拾零元零角零分					¥　　　　4 2 4 8 0 0 0

缴款单位（盖章）	税务机关（盖章）	上列款项已收妥并划转收款单位账户 中国工商银行海城分行 城东分理处 2020.12.10 转讫 国库（银行）盖章 2020年12月10日	备注
经办人（章）冯丹	011 征管专用章		

图 4-26-3

27. 12月10日（图4-27-1至图4-27-3）

海城市恒易机电设备有限公司差旅费报销单

2020年12月10日

姓名		陈国正	事由		去盐州采购材料				往返天数		5		
起讫日期				地址		车船费		出差补助			住宿费		其他费用
月	日	月	日	起	止	交通工具	金额	天数	标准	金额	天数	标准	金额	项目	金额
12	5	12	5	海城	盐州	火车	87.20	5	48	240.00	4	385	1540.00		
12	9	12	9	盐州	海城	火车	87.20								
				合计			174.40			240.00			1540.00		
合计人民币（大写）				壹仟玖佰伍拾肆元肆角整				¥ 1954.40元					附件 3 张		

出差人（签名）：陈国正

图4-27-1

图4-27-2-1

图4-27-2-2

业务 27

实训指导：

（1）原始凭证取得时间：2020 年 12 月 10 日。

（2）经济业务内容：报销差旅费。

（3）凭证传递流程：出差人陈国正出差返回后，填制差旅费报销单（出差费用的原始单据附于差旅费报销单之后作差旅费报销单附件），经领导审批后到出纳王永刚处报销，经王永刚复核无误后，据实予以报销，原预借款余款退回，王永刚开出退款收据，留下"会计记账联"作收款凭证。

（4）记账依据：差旅费报销单、收款收据"会计记账联"。出差费用的原始单据如车票、住宿费发票等作差旅费报销单的附件。

（5）岗位职责：制单员李二香编制记账凭证，出纳王永刚登记"库存现金日记账"，辅助会计王楠登记"管理费用——差旅费""应交税费——应交增值税（进项税额）"和"其他应收款——陈国正"明细账。

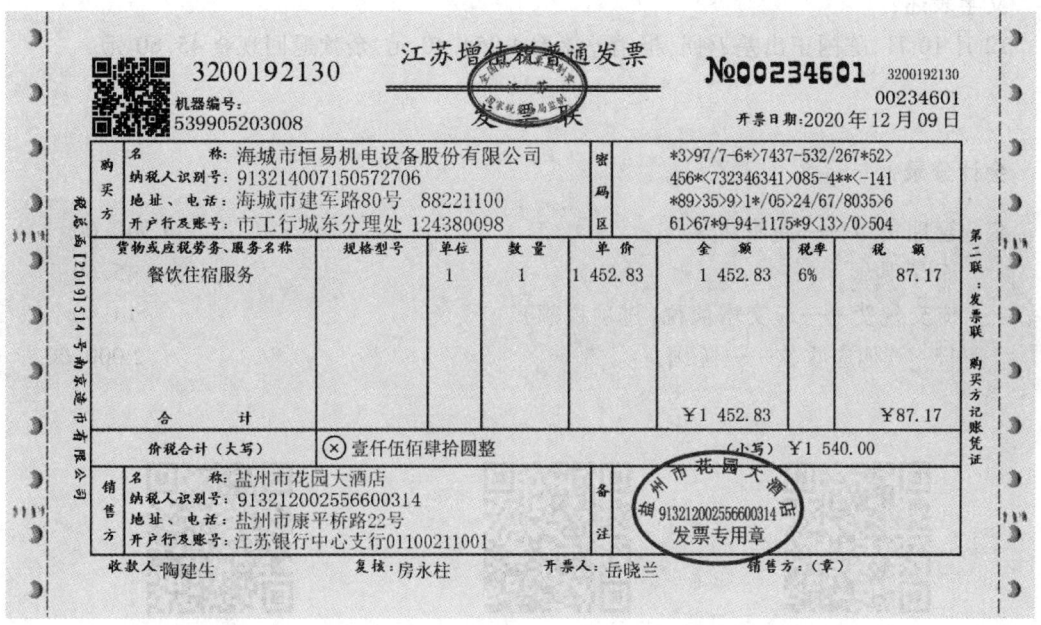

图 4-27-2-3

图 4-27-3

文字表述：

12月10日，陈国正出差返回，报销差旅费1 954.40元，余款退回现金45.60元。

会计分录：

借：管理费用——差旅费　　　　　　　　　　　　　　1 940.00
　　库存现金　　　　　　　　　　　　　　　　　　　　45.60
　　应交税费——应交增值税（进项税额）　　　　　　　14.40
　　贷：其他应收款——陈国正　　　　　　　　　　　2 000.00

（扫描查看原始凭证）

（扫描查看记账凭证）

（扫描查看上旬科目汇总表）

28. 12月11日(图4-28-1至图4-28-2)

中国工商银行 托收凭证（受理回单） 1

委托日期 2020年12月11日

业务类型	委托收款（☑邮划、□电划）		托收承付（□邮划、□电划）		
付款人	全称	海城市机电商场	收款人	全称	海城市恒易机电设备股份有限公司
	账号	002155801		账号	124580098
	地址	江苏省海城市县 开户行 市工行中心支行		地址	江苏省海城市县 开户行 市工行城东分理处

金额 人民币（大写）陆拾壹万捌仟元整   ￥618000 00

款项内容	销货款	托收凭据名称	银行承兑汇票00000358	附寄单证张数	1
商品发运情况			合同名称号码		
备注		款项收妥日期 年 月 日		收款人开户银行盖章 中国工商银行海城分行 城东分理处 2020.12.11 转讫（1）	
复核		记账			

此联作收款人开户行给收款人的受理回单

图4-28-1

银行承兑汇票 备查簿   第2页

承兑申请人：海城市机电商场

承兑人：海城市工商银行中心支行

出票日：2020年6月10日

到期日：2020年12月10日

票面金额：600000元

年利率：6%

票据编号：00000358

说明：

1、2020年6月10日销售A产品2000台，B产品1000台，共计价款682000元，税款115940元，当日收回款项197940元，其余600000元收到该银行承兑汇票。

2、2020年6月30日预提该汇票利息2000元。

图4-28-2

业务 28

实训指导：

（1）原始凭证取得时间：2020 年 12 月 11 日。

（2）经济业务内容：银行承兑汇票到期，向银行办理委托收款手续。

（3）凭证传递流程：出纳王永刚查阅银行承兑汇票备查簿，确认海城市机电商场银行承兑汇票到期，填制托收凭证选择委托收款结算邮划方式，连同到期银行承兑汇票一并送交开户银行办理委托收款手续。开户银行审核无误后，加盖业务专用章退回"回单联"。

银行承兑汇票到期，持票人需在提示付款期限内通过开户银行委托收款或直接向付款人提示付款。对异地委托收款的，持票人可匡算邮程，提前通过开户银行委托收款。持票人超过提示付款期限提示付款的，持票人开户银行不予受理。

委托收款是指收款人委托银行向付款人收取款项的结算方式。

收款人委托银行向付款人收取款项时，应填写一式五联的托收凭证，连同有关债务证明送交银行办理委托收款手续，收款人开户行受理后，退回托收凭证"回单联"。托收凭证一式五联为：第一联回单联，由委托人留存；第二联收款行留存；第三联付款行留存；第四联收账通知，由收款行交给收款人作为款项收妥入账的通知；第五联承付通知，由付款行交给付款人，在约定的期限内支付款项。

（4）记账依据：托收凭证"回单联"。

（5）岗位职责：制单员李二香编制记账凭证，辅助会计王楠登记"应收票据——海城市机电商场""应收账款——海城市机电商场"和"财务费用——利息收入"明细账。

文字表述：

12 月 11 日，公司持有的海城市机电商场 2020 年 6 月 10 日出票的银行承兑汇票到期，向银行办理委托收款手续，取得托收凭证回单。该银行承兑汇票的年利率为 6%，期限为 6 个月，6 月 30 日，预提该汇票利息 2 000 元。

会计分录：

借：应收账款——海城市机电商场	618 000.00
贷：应收票据——海城市机电商场（面值）	600 000.00
——海城市机电商场（利息）	2 000.00
财务费用——利息收入	16 000.00

（扫描查看原始凭证）

（扫描查看记账凭证）

29. 12月12日(图4-29-1至图4-29-2)

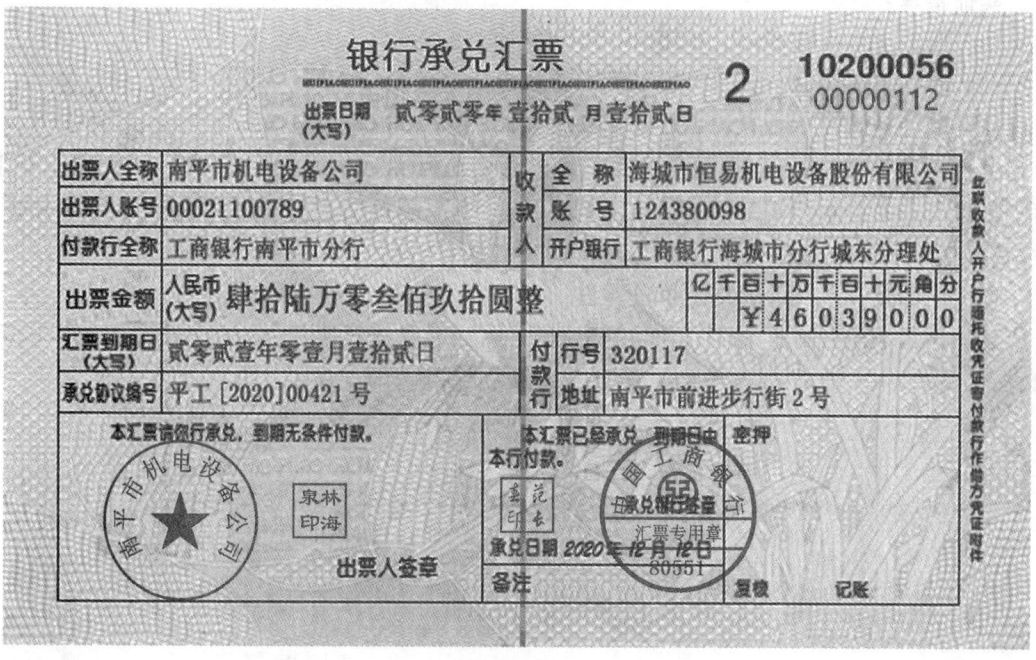

图4-29-1

图4-29-2

业务 29

实训指导：

（1）原始凭证取得时间：2020 年 12 月 12 日。

（2）经济业务内容：收到银行承兑汇票抵充应收账款。

（3）凭证传递流程：应收账款信用期限到期，南平市机电设备公司无款支付，向其开户行申请银行承兑汇票，银行审查同意后签发银行承兑汇票，转交本公司会计部门。汇票上载明，南平市机电设备公司将于 2021 年 1 月 12 日到期承兑该笔货款。王永刚收到银行承兑汇票后，在备查簿上登记相关内容，并放入保险柜单独保管，待到期时到银行兑付。

（4）记账依据：银行承兑汇票复印件。

（5）岗位职责：制单员李二香编制记账凭证，辅助会计王楠登记"应收账款——南平市机电设备公司"和"应收票据——南平市机电设备公司"明细账。

文字表述：

12 月 12 日，收到南平市机电设备公司出票的银行承兑汇票一张，面值为 460 390 元，用以抵付债务。该票据为不带息票据，期限为 1 个月。

会计分录：

借：应收票据——南平市机电设备公司	460 390.00
贷：应收账款——南平市机电设备公司	460 390.00

（扫描查看原始凭证）

（扫描查看记账凭证）

30. 12月12日(图4-30-1至图4-30-2)

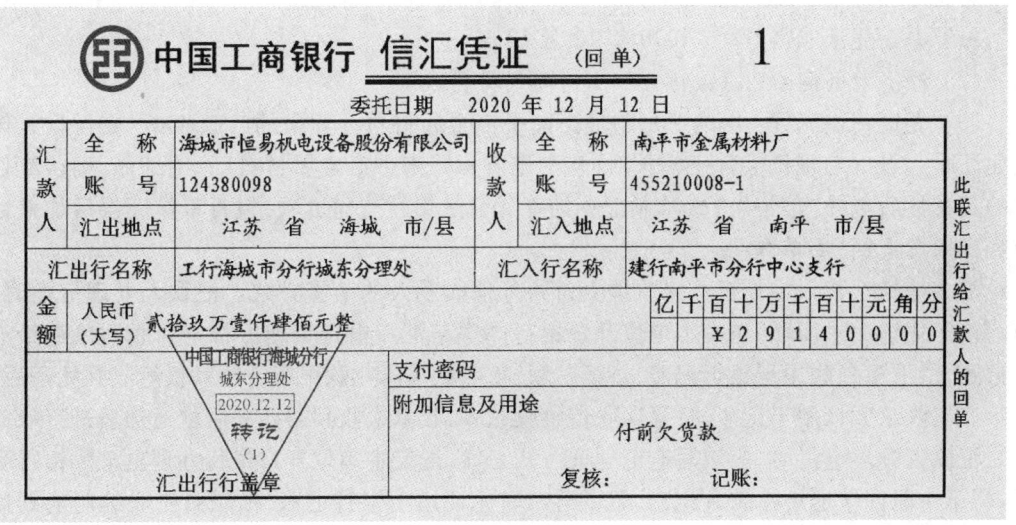

图4-30-1

图4-30-2

业务 30

实训指导：

（1）原始凭证取得时间：2020年12月12日。

（2）经济业务内容：以银行存款支付前欠材料款。

（3）凭证传递流程：出纳王永刚根据南平市金属材料厂开来的收款收据"交付款人作付款凭证联"，及时与辅助会计王楠核对"应付账款——南平市金属材料厂"明细账，确认应付账款的真实性后选择"信汇"方式填制汇兑结算凭证送银行支付款项，银行审核无误后加盖银行业务专用章退回"回单联"。

汇兑是指汇款人委托银行将款项支付给外地收款人的结算方式。汇款人办理信汇时，应填写信汇凭证一式四联，送交本单位开户银行办理信汇。银行受理后将第一联回单退给汇款人记账，留下第二联用于银行记账，将第三联、第四联传给收款银行。收款银行收到凭证后，留下第三联收款凭证用于记账，将第四联传给收款人，收款人收到第四联收款通知后进行账务处理。汇款人办理电汇时，应填写电汇凭证一式三联，送交本单位开户银行办理电汇。银行受理后，将第一联回单退给汇款人记账，留下第二联凭证用于银行记账，依照第三联编制电划代收报单向收款银行拍发电报。收款银行收到电报后，签发电划代收补充单一式三联，将第三联传给收款人。收款人凭代收报单第三联进行账务处理。

（4）记账依据：信汇凭证"回单联"。

（5）岗位职责：制单员李二香编制记账凭证，出纳王永刚登记"银行存款日记账"，辅助会计王楠登记"应付账款——南平市金属材料厂"明细账。

文字表述：

12月12日，以银行存款291 400元支付前欠南平市金属材料厂货款。

会计分录：

借：应付账款——南平市金属材料厂　　　　　　　　　　291 400.00
　　贷：银行存款——工行　　　　　　　　　　　　　　291 400.00

（扫描查看原始凭证）

（扫描查看记账凭证）

31. 12月13日(图4-31-1至图4-31-5)

图4-31-1

收款收据 № 000099
2020年12月13日

交款单位 洪泽市泽南物贸商场　　收款方式 银行汇票

人民币 捌万元整　　　　　　　　¥80 000.00

收款事由 债务重组款

记账：李雷生　　审核：冯海霞　　经办：王永刚

第三联 会计记账

图4-31-2

业务 31

实训指导：

（1）原始凭证取得时间：2020年12月13日。

（2）经济业务内容：债务重组。

（3）凭证传递流程：会计部门收到洪泽市泽南物贸商场银行汇票后，由出纳王永刚及时填制进账单，连同银行汇票送银行进账，银行经审核无误加盖银行业务专用章退回进账单"收账通知联"；出纳王永刚开出收款收据，"交付款人作付款凭证联"交洪泽市泽南物贸商场，留下"会计记账联"作债权结算凭证；设备管理科与洪泽市泽南物贸商场相关部门办理重组固定资产交接手续，交接完成后将固定资产转让交接单转交会计部门。债务重组结束后，总账会计李雷生编制债务重组损益表。

（4）记账依据：进账单"收账通知联"、收款收据"会计记账联"、固定资产转让交接单和债务重组损益表。

（5）岗位职责：制单员李二香编制记账凭证，出纳王永刚登记"银行存款日记账"，辅助会计王楠登记"应收账款——洪泽市泽南物贸商场""固定资产——Audi 轿车"和"营业外支出——债务重组损失"明细账。

固定资产转让交接单

2020年12月13日

名　称	Audi 轿车	型　号	A4L1.8TFSI
发动机号	4628387	车架号	LDEE522348172641
原始价值	291000.00	已提折旧	69112.50
公允价值	210000.00	预计尚可使用年限	3年
预计残值	12000.00	预计清理费用	1500.00

转让方　（洪泽市泽南物贸商务 印章）　经办：何庆庆　　受让方　（海城市恒易机电设备股份有限公司 印章）　经办：邓晓静

图 4－31－3

海城市恒易机电设备有限公司

重 组 损 益 表

2020年12月13日

项　目	借方
应收账款账面金额	313,750.00
减：1. 收到的现金资产	80,000.00
2. 收到的非现金资产公允价值	210,000.00
3. 应负担的坏账准备	15,687.50
加：1.	
2.	
债务重组损失	8,062.50

复核：冯海霞　　制表：李雷生

图 4－31－4

文字表述：

12月13日，根据12月8日签订的《债务重组协议》规定，债务人洪泽市泽南物贸商场向债权人海城市恒易机电设备股份有限公司支付债务款项80 000元；同日，债务人将其拥有合法产权的Audi轿车一辆过户给债权人，抵偿货款200 000元，Audi轿车的原始价值为291 000元，已提折旧69 112.50元，公允价值为210 000元，预计尚可使用3年，预计残值12 000元，预计清理费用1 500元；债权人豁免债务33 750元。12月13日，债务重组手续全部完成，重组款项如数存入银行，重组固定资产交接完毕。

会计分录：

借：银行存款——工行	80 000.00
固定资产——Audi轿车	210 000.00
坏账准备	15 687.50
营业外支出——债务重组损失	8 062.50
贷：应收账款——洪泽市泽南物贸商场	313 750.00

（扫描查看原始凭证）

（扫描查看记账凭证）

债务重组协议

债权人：海城市恒易机电设备股份有限公司（以下简称甲方）
债务人：洪泽市泽南物贸商场（以下简称乙方）
担保人：洪泽市机电产品总公司（以下简称丙方）

甲、乙、丙三方经过友好协商，就乙方欠甲方货款［共计人民币叁拾壹万叁仟柒佰伍拾元整（￥313 750.00）］一事达成如下协议：

一、乙方于2020年12月13日前一次性向甲方支付人民币捌万元整（￥80 000.00）。

二、乙方于2020年12月13日之前将其拥有合法产权的Audi A4L 1.8 TFSI轿车壹辆过户给甲方，抵偿货款贰拾万元整（￥200 000.00）。

三、甲方免除乙方所欠剩余货款叁万叁仟柒佰伍拾元整（￥33 750.00）。

四、乙方如未能同时履行本协议第一、二款之规定，甲方即视乙方为严重违约，甲方有权取消对乙方的全部承诺，单方解除本协议，对其中乙方已经履行的条款，作为乙方正常偿还欠款处理，并依法采取必要手段追回乙方所欠的剩余货款。

五、乙方承诺：乙方的任何改制、改组和资产转让、变卖等严重影响履约能力的行为，必须事先告知甲方并征得甲方的认可。否则，甲方有权单方解除本协议。

六、丙方承诺：在乙方如期履行本协议并终止债权债务关系之前，继续承担原担保责任。

七、甲、乙双方的其他约定：

1. 乙方用其合法拥有的西郊仓库作为债务重组的抵押物（抵押手续另行办理并作为本协议的附件），甲方享有相关权利；

2. 丙方自愿为甲、乙双方之间的债务重组提供担保连带责任保证（担保合同另行签订）。

八、本协议未尽事宜由相关方协商解决。

九、在履行本协议过程中发生的纠纷由相关方协商解决，协商不成时向甲方所在地人民法院起诉。

十、本协议一式叁份，甲、乙、丙方各执壹份，具有同等法律效力。

十一、本协议自各方有权签字人签字并加盖公章后生效。

甲方：（盖章） 乙方：（盖章） 丙方：（盖章）

授权代表：  授权代表：  授权代表：

签约日期：2020年12月8日

32. 12月14日(图4-32-1至图4-32-4)

中国工商银行
转账支票存根
10203226
00401338

附加信息

出票日期 2020年12月14日
收款人：海城市美商包装有限公司
金　额：20,000.00
用　途：下半年产品包装费
单位主管 章杏怡　会计 王永刚

图 4-32-1

ICBC 中国工商银行　进账单(回单)　1
2020年 12月 14日

出票人	全　称	海城市恒易机电设备股份有限公司	收款人	全　称	海城市美商包装有限公司
	账　号	124380098		账　号	02288855113
	开户银行	市工行城东分理处		开户银行	市农行张庄支行

金额(大写)	人民币 贰万元整	亿千百十万千百十元角分 ¥ 2 0 0 0 0 0 0

票据种类	转账支票	票据张数	1
票据号码	00401338		

中国工商银行海城分行
城东分理处
2020.12.14
转讫
(1)

开户行盖章

此联是开户银行交给持(出)票人的回单

175×85mm

图 4-32-2

业务 32
实训指导：

（1）原始凭证取得时间：2020 年 12 月 14 日。

（2）经济业务内容：支付产品包装费。

（3）凭证传递流程：会计部门收到海城市美商包装有限公司增值税专用发票的发票联和抵扣联后，出纳王永刚签发转账支票 20 000 元，将出票联加盖印鉴后并填写进账单到银行办理转账。银行审核无误后办理转账，盖章退回进账单"回单联"。

（4）记账依据：转账支票"存根联"及进账单"回单联"和增值税专用发票"发票联"。

（5）岗位职责：制单员李二香编制记账凭证，出纳王永刚登记"银行存款日记账"，辅助会计王楠登记"销售费用——包装费"和"应交税费——应交增值税"明细账。

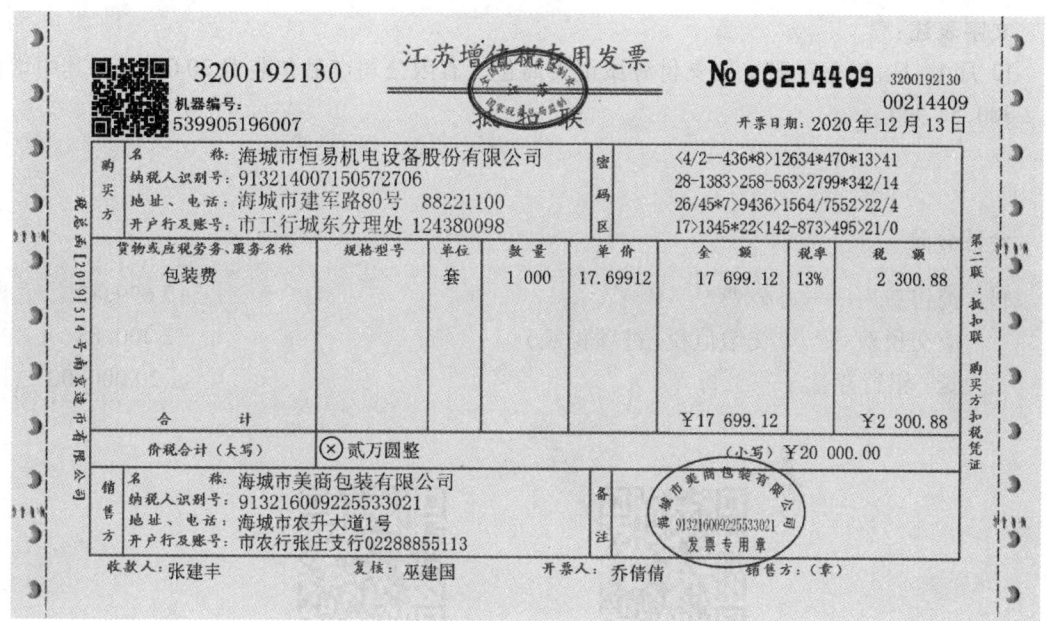

图 4-32-3

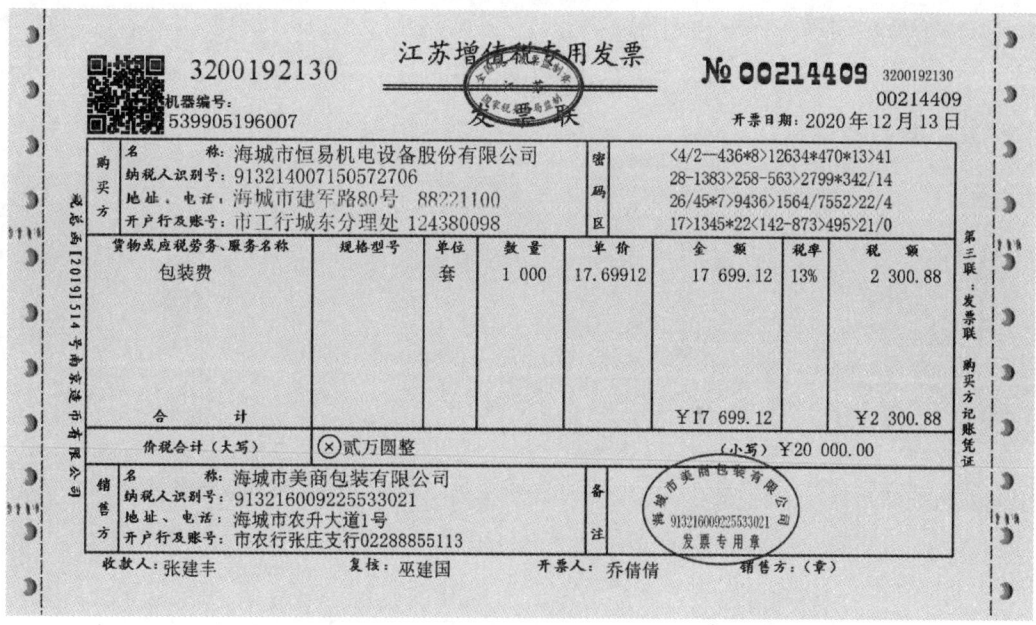

图 4-32-4

文字表述：

12月14日，签发转账支票支付海城市美商包装有限公司产品包装费20 000元（其中增值税2 300.88元）。

会计分录：

借：销售费用——办公费　　　　　　　　　　　　　　　　　17 699.12
　　应交税费——应交增值税（进项税额）　　　　　　　　　　2 300.88
　贷：银行存款——工行　　　　　　　　　　　　　　　　　20 000.00

（扫描查看原始凭证）

（扫描查看记账凭证）

33. 12月14日(图4-33-1至图4-33-4)

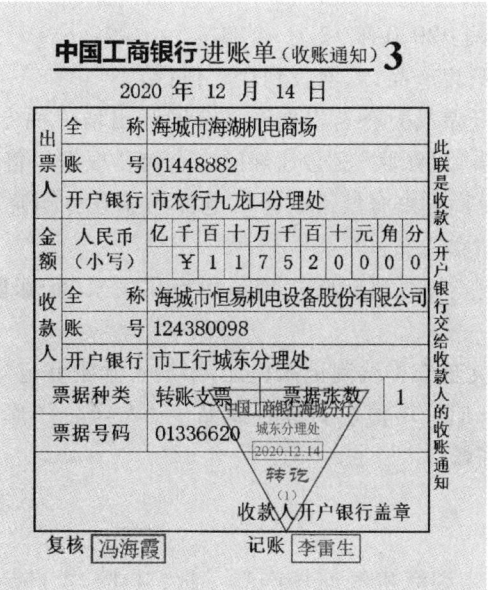

图4-33-1

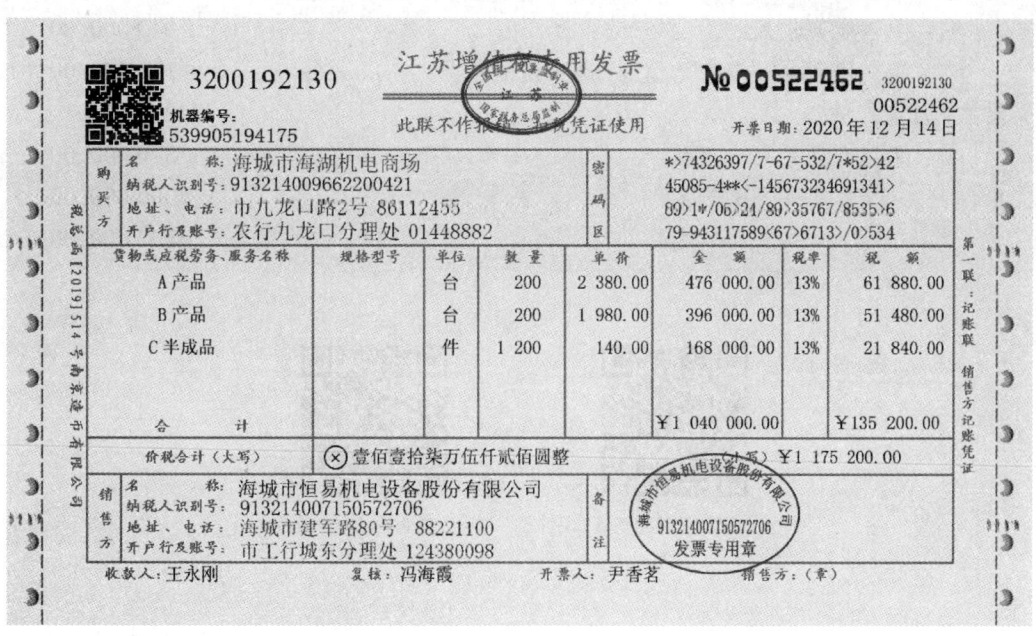

图4-33-2

业务 33

实训指导：

（1）原始凭证取得时间：2020 年 12 月 14 日。

（2）经济业务内容：销售产品，款项收到存入银行。

（3）凭证传递流程：开票员尹香茗根据销售合同开出增值税专用发票，并将其"发票联"和"抵扣联"交购货方，发票"记账联"交会计部门。仓储科根据销售公司开出的增值税专用发票开具库存商品出库单，配货后由海城市湖海机电商场业务员顾晓玲提货。出纳王永刚从开户行取回进账单"收账通知联"。

（4）记账依据：进账单"收账通知联"、增值税专用发票"记账联"和库存商品出库单"会计记账联"。

（5）岗位职责：制单员李二香编制记账凭证，出纳王永刚登记"银行存款日记账"，辅助会计王楠登记"应交税费——应交增值税""库存商品——A 产品""库存商品——B 产品"和"库存商品——D 半成品"明细账。

文字表述：

12 月 14 日，售给海城市湖海机电商场产品一批，其中：A 产品 200 台，单位不含税售价 2 380 元；B 产品 200 台，单位不含税售价 1 980 元；D 半成品 1 200 件，单位不含税售价 140 元。全部款项已收妥存入银行。已销产品的单位成本按先进先出法确定。

会计分录：

借：银行存款——工行	1 175 200.00
贷：主营业务收入	1 040 000.00
应交税费——应交增值税（销项税额）	135 200.00
借：主营业务成本	722 000.00
贷：库存商品——A 产品	320 000.00
——B 产品	300 000.00
——D 半成品	102 000.00

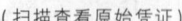

（扫描查看原始凭证）　　（扫描查看记账凭证）

海城市恒易机电设备股份有限公司

库存商品出库单

提货单位	海城湖海机电商场				编号	2012006	
用途	销售			2020年12月14日	仓库	东1#库 东2#库	
名称	规格	单位	数量	单位成本	金额	备注
A产品		台	200	1 600.00	320 000.00	
B产品		台	200	1 500.00	300 000.00	
合计					620 000.00	

记账：王楠　仓库主管：邓晓静　发货：郑玲玲　提货：顾晓玲

第三联 会计记账

图 4-33-3

海城市恒易机电设备股份有限公司

库存商品出库单

提货单位	海城湖海机电商场				编号	2012007	
用途	销售			2020年12月14日	仓库	东3#库	
名称	规格	单位	数量	单位成本	金额	备注
D半成品		件	1200	85.00	102 000.00	
合计					102 000.00	

记账：王楠　仓库主管：邓晓静　发货：郑玲玲　提货：顾晓玲

第三联 会计记账

图 4-33-4

34. 12月15日(图4-34-1至图4-34-3)

图4-34-1

中国工商银行
转账支票存根
10203226
00401339

附加信息

出票日期 2020年 12月 15日
收款人：工会委员会
金　额：4,000.00
用　途：职工困难补助

单位主管 章杏怡 会计 王永刚

图4-34-2

ICBC 中国工商银行　进账单(回单) 1
2020年 12月 15日

出票人	全称	海城市恒易机电设备股份有限公司	收款人	全称	海城市恒易机电设备股份有限公司工会委员会
	账号	124380098		账号	90000001101
	开户银行	市工行城东分理处		开户银行	市工行中心支行

金额	人民币(大写)	肆仟元整						亿	千	百	十	万	千	百	十	元	角	分
												¥	4	0	0	0	0	0

票据种类	转账支票	票据张数	1
票据号码	00401339		

中国工商银行海城分行
城东分理处
2020.12.15
转讫
(1)

开户行盖章

此联是开户银行交给持(出)票人的回单

175×85mm

业务 34

实训指导：

（1）原始凭证取得时间：2020 年 12 月 15 日。

（2）经济业务内容：支付职工困难补助费。

（3）凭证传递流程：会计部门收到公司工会委员会专用收款收据"交付款人作付款凭证"后，出纳王永刚签发转账支票 4 000 元，将出票联加盖印鉴后并填写进账单到银行办理转账。银行审核无误后办理转账，盖章退回进账单"回单联"。

（4）记账依据：转账支票"存根联"及进账单"回单联"和专用收款收据"交付款人作付款凭证"。

（5）岗位职责：制单员李二香编制记账凭证，出纳王永刚登记"银行存款日记账"，辅助会计王楠登记"应付职工薪酬——职工福利"明细账。

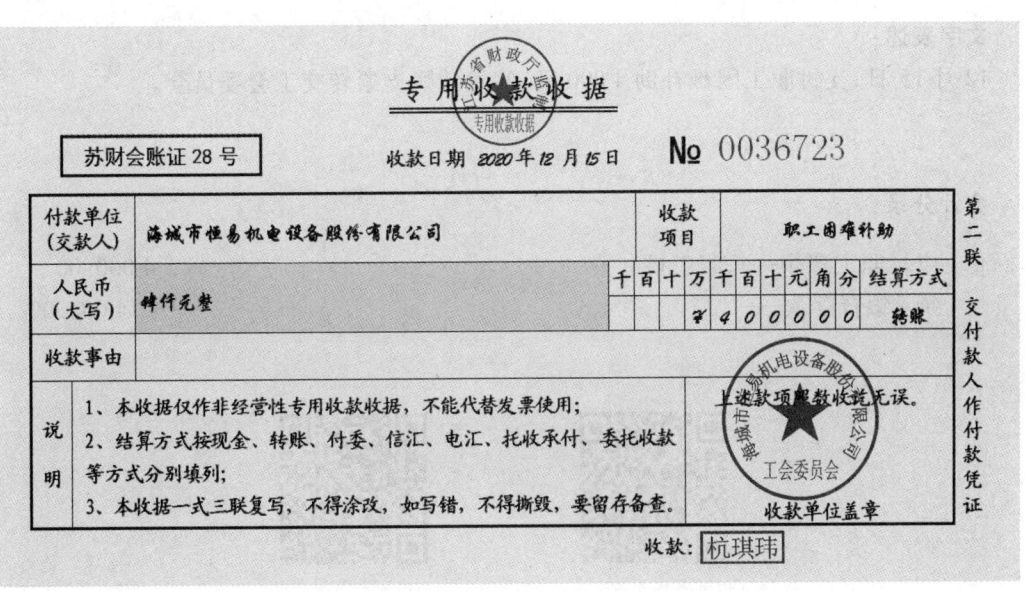

图 4-34-3

35. 12月15日（图 4-35-1 至图 4-35-4）

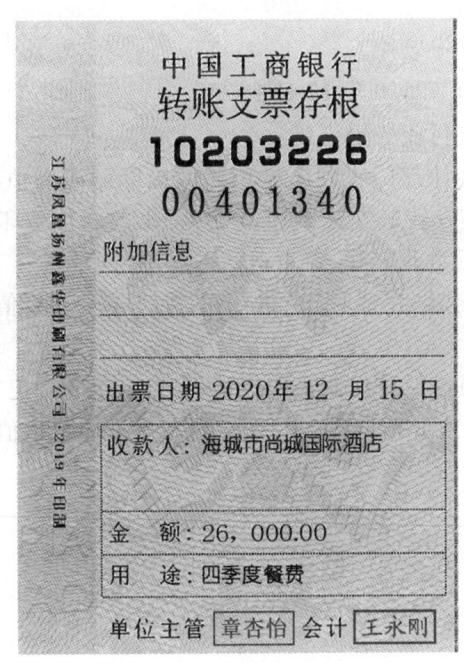

图 4-35-1

文字表述：

12月15日，支付职工困难补助4 000元，签发转账支票转交工会委员会。

会计分录：

借：应付职工薪酬——职工福利费　　　　　　　　　　　　　　4 000.00
　　贷：银行存款——工行　　　　　　　　　　　　　　　　　　4 000.00

（扫描查看原始凭证）

（扫描查看记账凭证）

业务35

实训指导：

（1）原始凭证取得时间：2020年12月15日。

（2）经济业务内容：支付业务招待费。

（3）凭证传递流程：会计部门收到海城市尚城国际酒店增值税专用发票的"发票联"和"抵扣联"后，出纳王永刚签发转账支票26 000元，将出票联加盖印鉴后并填写进账单到银行办理转账。银行审核无误后办理转账，盖章退回进账单"回单联"。

（4）记账依据：转账支票"存根联"及进账单"回单联"和增值税专用发票"发票联""抵扣联"。

（5）岗位职责：制单员李二香编制记账凭证，出纳王永刚登记"银行存款日记账"，辅助会计王楠登记"管理费用——业务招待费"和"应交税费——应交增值税"明细账。

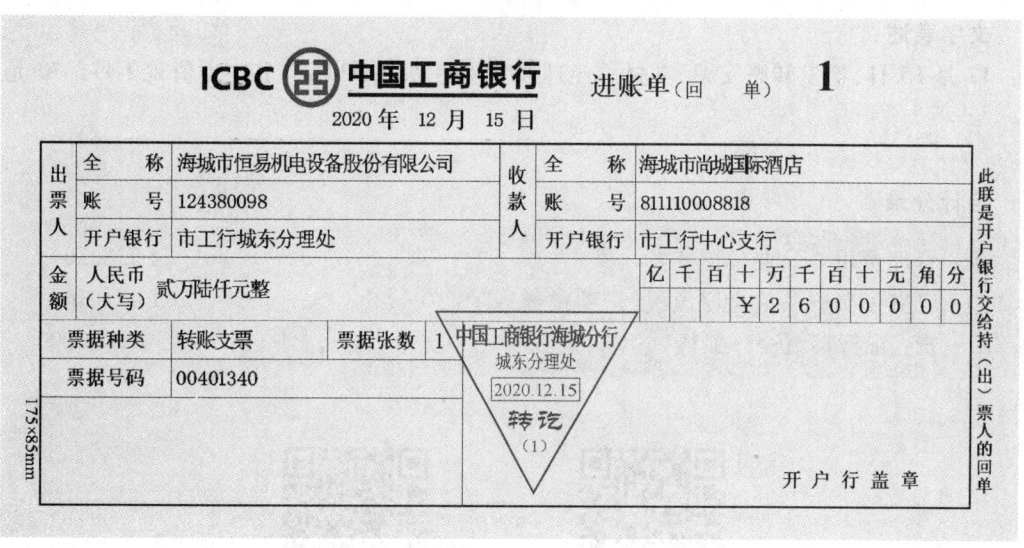

图 4-35-2

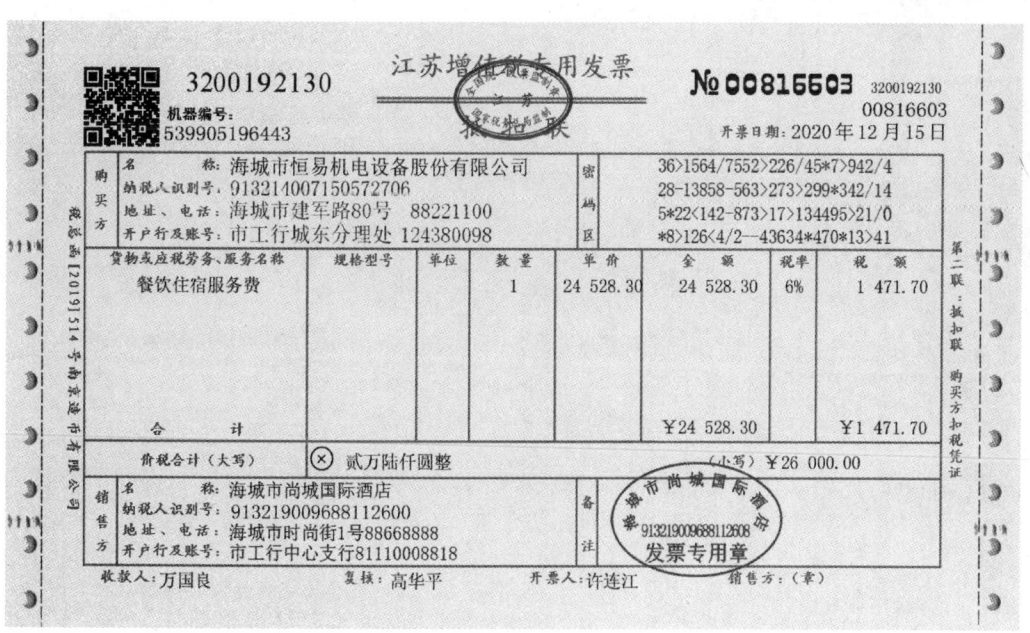

图 4-35-3

文字表述：

12月15日，签发转账支票，支付总经理业务招待费26 000元（其中增值税1 471.70元）。

会计分录：

借：管理费用——业务招待费	24 528.30
应交税费——应交增值税（进项税额）	1 471.70
贷：银行存款——工行	26 000.00

（扫描查看原始凭证）

（扫描查看记账凭证）

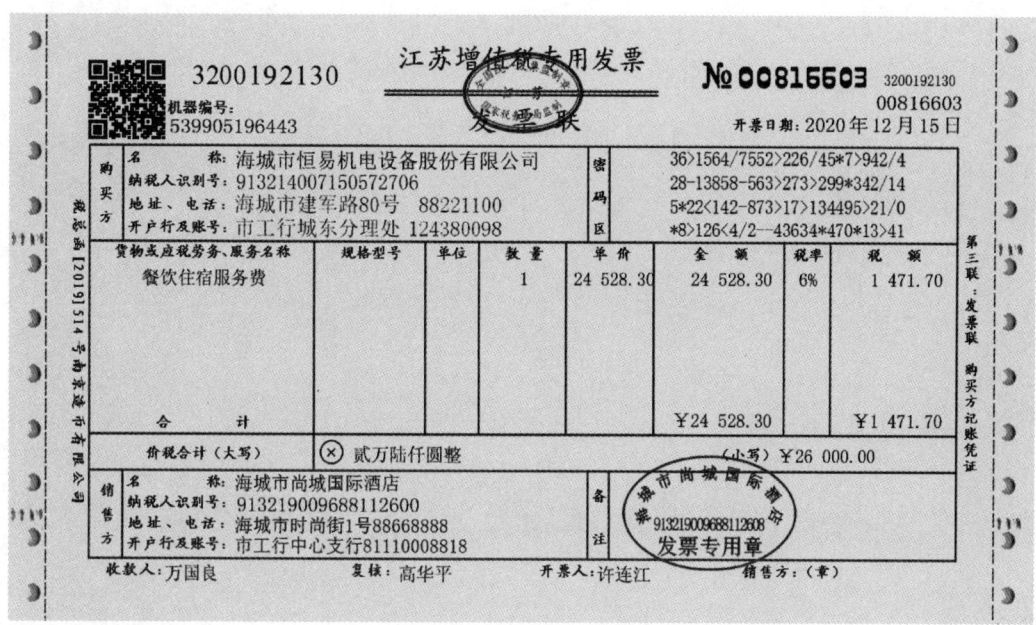

图 4-35-4

36. 12月16日（图4-36-1至图4-36-2）

秦南物贸商场代销商品清单

2020年12月1日—15日

委托代销单位：海城市恒易机电设备股份有限公司　　商品名称：B产品　　单位：台

销售日期	数量	销售总价	销项税额	代销手续费	备注
12/6	3	6000.00	780.00	300.00	单台销售
12/7	6	11400.00	1482.00	570.00	批量销售
12/8	2	4000.00	520.00	200.00	单台销售
12/9	8	15200.00	1976.00	760.00	批量销售
12/10	3	6000.00	780.00	300.00	单台销售
12/11	5	9500.00	1235.00	475.00	批量销售
12/12	4	8000.00	1040.00	400.00	单台销售
12/13	6	11400.00	1482.00	570.00	批量销售
12/14	7	14000.00	1820.00	700.00	单台销售
12/15	6	11400.00	1482.00	570.00	批量销售
合计	50	96900.00	12597.00	4845.00	

经理：吕自银（印）　　财务科负责人：施建华

图4-36-1

业务36

实训指导：

（1）原始凭证取得时间：2020年12月16日。

（2）经济业务内容：收到代销商品清单，代销手续费直接从销货款中扣除。

（3）凭证传递流程：受托方秦南物贸商场转来代销商品清单，开票员尹香茗根据委托代销合同规定和代销商品清单载明销售数量开出增值税专用发票，并将其"发票联"和"抵扣联"交受托方，发票"记账联"交会计部门。

（4）记账依据：代销商品清单和增值税专用发票"记账联"。

（5）岗位职责：制单员李二香编制记账凭证，辅助会计王楠登记"应收账款——秦南物贸商场""销售费用——委托代销手续费""应交税费——应交增值税"和"委托代销商品——秦南物贸商场"明细账。

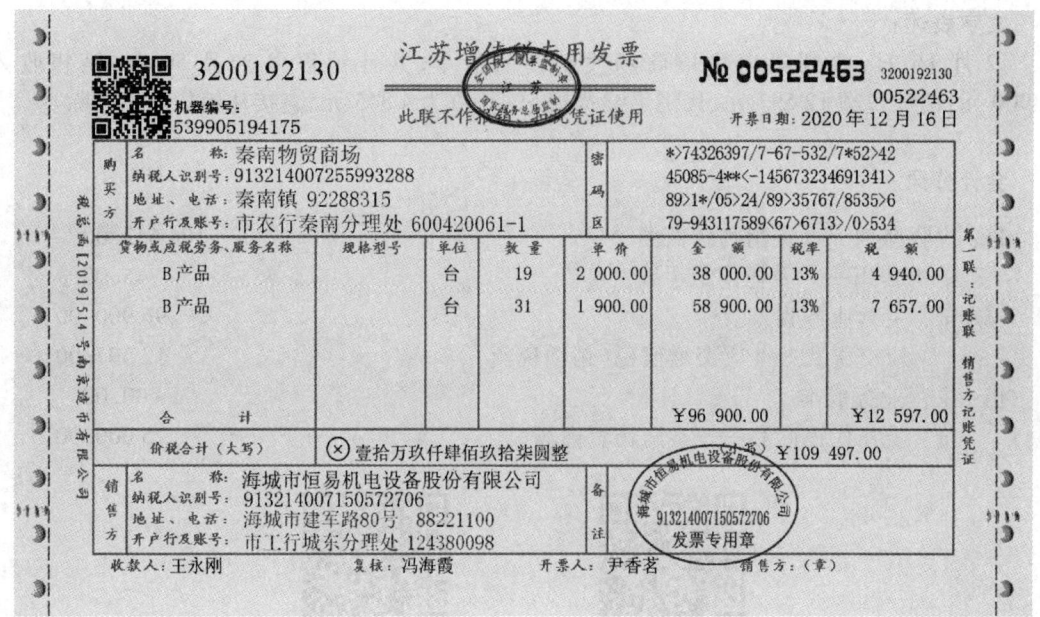

图4-36-2

37. 12月16日（图4-37-1）

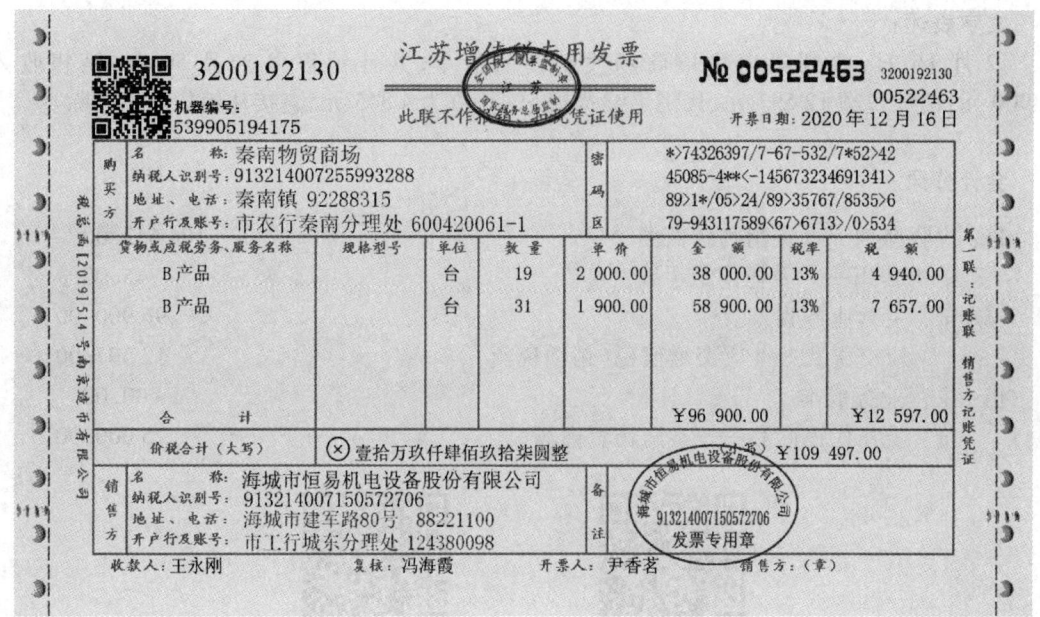

图4-37-1

文字表述：

12月16日，收到秦南物贸商场代销商品清单，共计销售B产品50台，销售收入96 900元，销项税额12 597元，代销手续费按5%计算为4 845元，直接从销货款中扣除。

会计分录：

借：应收账款——秦南物贸商场	104 652.00
销售费用——委托代销手续费	4 845.00
贷：主营业务收入	96 900.00
应交税费——应交增值税（销项税额）	12 597.00
借：主营业务成本	75 000.00
贷：委托代销商品——秦南物贸商场	75 000.00

（扫描查看原始凭证）

（扫描查看记账凭证）

业务37

实训指导：

（1）原始凭证取得时间：2020年12月16日。

（2）经济业务内容：补发代销产品。

（3）凭证传递流程：根据销售公司与秦南物贸商场签订的《委托代销合同》，仓储科开出库存商品出库单，将代销商品送至受托方，经受托方业务员吴丽丽验货并签收后，将其"会计记账联"转交会计部门，据以登记库存商品账簿。

（4）记账依据：库存商品出库单"会计记账联"。

（5）岗位职责：制单员李二香编制记账凭证，辅助会计王楠登记"委托代销商品——秦南物贸商场"和"库存商品——B产品"明细账。

文字表述：

12月16日，根据与秦南物贸商场签订的《委托代销合同》规定，补发代销B产品100台，有关代销价格、交货地点、手续费结算、货款结算、发票管理、退货约定等仍按原合同执行。

会计分录：

借：委托代销商品——秦南物贸商场	150 000.00
贷：库存商品——B产品	150 000.00

（扫描查看原始凭证）

（扫描查看记账凭证）

38. 12月17日(图4-38-1至图4-38-3)

图 4-38-1

图 4-38-2

图 4-38-3

业务 38

实训指导：

（1）原始凭证取得时间：2020 年 12 月 17 日。

（2）经济业务内容：以银行存款支付前欠货款。

（3）凭证传递流程：出纳王永刚根据城南工业联合公司开来的收款收据"交付款人作付款凭证联"，及时与辅助会计王楠核对"应付账款——城南工业联合公司"明细账，确认应付账款的真实性后，出纳王永刚签发转账支票 119 000 元，将出票联加盖印鉴后，填写进账单到银行办理转账。银行审核无误后办理转账，盖章退回进账单"回单联"。

（4）记账依据：转账支票存根及进账单"回单联"和收款收据"交付款人作付款凭证"。

（5）岗位职责：制单员李二香编制记账凭证，出纳王永刚登记"银行存款日记账"，辅助会计王楠登记"应付账款——城南工业联合公司"明细账。

文字表述：

12 月 17 日，签发转账支票支付前欠城南工业联合公司货款 119 000 元。

会计分录：

| 借：应付账款——城南工业联合公司 | 119 000.00 |
| 贷：银行存款——工行 | 119 000.00 |

（扫描查看原始凭证）

（扫描查看记账凭证）

39. 12月18日（图4-39-1）

图4-39-1

中国工商银行 托收凭证（汇款依据或收账通知） 4

委托日期 2020年12月9日　付款期限 2020年12月15日

业务类型　委托收款（□邮划、□电划）　托收承付（☑邮划、□电划）

付款人	全称	海湖县机电公司	收款人	全称	海城市恒易机电设备股份有限公司
	账号	113365666-1		账号	124380098
	地址	江苏省海湖县开户行县支行		地址	江苏省海城市开户行市工行城东分理处

金额　人民币（大写）　贰佰陆拾叁万陆仟捌佰元整　￥2 636 800 00

款项内容　销货款　托收凭据名称　　附寄单证张数　3

商品发运情况　已发运　　合同名称号码　购销合同[2020]0048号

备注：上列款项已划回收入你单位账户。

中国工商银行海城分行 城东分理处 2020.12.18 转讫

收款人开户银行盖章

复核：　　记账：

图4-39-1

40. 12月18日（图4-40-1至图4-40-3）

江苏增值税专用发票　№ 00522464

3200192130　　　　　　　　　　　　　3200192130
机器编号：539905194175　此联不作报销报税凭证使用　00522464
　　　　　　　　　　　　　　　　　　　开票日期：2020年12月18日

购买方	名称	海平市机械有限公司	密码区	*>74326397/7-67-532/7*52>42
	纳税人识别号	913212005433611311		45085-4**<-145673234691341>
	地址、电话	市平坦大道2号 66661188		89>1*/05>24/89>35767/8535>6
	开户行及账号	市工行开发区支行 003311002		79-943117589<67>6713>/0>534

货物或应税劳务、服务名称	规格型号	单位	数量	单价	金额	税率	税额
A产品		台	500	2 350.00	1 175 000.00	13%	152 750.00
B产品		台	500	1 950.00	975 000.00	13%	126 750.00
合　计					￥2 150 000.00		￥279 500.00

价税合计（大写）　贰佰肆拾贰万玖仟伍佰圆整　￥2 429 500.00

销售方	名称	海城市恒易机电设备股份有限公司	备注	
	纳税人识别号	913214007150572706		海城市恒易机电设备股份有限公司
	地址、电话	海城市建军路80号 88221100		913214007150572706
	开户行及账号	市工行城东分理处 124380098		发票专用章

收款人：王永刚　　复核：冯海霞　　开票人：尹香茗　　销售方：（章）

图4-40-1

业务 39

实训指导：

（1）原始凭证取得时间：2020 年 12 月 18 日。

（2）经济业务内容：收回前欠销货款。

（3）凭证传递流程：出纳王永刚从银行取回托收凭证"收账通知联"，据以作收款凭证。

（4）记账依据：托收凭证"收账通知联"。

（5）岗位职责：制单员李二香编制记账凭证，出纳王永刚登记"银行存款日记账"，辅助会计王楠登记"应收账款——海湖县机电公司"明细账。

文字表述：

12 月 18 日，收到海湖县机电公司销货款 2 636 800 元。

会计分录：

借：银行存款——工行	2 636 800.00
贷：应收账款——海湖县机电公司	2 636 800.00

（扫描查看原始凭证）　　（扫描查看记账凭证）

业务 40

实训指导：

（1）原始凭证取得时间：2020 年 12 月 18 日。

（2）经济业务内容：向海平市机械有限公司销售产品，全部款项以预收账款抵扣部分，其余尚未收到。

（3）凭证传递流程：开票员尹香茗根据销售合同开出增值税专用发票，并将其"发票联"和"抵扣联"交购货方，发票"记账联"交会计部门。仓储科根据销售公司开出的增值税专用发票开具库存商品出库单，配货后由海平市机械有限公司业务员丁一平提货，辅助会计王楠核对"预收账款——海平市机械有限公司"明细账，确认无误后作出相应处理。

（4）记账依据：增值税专用发票"记账联"和库存商品出库单"会计记账联"。

（5）岗位职责：制单员李二香编制记账凭证，辅助会计王楠登记"应交税费——应交增值税""预收账款——海平市机械有限公司""库存商品——A 产品"和"库存商品——B 产品"明细账。

海城市恒易机电设备股份有限公司

库存商品出库单

2020年12月18日

提货单位	海丰市机械有限公司					编号	2012009
用　途	销售					仓库	东1#库 东2#库

名　称	规格	单位	数　量	单位成本	金　额	备注
A产品		台	500	1 600.00	800 000.00	
B产品		台	500	1 500.00	750 000.00	
合　计					1 550 000.00	

记账：王楠　仓库主管：邓晓静　发货：郑玲玲　提货：丁一平

第三联　会计记账

图 4-40-2

文字表述：

12月18日，根据11月28日与海平市机械有限公司签订的《购销合同》的规定，将其预付货款600 000元的订货送达指定地点，其中：A产品500台，不含税单价2 350元；B产品500台，不含税单价1 950元。适用的增值税税率均为13%，价税款总计2 429 500元，扣除预收货款600 000元后的差额款按合同规定于12月22日结清。已销产品的单位成本按先进先出法确定。

会计分录：

借：预收账款——海平市机械有限公司	2 429 500.00
贷：主营业务收入	2 150 000.00
应交税费——应交增值税（销项税额）	279 500.00
借：主营业务成本	1 550 000.00
贷：库存商品——A产品	800 000.00
——B产品	750 000.00

（扫描查看原始凭证）　　（扫描查看记账凭证）

购 销 合 同

供方：海城市恒易机电设备股份有限公司
需方：海平市机械有限公司

一、根据《中华人民共和国经济合同法》规定，供需双方按照平等互利的原则，经协商一致，签订本合同。
二、货物的名称、数量及价格：

产品名称	单 位	数 量	单 价	总金额	备 注
A 产品	台	500	2 350.00	1 175 000.00	均为不含税价格
B 产品	台	500	1 950.00	975 000.00	
合 计	/	/	/	2 150 000.00	

三、付款条件及期限：
1. 本合同签订生效日当日，需方预付货款人民币陆拾万元整（￥600 000.00），供方给予价格优惠，按本合同第二条规定的价格执行。
2. 供方在本合同生效日第 20 天（即 2020 年 12 月 18 日）将货物送达需方指定地点。
3. 需方应在收到货物后三日内组织货物验收，验收合格后应一次性将剩余款项共计人民币壹佰捌拾贰万玖仟伍佰元整（￥1 829 500.00）以银行汇票结算方式支付给供方。每逾期一天，需方按日万分之二支付延期付款利息给供方。

四、交货时间及地点：
供方应于 2020 年 12 月 18 日将货物送达海平市平坦大道 2 号指定仓库。

五、质量要求：
供方保证合格产品符合行业规定的质量标准。

六、争议解决：
合同执行过程中如发生争议，由双方协商解决。协商不成时，可向城东区工商行政管理局经济合同仲裁委员会申请仲裁，也可直接向城东区人民法院起诉。

七、特殊条款：
本合同条款如对特殊情况有未尽事宜，双方可根据具体情况结合有关规定议定特殊条款。

八、附则：
本合同一式贰份，甲、乙方各执壹份，具有同等法律效力。

供方（盖章）： 　　　　需方（盖章）：

法定代表人（签名）：仇宁海印　　　　法定代表人（签名）：罗卫东章

开户银行：市工行城东分理处　　　　开户银行：市工行开发区支行
账号：124380098　　　　　　　　　账号：003311002

签约日期：2020 年 11 月 28 日

图 4 - 40 - 3

41. 12月18日(图4-41-1至图4-41-5)

图4-41-1

图4-41-2

业务 41

实训指导：

（1）原始凭证取得时间：2020 年 12 月 18 日。

（2）经济业务内容：以银行存款支付材料加工税费。

（3）凭证传递流程：出纳王永刚根据城南工业联合公司开来的增值税专用发票"发票联""抵扣联"和代扣代收税款凭证"收据联"签发转账支票 2 930 元，将出票联加盖印鉴后并填写进账单到银行办理转账。银行审核无误后办理转账，盖章退回进账单"回单联"。

（4）记账依据：转账支票存根及进账单"回单联"、增值税专用发票"发票联"和"抵扣联"、代扣代收税款凭证"收据联"。

（5）岗位职责：制单员李二香编制记账凭证，出纳王永刚登记"银行存款日记账"，辅助会计王楠登记"应交税费——应交增值税"和"委托加工物资——城南工业联合公司"明细账。

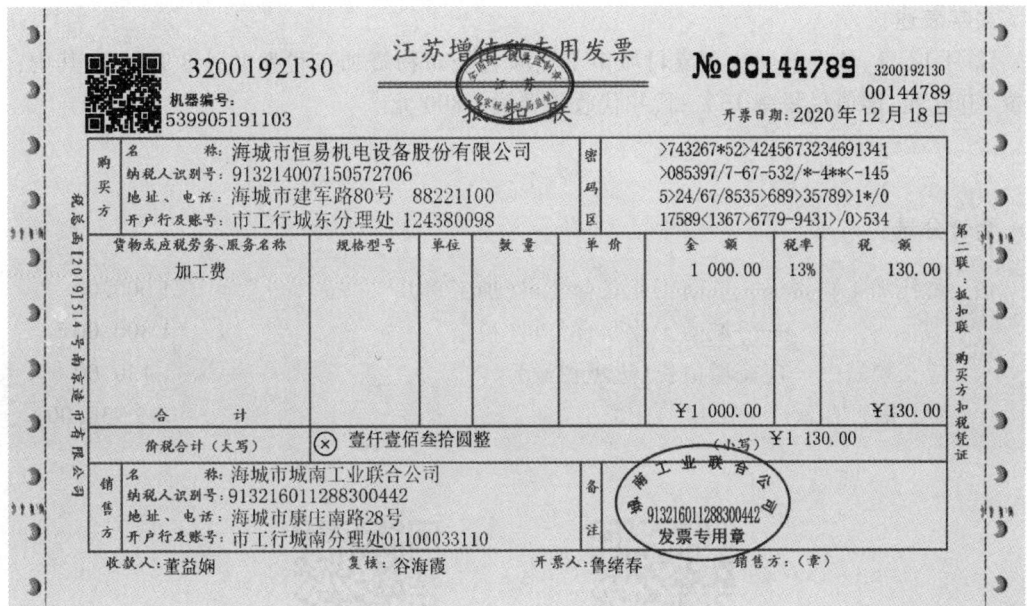

图 4-41-3

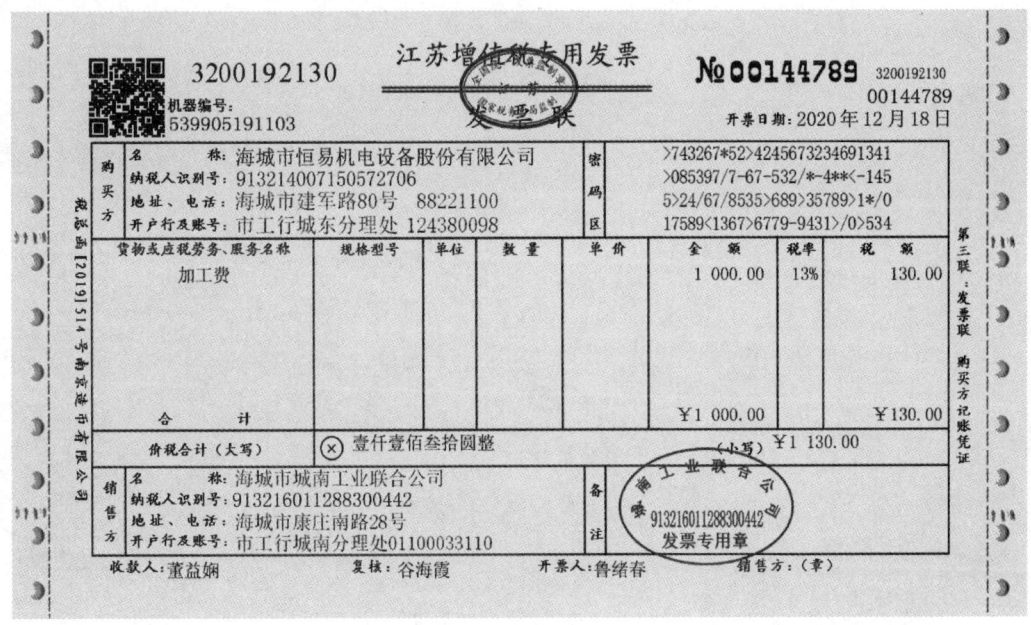

图 4-41-4

文字表述：

12月18日，签发转账支票支付城南工业联合公司物资加工税费共计2 930元，其中：加工费1 000元，增值税税率13%；代扣代收消费税1 800元。

会计分录：

借：委托加工物资——城南工业联合公司（加工费）	1 000.00
——城南工业联合公司（税金）	1 800.00
应交税费——应交增值税（进项税额）	130.00
贷：银行存款——工行	2 930.00

（扫描查看原始凭证）

（扫描查看记账凭证）

中华人民共和国代扣代收税款凭证

(2020) 苏国代 No 000139

填发日期：2020年12月18日　主管税务机关：海城市税务局城南税务所

纳税人	代码	4778521		扣缴义务人	代码	6221146
	全称	海城市恒易机电设备股份有限公司			全称	海城市城南工业联合公司
	地址	海城市建军路80号			地址	海城市康庄南路28号
	注册类型	股份制经济		税款所属时期		2020年12月1日至12月31日

税种	纳税项目	课税数量	计税金额	税率或单位税额	扣除额	实缴税款 千百十万千百十元角分
消费税	润滑油	9000升		0.20元/升		￥1 8 0 0 0 0

合计金额(大写)　仟佰⊗万壹仟捌佰零拾零元零角零分　￥1 8 0 0 0 0

主管税务机关(盖章)	扣缴义务人(盖章)	填票人(盖章)	备注

第二联(收据) 退纳税人作完税凭证

图 4-41-5

42. 12月19日（图 4-42-1）

海城市恒易机电设备股份有限公司
委托加工物资入库单

入库时间：2020年12月19日

加工单位：城南工业联合公司　　类别：原材料　　编号：2012001

名称	规格	单位	加工数量	实际成本				备注
				材料成本	加工费	税金	其他	总成本	
戊材料		kg	9000	80000.00	10000.00	1800.00		91800.00	
合计			9000	80000.00	10000.00	1800.00		91800.00	

供应主管：陈国强　　　　验收保管：杨林华

第三联 会计记账

图 4-42-1

业务 42

实训指导：

（1）原始凭证取得时间：2020 年 12 月 19 日。

（2）经济业务内容：委托加工材料入库。

（3）凭证传递流程：城南工业联合公司将受托加工的材料送至本公司仓储部门，保管员杨林华开出委托加工物资入库单验收入库，将委托加工物资入库单"会计记账联"送会计部门。

（4）记账依据：委托加工物资入库单"会计记账联"。

（5）岗位职责：制单员李二香编制记账凭证，辅助会计王楠登记"原材料——戊材料"和"委托加工物资——城南工业联合公司"明细账。

文字表述：

12 月 19 日，委托城南工业联合公司加工的戊材料加工完毕，如数收回入库，总成本为 91 800 元。

会计分录：

借：原材料——戊材料　　　　　　　　　　　　　　　91 800.00
　　贷：委托加工物资——城南工业联合公司（原材料）　80 000.00
　　　　　　　　——城南工业联合公司（加工费）　　　10 000.00
　　　　　　　　——城南工业联合公司（税金）　　　　 1 800.00

（扫描查看原始凭证）

（扫描查看记账凭证）

43. 12月19日(图4-43-1至图4-43-6)

图4-43-1

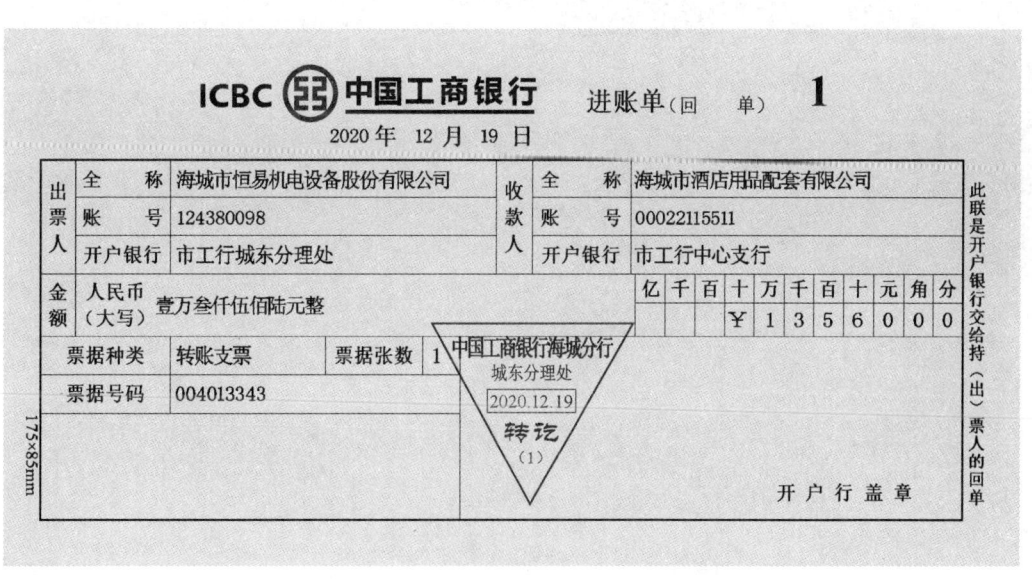

图4-43-2

业务 43

实训指导：

（1）原始凭证取得时间：2020 年 12 月 19 日。

（2）经济业务内容：以银行存款购买职工食堂炊具。

（3）凭证传递流程：出纳王永刚根据海城市酒店用品配套有限公司开来的增值税专用发票"发票联"和"抵扣联"签发转账支票 13 560 元，将出票联加盖印鉴后并填写进账单到银行办理转账。银行审核无误后办理转账，盖章退回进账单"回单联"。所购炊具经分管领导同意后直接由食堂验收，并填制福利设施及物资签领保管单。

（4）记账依据：转账支票存根及进账单"回单联"、增值税专用发票"发票联"和"抵扣联"、福利设施及物资签领保管单"会计记账联"。

（5）岗位职责：制单员李二香编制记账凭证，出纳王永刚登记"银行存款日记账"，辅助会计王楠登记"应付职工薪酬——职工福利"明细账。

所购炊具交付食堂后由食堂按照食堂会计进行核算，不作为企业的固定资产处理，无需登记固定资产账簿。

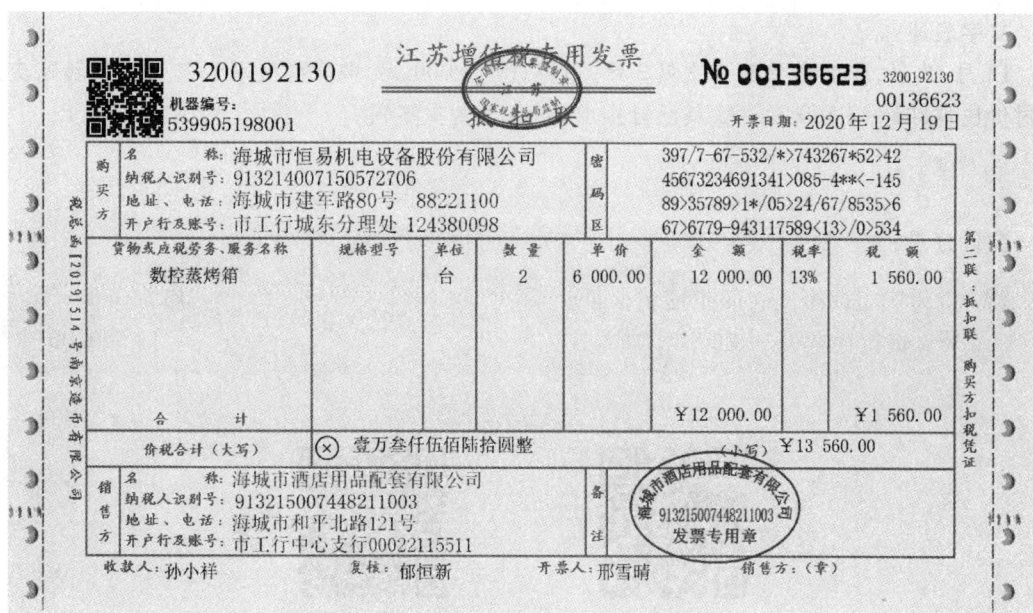

图 4-43-3

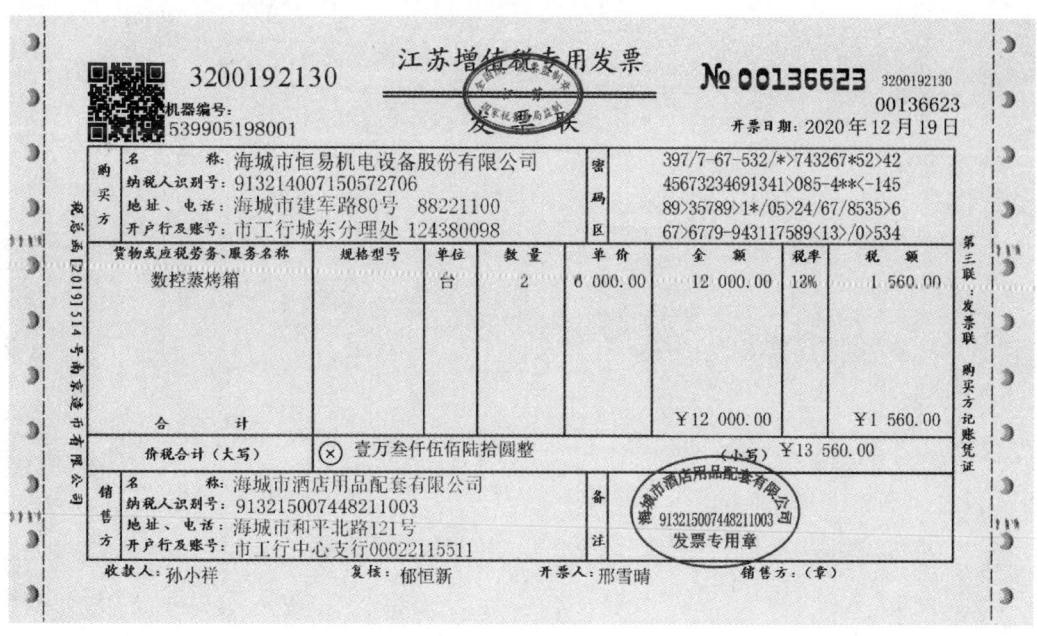

图 4-43-4

文字表述：

12月19日，职工食堂购买炊具2台，单位进价6 000元，增值税税率13%。签发转账支票支付价税款共计13 560元。炊具已分别由第一、二食堂签领。

会计分录：

借：应付职工薪酬——职工福利　　　　　　　　　　　　　　13 560.00
　　贷：银行存款——工行　　　　　　　　　　　　　　　　　13 560.00

（扫描查看原始凭证）

（扫描查看记账凭证）

海城市恒易机电设备股份有限公司

福利设施及物资签领保管单

2020年12月19日

福利部门：第一食堂

名　称	规格	单位	签领数量	单　价	金　额	备注
数控蒸烤箱		台	1	6780.00	6780.00	
合　计					6780.00	

签领部门（盖章）	签领人（签章）	分管经理意见
（海城市恒易机电设备股份有限公司 第一食堂 印章）	潘前进 潘前进	同意领用 彭红旗 2020.12.19

第三联　会计记账

图 4-43-5

海城市恒易机电设备股份有限公司

福利设施及物资签领保管单

2020年12月19日

福利部门：第二食堂

名　称	规格	单位	签领数量	单　价	金　额	备注
数控蒸烤箱		台	1	6780.00	6780.00	
合　计					6780.00	

签领部门（盖章）	签领人（签章）	分管经理意见
（海城市恒易机电设备股份有限公司 第二食堂 印章）	侍克钱 侍克钱	同意领用 彭红旗 2020.12.19

第三联　会计记账

图 4-43-6

44. 12月20日(图4-44-1)

海城市通达股份有限公司

债券利息通知单

受益人名称：海城市恒易机电设备股份郁公司

　　　　　　　　　　　　　　　　　　　　本期　　　　　累计

发售日期：2019-12-20
发售数量：100
债券期限：3年
债券利率：6%
结息日期：每年6月20日、12月20日
已结利息（2020-6-20）：　　　　　　　　　　　　　　　3000.00
本期利息：　　　　　　　　　　　　　　　3000.00
至本期已结利息：　　　　　　　　　　　　　　　　　　　6000.00
本期利息支付日期：2020-12-21——2020-12-31
备注信息：提供受益人账号和合法证明

打印日期：2020-12-20

图4-44-1

45. 12月20日(图4-45-1至图4-45-4)

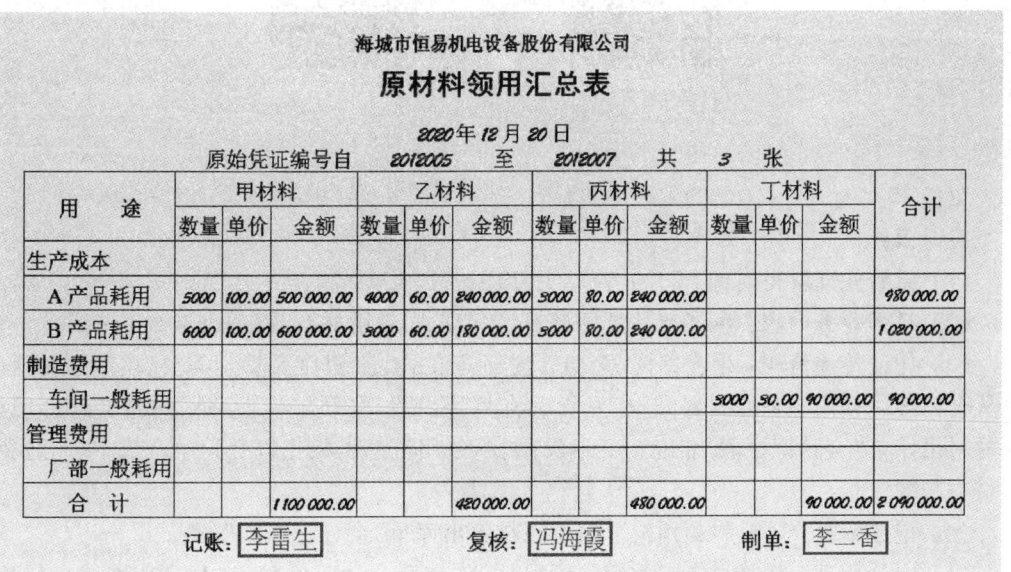

图4-45-1

业务44

实训指导:

(1) 原始凭证取得时间:2020年12月20日。

(2) 经济业务内容:收到公司债券利息通知单。

(3) 凭证传递流程:会计部门收到海城市通达股份有限公司根据债券发行协议规定确认的本期利息通知单。

(4) 记账依据:公司债券利息通知单。

(5) 岗位职责:制单员李二香编制记账凭证,辅助会计王楠登记"应收利息——通达股份有限公司"明细账。

文字表述:

12月20日,收到海城市通达股份有限公司债券利息通知单,本期债券利息为3 000元,该利息尚未领取。

会计分录:

借:应收利息——海城市通达股份有限公司　　　　　　　　　　3 000.00
　　贷:投资收益　　　　　　　　　　　　　　　　　　　　　　3 000.00

(扫描查看原始凭证)

(扫描查看记账凭证)

业务45

实训指导:

(1) 原始凭证取得时间:2020年12月20日。

(2) 经济业务内容:生产产品领用材料、生产车间领用材料。

(3) 凭证传递流程:生产部门、车间管理部门根据生产进度及管理需要,填制原材料出库单从仓储部门领用各种原材料,仓库发货后将其"会计记账联"转交会计部门,会计部门根据原材料出库单"会计记账联"汇总后编制"原材料领用汇总表",据以登记生产成本、制造费用、原材料账簿。

(4) 记账依据:原材料领用汇总表及原材料出库单"会计记账联"。

(5) 岗位职责:制单员李二香编制记账凭证,辅助会计王楠登记"生产成本——A产品""生产成本——B产品""制造费用——物料消耗""原材料——甲材料""原材料——乙材料""原材料——丙材料"和"原材料——丁材料"明细账。

海城市恒易机电设备股份有限公司

原材料出库单

2020年12月20日

部门	一车间					编号	2012005
用途	生产A产品					仓库	西1#2#3#库

名称	规格	单位	数量 请领	数量 实发	单价	金额	备注
甲材料		kg	5000	5000	100.00	500 000.00	先进先出法
乙材料		kg	4000	4000	60.00	240 000.00	
丙材料		kg	3000	3000	80.00	240 000.00	
合计						980 000.00	

记账：王楠　发料：杨林华　领料单位负责人：赵成树　领料：刘国威

第三联　会计记账

图 4－45－2

海城市恒易机电设备股份有限公司

原材料出库单

2020年12月20日

部门	二车间					编号	2012006
用途	生产B产品					仓库	西1#2#3#库

名称	规格	单位	数量 请领	数量 实发	单价	金额	备注
甲材料		kg	6000	6000	100.00	600 000.00	先进先出法
乙材料		kg	3000	3000	60.00	180 000.00	
丙材料		kg	3000	3000	80.00	240 000.00	
合计						1 020 000.00	

记账：王楠　发料：杨林华　领料单位负责人：赵成树　领料：孙国权

第三联　会计记账

图 4－45－3

海城市恒易机电设备股份有限公司

原材料出库单

2020年12月20日

部门	一、二车间					编号	2012007
用途	一般耗用					仓库	西4#库

名称	规格	单位	数量 请领	数量 实发	单价	金额	备注
丁材料		kg	3000	3000	30.00	90 000.00	先进先出法
合计						90 000.00	

记账：王楠　发料：杨林华　领料单位负责人：钟志强　领料：邱兴旺

第三联　会计记账

图 4－45－4

文字表述:

12月20日,领用原材料一批,其中:A产品领用甲材料5 000 kg、乙材料4 000 kg、丙材料3 000 kg,B产品领用甲材料6 000 kg、乙材料3 000 kg、丙材料3 000 kg,车间一般消耗领用丁材料3 000 kg。各种材料的单位成本按先进先出法确定。

会计分录:

借:生产成本——A产品　　　　　　　　　　　　　　　　980 000.00
　　　　　　——B产品　　　　　　　　　　　　　　　 1 020 000.00
　　制造费用——物料消耗　　　　　　　　　　　　　　　 90 000.00
　贷:原材料——甲材料　　　　　　　　　　　　　　　 1 100 000.00
　　　　　　——乙材料　　　　　　　　　　　　　　　　 420 000.00
　　　　　　——丙材料　　　　　　　　　　　　　　　　 480 000.00
　　　　　　——丁材料　　　　　　　　　　　　　　　　　90 000.00

(扫描查看原始凭证)

(扫描查看记账凭证)

46. 12月20日(图4-46-1至图4-46-4)

中国工商银行
转账支票存根
10203226
00401344

附加信息

出票日期 2020年12月20日

收款人：	海城市广电集团广告有限公司
金　额：	98,000.00
用　途：	广告制作播出费

单位主管 章杏怡　会计 王永刚

图4-46-1

ICBC 中国工商银行　进账单(回　单)　1
2020年 12月 20日

出票人	全　称	海城市恒易机电设备股份有限公司	收款人	全　称	海城市广电集团广告有限公司
	账　号	124380098		账　号	00066778801
	开户银行	市工行城东分理处		开户银行	市工行中心支行

金额	人民币(大写)	玖万捌仟元整	亿	千	百	十	万	千	百	十	元	角	分
						¥	9	8	0	0	0	0	0

票据种类	转账支票	票据张数	1
票据号码	00401344		

中国工商银行海城分行 城东分理处 2020.12.20 转讫(1)

开户行盖章

图4-46-2

业务46

实训指导：

（1）原始凭证取得时间：2020年12月20日。

（2）经济业务内容：支付广告制作播出费。

（3）凭证传递流程：会计部门收到海城市广电集团广告有限公司增值税专用发票的"发票联"和"抵扣联"后，出纳会计王永刚签发转账支票98 000元，将出票联加盖印鉴后并填写进账单到银行办理转账。银行审核无误后办理转账，盖章退回进账单"回单联"。

（4）记账依据：转账支票"存根联"及进账单"回单联"和增值税专用发票的"发票联""抵扣联"。

（5）岗位职责：制单员李二香编制记账凭证，出纳会计王永刚登记"银行存款日记账"，辅助会计王楠登记"销售费用——广告费"和"应交税费——应交增值税"明细账。

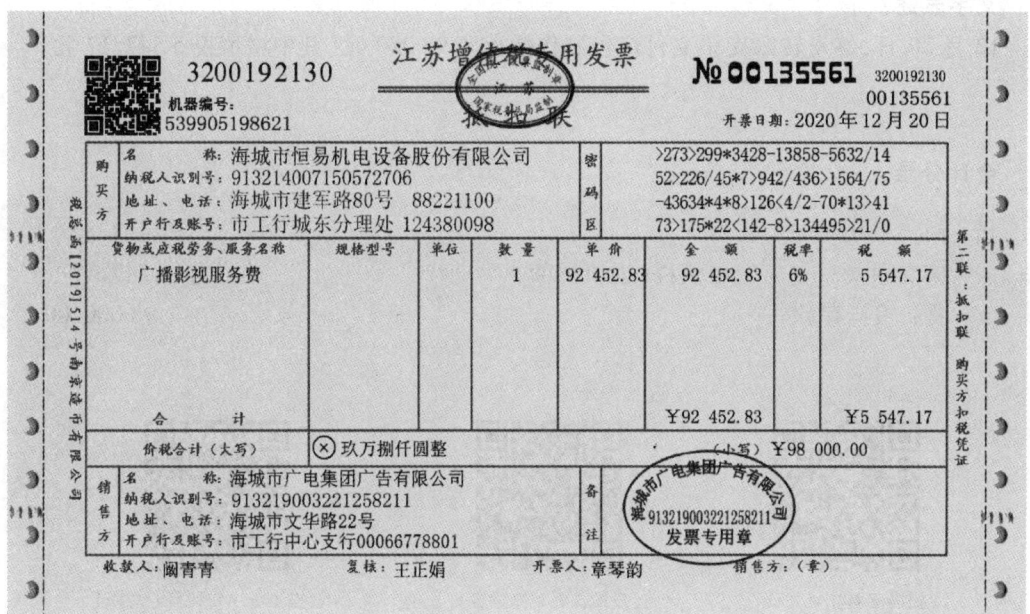

图 4-46-3

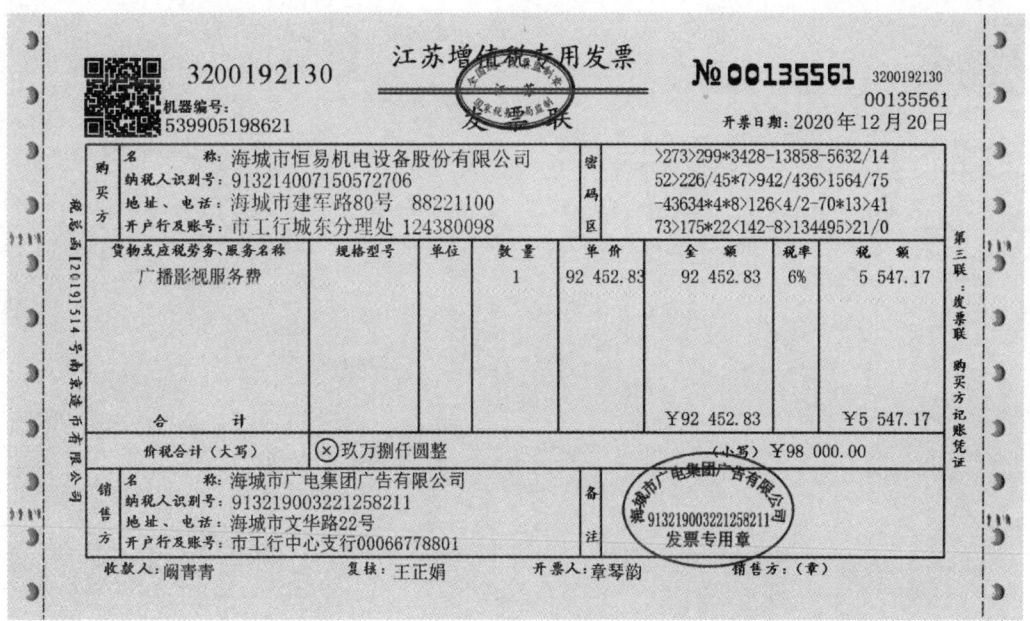

图 4-46-4

文字表述:

12月20日,签发转账支票支付广告制作播出费98 000元(其中增值税5 547.17元)。

会计分录:

借:销售费用——广告费	92 452.83
应交税费——应交增值税(进项税额)	5 547.17
贷:银行存款——工行	98 000.00

(扫描查看原始凭证)　　(扫描查看记账凭证)　　(扫描查看中旬科目汇总表)

47. 12月21日(图4-47-1至图4-47-6)

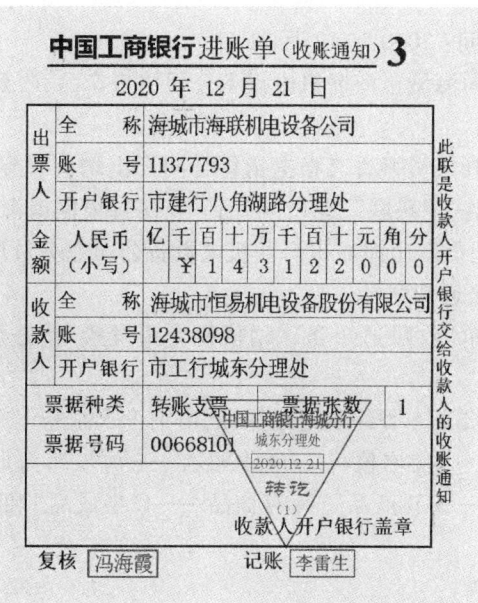

图4-47-1

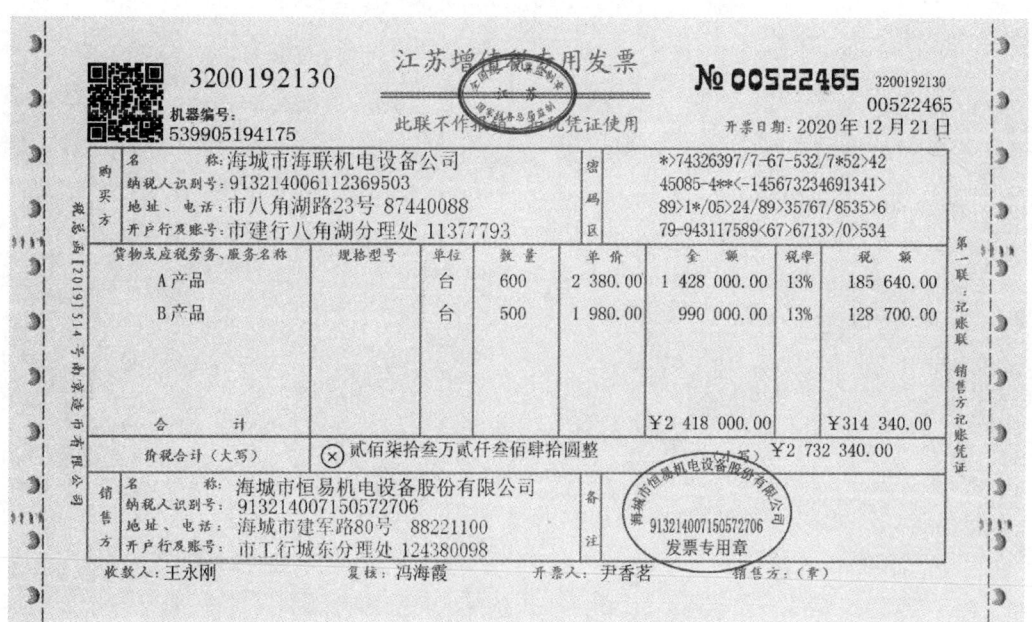

图4-47-2

业务 47

实训指导：

(1) 原始凭证取得时间：2020 年 12 月 21 日。

(2) 经济业务内容：向海城市海联机电设备公司销售产品，收到部分款项存入银行，其余尚未收到。

(3) 凭证传递流程：开票员尹香茗根据销售合同开出增值税专用发票，并将其"发票联"和"抵扣联"交购货方，发票"记账联"交会计部门。仓储科根据销售公司开出的增值税专用发票开具库存商品出库单，配货后由海城市海联机电设备公司业务员周洁提货。当日，出纳王永刚从银行取回进账单"收账通知联"。

(4) 记账依据：进账单"收账通知联"、增值税专用发票"记账联"和库存商品出库单"会计记账联"。

(5) 岗位职责：制单员李二香编制记账凭证，出纳王永刚登记"银行存款日记账"，辅助会计王楠登记"应交税费——应交增值税""应收账款——海城市海联机电设备公司""库存商品——A 产品""库存商品——B 产品""库存商品——C 半成品"和"库存商品——D 半成品"明细账。

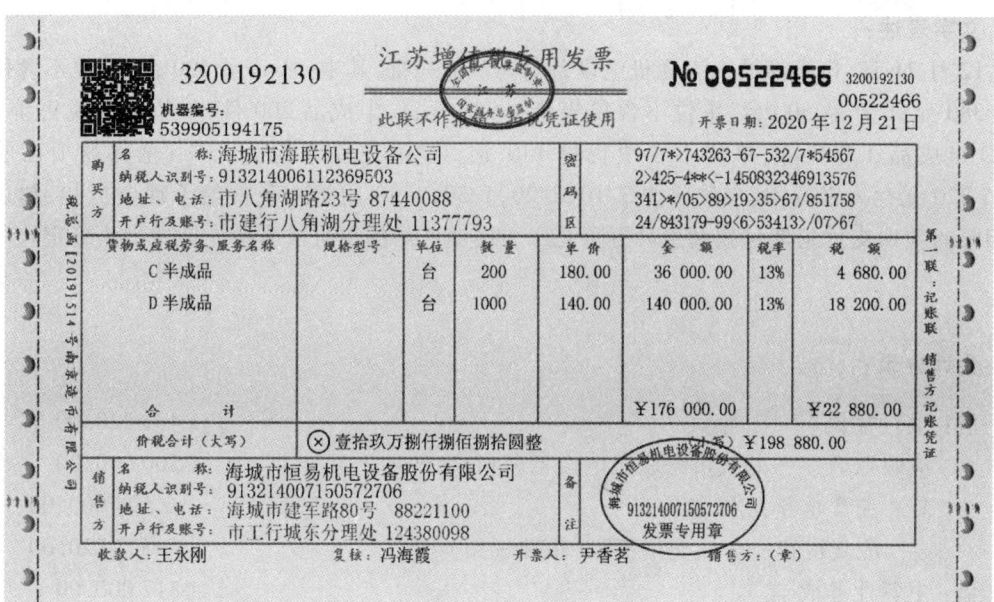

图 4-47-3

图 4-47-4

图 4-47-5

文字表述：

12月21日，售给海城市海联机电设备公司产品一批，其中：A产品600台，单位不含税售价2 380元；B产品500台，单位不含税售价1 980元；C半成品200件，单位不含税售价180元；D半成品1 000件，单位不含税售价140元。增值税税率均为13%；全部款项已收到1 431 220元存入银行，其余款项按3/10,2/20,1/30,n/40的折扣条件给予现金折扣，超过信用期限的款项支付延期付款利息日万分之二。已销产品的单位成本按先进先出法确定。

会计分录：

借：银行存款——工行	1 431 220.00
应收账款——海城市海联机电设备公司	1 500 000.00
贷：主营业务收入	2 594 000.00
应交税费——应交增值税（销项税额）	337 220.00
借：主营业务成本	1 817 000.00
贷：库存商品——A产品	960 000.00
——B产品	750 000.00
——C半成品	22 000.00
——D半成品	85 000.00

（扫描查看原始凭证）

（扫描查看记账凭证）

购 销 合 同

供方：海城市恒易机电设备股份有限公司
需方：海城市海联机电设备公司

一、根据《中华人民共和国经济合同法》规定，供需双方按照平等互利的原则，经协商一致，签订本合同。

二、货物的名称、数量及价格：

产品名称	单位	数量	单价	总金额	备注
A产品	台	600	2 380.00	1 428 000.00	
B产品	台	500	1 980.00	990 000.00	均为不含税价格
C半成品	件	200	180.00	36 000.00	
D半成品	件	1 000	140.00	140 000.00	
合计	/	/	/	2 594 000.00	

三、付款条件及期限：
1. 供方将货物送达需方指定地点并经验收合格后，需方即刻支付人民币壹佰肆拾叁万壹仟贰佰贰拾元整(￥1 431 220.00)，付款方式为转账支票结算方式。
2. 价税款中需方尚未支付的款项人民币壹佰伍拾陆拾万元整(￥1 500 000.00)按 3/10, 2/20, 1/30, n/40 的折扣条件执行。超过信用期限的款项，需方按日万分之二支付延期付款利息给供方。

四、交货时间及地点：
供方应于2020年12月21日将货物送达八角湖路23号指定仓库。

五、质量要求：
供方保证合格产品符合行业规定的质量标准。

六、争议解决：
合同执行过程中如发生争议，由双方协商解决。协商不成时，可向城东区工商行政管理局经济合同仲裁委员会申请仲裁，也可直接向城东区人民法院起诉。

七、特殊条款：
本合同条款如对特殊情况有未尽事宜，双方可根据具体情况结合有关规定议定特殊条款。

八、附则：
本合同一式贰份，甲、乙方各执壹份，具有同等法律效力。

供方(盖章)： 　　　　　需方(盖章)：

法定代表人(签名)： 　　　法定代表人(签名)：

开户银行：市工行城东分理处　　　　开户银行：市建行八角湖路分理处
账号：124380098　　　　　　　　　账号：11377793

签约日期：2020年11月15日

图 4-47-6

48. 12月21日(图4-48-1至图4-48-3)

图4-48-1

ICBC 中国工商银行		进账单(回 单)		1	
2020年 12 月 21 日					
出票人	全 称	海城市恒易机电设备股份有限公司	收款人	全 称	海城市城东环境卫生管理所
	账 号	124380098		账 号	10002276611
	开户银行	市工行城东分理处		开户银行	市工行城东分理处
金额	人民币(大写)	贰仟壹佰元整		亿千百十万千百十元角分 ￥ 2 1 0 0 0 0	
票据种类	转账支票	票据张数	1		
票据号码	00401345			开户行盖章	

图4-48-2

业务 48

实训指导：

（1）原始凭证取得时间：2020 年 12 月 21 日。

（2）经济业务内容：支付环卫费。

（3）凭证传递流程：会计部门收到海城市城东环境卫生管理所专用收款收据"交付款人作付款凭证"后，出纳王永刚签发转账支票 2 100 元，将出票联加盖印鉴后并填写进账单到银行办理转账。银行审核无误后办理转账，盖章退回进账单"回单联"。

（4）记账依据：转账支票"存根联"及进账单"回单联"和专用收款收据"交付款人作付款凭证"。

（5）岗位职责：制单员李二香编制记账凭证，出纳王永刚登记"银行存款日记账"，辅助会计王楠登记"管理费用——其他费用"明细账。

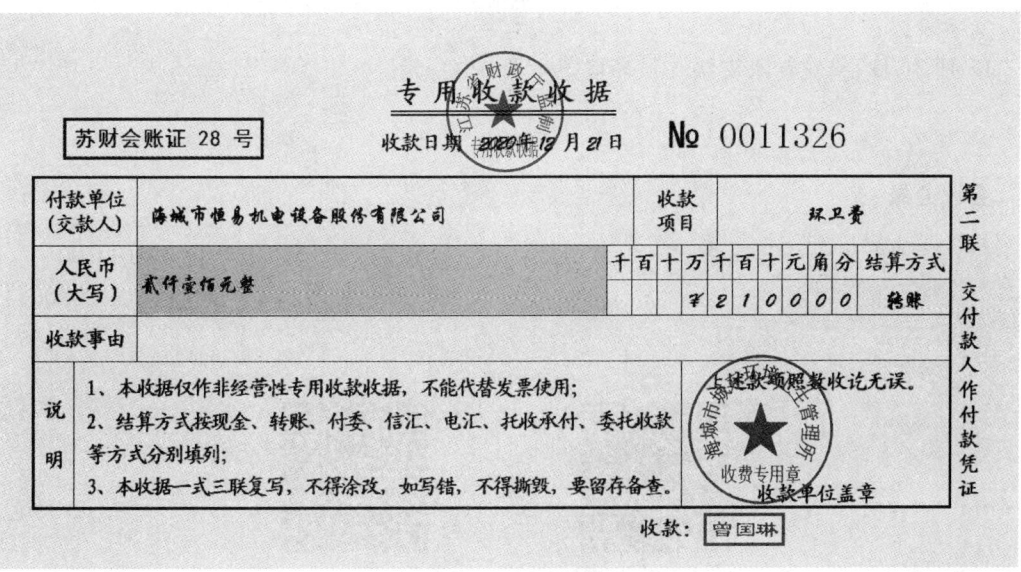

图 4-48-3

49. 12月21日（图4-49-1至图4-49-4）

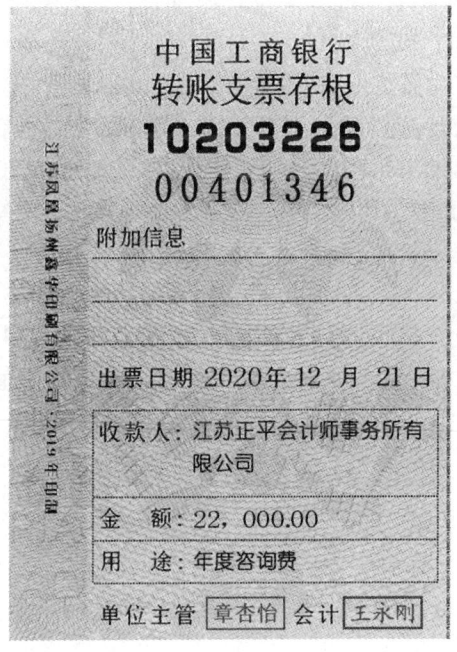

图 4-49-1

文字表述：

12月21日，签发转账支票支付环境卫生费2 100元。

会计分录：

借：管理费用——其他费用　　　　　　　　　　　　　　2 100.00
　　贷：银行存款——工行　　　　　　　　　　　　　　　　2 100.00

（扫描查看原始凭证）

（扫描查看记账凭证）

业务49

实训指导：

（1）原始凭证取得时间：2020年12月21日。

（2）经济业务内容：支付咨询服务费。

（3）凭证传递流程：会计部门收到江苏正平会计师事务所有限公司增值税专用发票的"发票联"和"抵扣联"后，出纳王永刚签发转账支票22 000元，将出票联加盖印鉴后并填写进账单到银行办理转账。银行审核无误后办理转账，盖章退回进账单"回单联"。

（4）记账依据：转账支票"存根联"及进账单"回单联"和增值税专用发票的"发票联""抵扣联"。

（5）岗位职责：制单员李二香编制记账凭证，出纳会计王永刚登记"银行存款日记账"，辅助会计王楠登记"管理费用——咨询费"和"应交税费——应交增值税"明细账。

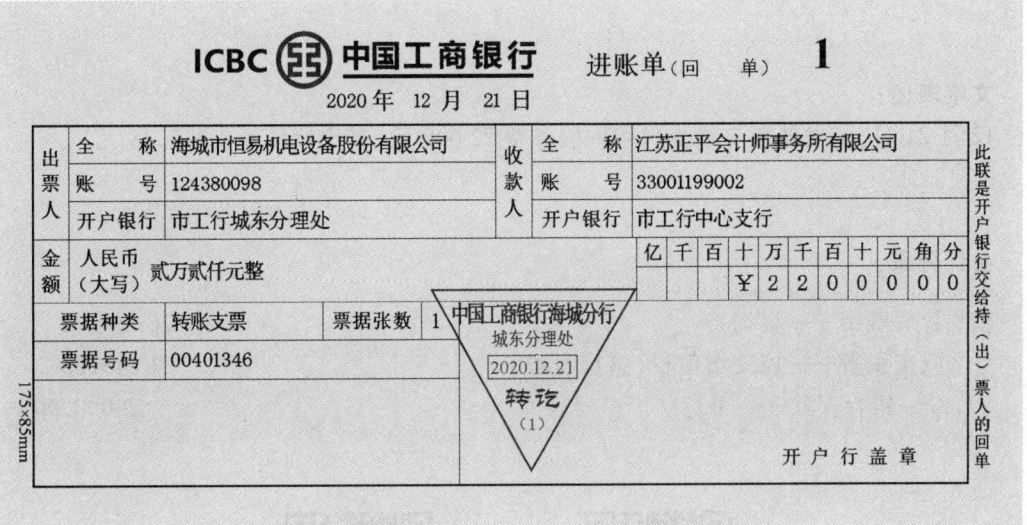

图 4-49-2

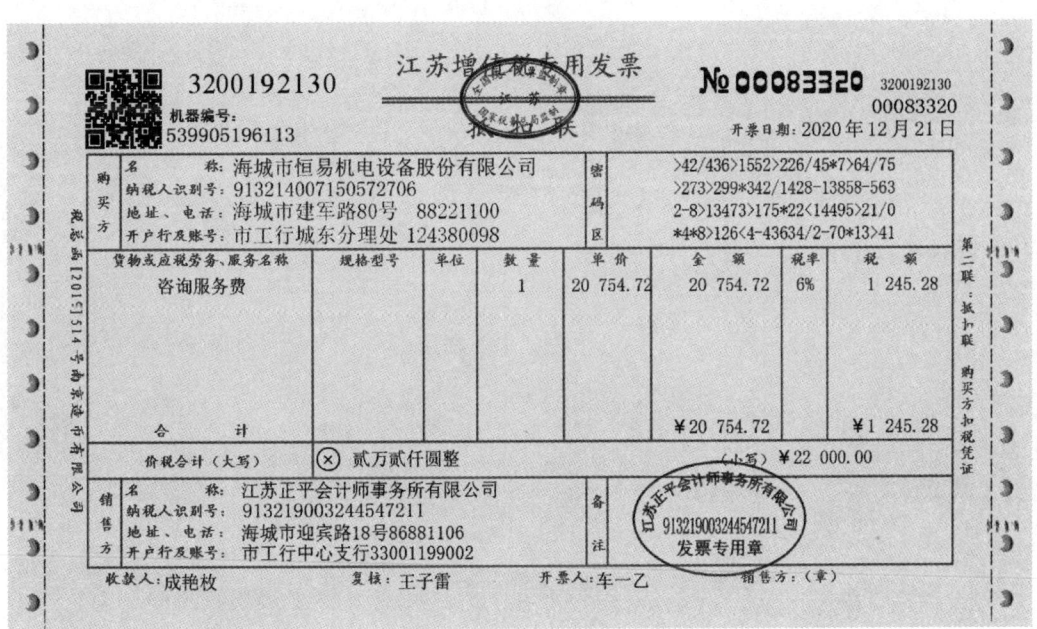

图 4-49-3

文字表述：

12月21日，签发转账支票支付咨询服务费22 000元（其中增值税1 245.28元）。

会计分录：

借：管理费用——咨询费	20 754.72
应交税费——应交增值税（进项税额）	1 245.28
贷：银行存款——工行	22 000.00

（扫描查看原始凭证）　　（扫描查看记账凭证）

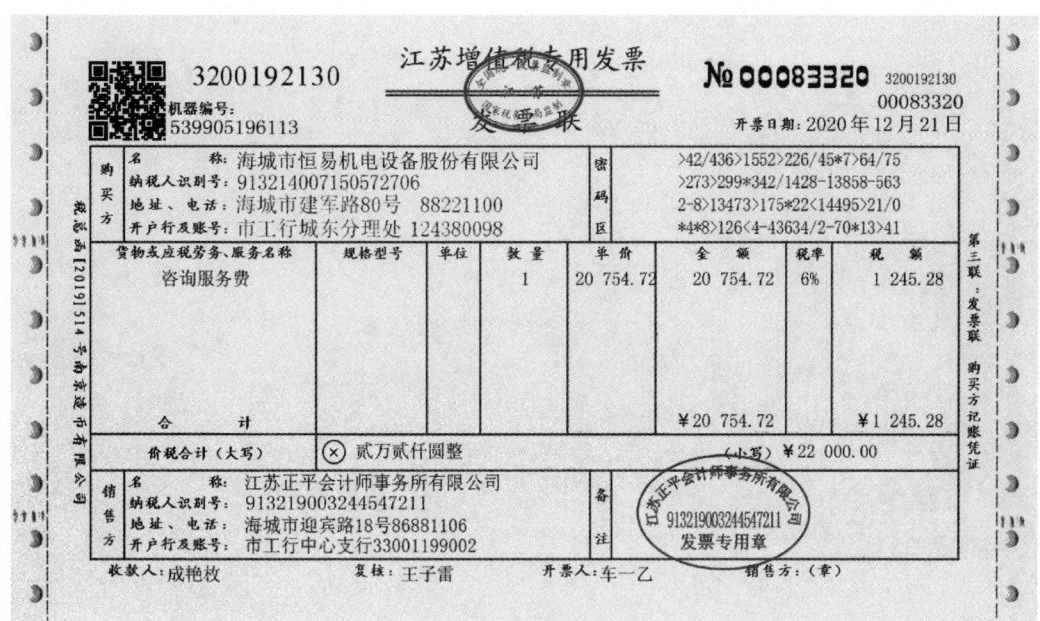

图 4-49-4

50. 12月21日(图4-50-1至图4-50-4)

图4-50-1

中国工商银行
转账支票存根
10203226
00401347

附加信息

出票日期 2020年12月21日
收款人：海城市红十字会
金　额：100,000.00
用　途：公益性捐赠款
单位主管 章杏怡　会计 王永刚

图4-50-1

图4-50-2

ICBC 中国工商银行　进账单（回　单）　1
2020年 12月 21日

出票人	全称	海城市恒易机电设备股份有限公司	收款人	全称	海城市红十字会
	账号	124380098		账号	100006600001
	开户银行	市工行城东分理处		开户银行	市工行中心支行

金额　人民币（大写）　壹拾万元整　￥ 亿千百十万千百十元角分
　　　　　　　　　　　　　　　　　　 1 0 0 0 0 0 0 0

票据种类	转账支票	票据张数	1
票据号码	00401347		

中国工商银行海城分行
城东分理处
2020.12.21
转讫
(1)

开户行盖章

此联是开户银行交给持（出）票人的回单

175×85mm

图4-50-2

业务 50

实训指导：

(1) 原始凭证取得时间：2020 年 12 月 21 日。

(2) 经济业务内容：支付赈灾捐赠款。

(3) 凭证传递流程：会计部门收到由海城市红十字会代转中国红十字会总会的公益性单位接受捐赠统一收据"捐赠者"联后，出纳王永刚签发转账支票 100 000 元，将出票联加盖印鉴后并填写进账单到银行办理转账。银行审核无误后办理转账，盖章退回进账单"回单联"。

(4) 记账依据：转账支票"存根联"及进账单"回单联"和公益性单位接受捐赠统一收据"捐赠者"。

(5) 岗位职责：制单员李二香编制记账凭证，出纳王永刚登记"银行存款日记账"，辅助会计王楠登记"营业外支出——公益性捐赠支出"明细账。

图 4-50-3

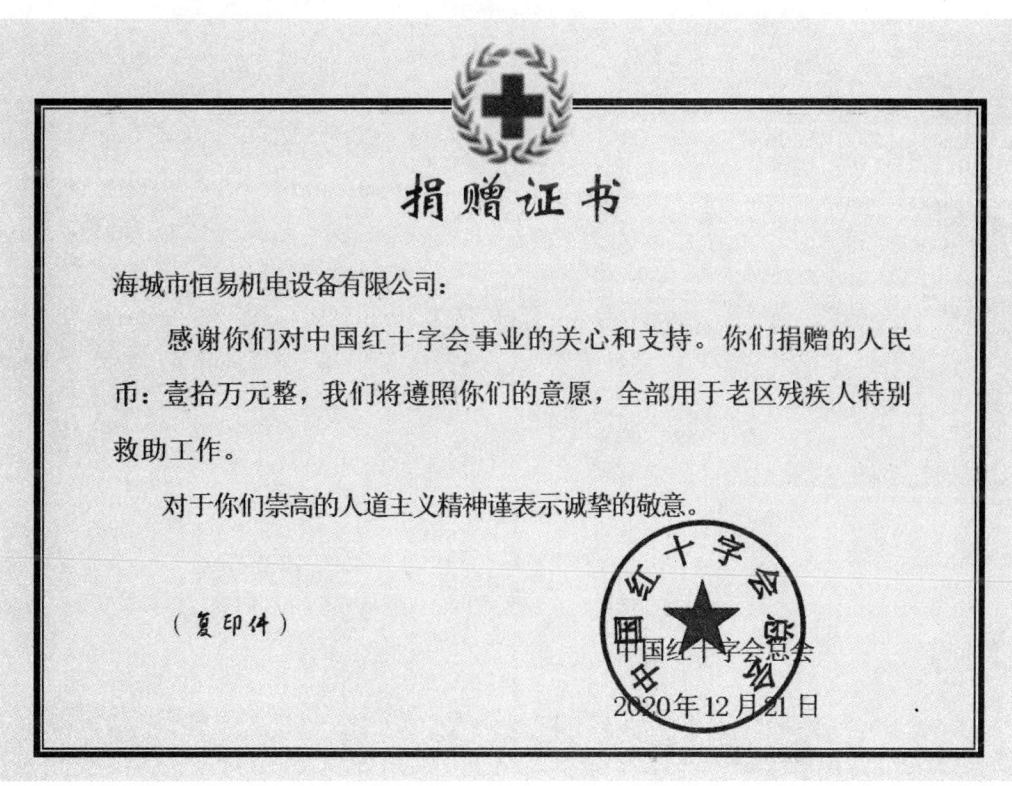

图 4-50-4

文字表述：

12月21日，签发转账支票，支付老区残疾人特别救助工作款100 000元。

会计分录：

借：营业外支出——公益性捐赠支出　　　　　　　　　　　　100 000.00
　　贷：银行存款——工行　　　　　　　　　　　　　　　　100 000.00

（扫描查看原始凭证）　　（扫描查看记账凭证）

51. 12月22日(图4-51-1至图4-51-2)

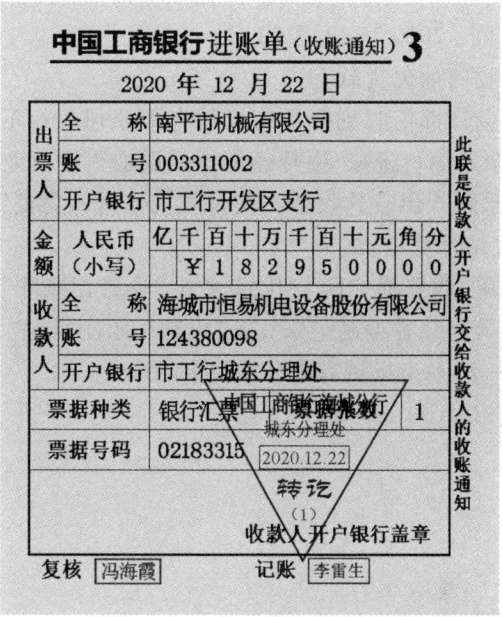

图4-51-1

图4-51-2

业务 51

实训指导:

(1) 原始凭证取得时间:2020 年 12 月 22 日。

(2) 经济业务内容:收回前欠货款。

(3) 凭证传递流程:会计部门收到海平市机械有限公司银行汇票后,由出纳王永刚及时填制进账单,连同银行汇票送银行进账,银行经审核无误加盖银行业务专用章退回进账单"收账通知联";同时,出纳王永刚开出收款收据,"交付款人作付款凭证"交海平市机械有限公司,留下"会计记账联"作债权结算凭证。

(4) 记账依据:进账单"收账通知联"和收款收据"会计记账联"。

(5) 岗位职责:制单员李二香编制记账凭证,出纳王永刚登记"银行存款日记账",辅助会计王楠登记"预收账款——海平市机械有限公司"明细账。

文字表述:

12 月 22 日,收到海平市机械有限公司前欠货款 1 829 500 元存入银行。

会计分录:

借:银行存款——工行	1 829 500.00
贷:预收账款——海平市机械有限公司	1 829 500.00

(扫描查看原始凭证)　　(扫描查看记账凭证)

52. 12月22日(图4-52-1至图4-52-4)

固定资产转让审批报告

董事会：

根据2020年12月22日与海城市海联化工有限公司签订的《房屋转让合同》的规定，我公司在郊区南岸镇岸东村西侧的40间砖混结构平房仓库应于2020年12月30日前交付对方。为保证转让工作的顺利进行，及时移交资产，现申请将该仓库转入清理，特具报告。

附：固定资产转让审批表

2020年12月22日

固定资产转让审批表

固定资产名称	仓库
坐落地址	郊区南岸镇岸东村西侧
交付使用时间	2010年12月10日
数量	40间/4000平方米
原始价值	3 200 000.00
预计使用年限	20年
已提折旧额	1 480 000.00
净值	1 720 000.00
审批意见	同意转入清理，相关部门密切配合，确保按时交接。 仇海宇 2020.12.22

图4-52-1

业务 52

实训指导：

（1）原始凭证取得时间：2020年12月22日。

（2）经济业务内容：不需用仓库转让，收到第一期转让款。

（3）凭证传递流程：设备管理科与会计部门联合上报的《固定资产转让审批报告》经董事会批复后，固定资产转入清理。同日，出纳王永刚从开户行取回进账单"收账通知联"，并开出收款收据，"交付款人作付款凭证"联交海城市海联化工有限公司，留下"会计记账"联作收款凭证。

（4）记账依据：固定资产转让审批表、进账单"收账通知"联和收款收据"会计记账"联。

（5）岗位职责：制单员李二香编制记账凭证，出纳王永刚登记"银行存款日记账"，辅助会计王楠登记"固定资产——仓库"明细账。

图 4-52-2

图 4-52-3

文字表述：

12月22日，将不需用的仓库转让出售，其原始价值为3 200 000元，已提折旧额1 480 000元。根据合同规定，收到1 000 000元存入银行。

会计分录：

借：固定资产清理　　　　　　　　　　　　　　　　　　1 720 000.00
　　累计折旧　　　　　　　　　　　　　　　　　　　　1 480 000.00
　　贷：固定资产——仓库　　　　　　　　　　　　　　3 200 000.00
借：银行存款——工行　　　　　　　　　　　　　　　　1 000 000.00
　　贷：固定资产清理　　　　　　　　　　　　　　　　1 000 000.00

（扫描查看原始凭证）

（扫描查看记账凭证）

房屋转让合同

卖方(以下简称甲方):
  单位名称:海城市恒易机电设备股份有限公司
  法人代表:仇海宁
  营业执照:3218000001 98009100098
买方(以下简称乙方):
  单位名称:海城市海联化工有限公司
  法人代表:姜良厚
  营业执照:3216000002 00010220056

第一条 房屋基本情况。

甲方房屋(以下简称该房屋)坐落于郊区南岸镇岸东村西侧,共40间,房屋结构为砖混结构平房,实际建筑面积4 000平方米,房屋用途为仓库。该房屋平面图见本合同附件一,该房屋内部附着设施见附件二,该房屋所有权证号为:房证海字第000823981号。

第二条 房屋面积的特殊约定。

本合同第一条所约定的面积为原产权证上标明的面积。如原产权证上标明的面积与房地产产权登记机关实际测定的面积有差异的,以房地产产权登记机关实际测定面积为准。

该房屋交付时,房地产产权登记机关实际测定面积与原产权证上标明面积的差别不超过原产权证上标明面积±1%(不包括±1%)时,房价款保持不变;超过±1%(包括±1%)时,甲乙双方同意按下述第2种方式处理:

1. 乙方有权提出退房,甲方须在乙方提出退房要求之日起3天内将乙方已付款退还给乙方,并按6%的年利率付给利息。

2. 每平方米价格保持不变,房价款总金额按实际面积调整。

第三条 土地使用权性质。

该房屋相应的土地使用权取得方式为国有土地使用权出让,土地使用权年限自1986年9月1日至2036年8月31日止。该房屋买卖后,按照有关规定,乙方无须补办土地使用权出让手续。

第四条 价格。

按实际建筑面积计算,该房屋售价为人民币每平方米贰仟元整(¥2 000.00),总金额为人民币捌佰万元整(¥8 000 000.00)。

第五条 付款方式。

乙方应于本合同生效之日向甲方支付人民币壹佰万元整(¥1 000 000.00),并应于本合同生效之日起三日内将该房屋全部价款付给甲方。

第六条 交付期限。

甲方应于收到该房屋全部价款之日起五日内将该房屋交付给乙方,并于本合同生效之日起三十日内将该房屋的产权证书交给乙方。

第七条 乙方逾期付款的违约责任。

乙方如未按本合同第五条规定的时间付款,甲方对乙方的逾期应付款有权追究违约利息。自本合同规定的应付款限期之第二天起至实际付款之日止,月利息按0.6%计算。逾期超过三天后,甲方有权按下述第2种约定追究乙方的违约责任。

1. 终止合同,乙方按累计应付款的6%向甲方支付违约金,甲方实际经济损失超过乙方支付的违约金时,实际经济损失与违约金的差额部分由乙方据实赔偿。

—1—

2. 乙方按累计应付款的6%向甲方支付违约金,合同继续履行。

第八条 甲方逾期交付房屋的违约责任。

除人力不可抗拒的自然灾害等特殊情况外,甲方如未按本合同第六条规定的期限将该房屋交给乙方使用,乙方有权按已交付的房价款向甲方追究违约利息。自本合同规定的最后交付期限的第二天起至实际交付之日止,月利息按0.6%计算,逾期超过三天后,乙方有权按下列第2种约定追究甲方的违约责任。

1. 终止合同,甲方按乙方累计已付款的6%向乙方支付违约金,乙方实际经济损失超过甲方支付的违约金时,实际经济损失与违约金的差额部分由甲方据实赔偿。

2. 甲方按乙方累计已付款的6%向乙方支付违约金,合同继续履行。

第九条 关于产权登记的约定。

在乙方实际接收该房屋之日起,甲方协助乙方在房地产产权登记机关规定的期限内向房地产产权登记机关办理权属登记手续。如因甲方的过失造成乙方不能在双方实际交接之日起三天内取得房地产权属证书,乙方有权提出退房,甲方须在乙方提出退房要求之日起五天内将乙方已付款退还给乙方,并按已付款的6%赔偿乙方损失。

第十条 甲方保证在交易时该房屋没有产权纠纷,有关按揭、抵押债务、税项及租金等,甲方均在交易前办妥。交易后如有上述未清事项,由甲方承担全部责任。

第十一条 因本房屋所有权转移所发生的土地增值税由甲方负责交纳,契税由乙方负责交纳;房屋交易所发生的其他税费除另有约定外,均按国家规定由甲乙双方分别交纳。

第十二条 本合同未尽事项,由甲、乙双方另行议定,并签订补充协议。

第十三条 本合同之附件均为本合同不可分割之一部分。

本合同及其附件和补充协议中未规定的事项,均遵照中华人民共和国有关法律、法规和政策执行。

第十四条 本合同在履行中发生争议,由甲、乙双方协商解决。协商不成时,甲、乙双方同意由海城市仲裁委员会仲裁,一方或双方对仲裁机构仲裁有异议的,可向城东区人民法院起诉。

第十五条 本合同经甲、乙双方签字后生效,签字日即为本合同生效日。

第十六条 本合同连同附件共五页,一式贰份,甲、乙双方各执壹份,均具有同等效力。

甲方(签章): 	乙方(签章): 
法人代表(签章):	法人代表(签章):
2020年12月10日	2020年12月10日
签于<u>2020年12月22日</u>	签于<u>2020年12月22日</u>

附件一:房屋平面图(共2页)

附件二:室内附着设施(共1页)

53. 12月23日（图4-53-1至图4-53-2）

关于处理坏账损失的请示报告

董事会：

我公司2020年4月22日向盐州市盛祥设备有限公司销售一批产品，共计价税款（人民币）肆拾陆万捌仟元整（￥468 000.00）。该笔款项在销售时收回壹拾陆万捌仟元整（￥168 000.00），后经多次催收，共索回壹拾壹万元整（￥110 000.00），其余款项均催讨无果。

2020年10月14日，盐州市盛祥设备有限公司在《××晚报》（2020年10月14日A01版）第三次发布清算公告（见附件）。经对盐州市盛祥设备有限公司财务状况和偿债能力的评估，清算结果的最大可能性是收回一批使用期限已基本到期的设备。基于将损失降到最低限度的考虑，我公司随之向海城市城东区人民法院提起诉讼。经法院审理，判决我公司可获得被告资产拍卖收入（评估值）伍拾伍万元（￥550 000.00）的12%，共计人民币陆万陆仟元整（￥66 000.00）。由于我公司债权总额占被告债务总额的比例（20%）与可获得被告资产拍卖收入的比例（12%）悬殊较大，我公司对此判决不服而上诉至海城市中级人民法院。

2020年12月22日，海城市中级人民法院作出终审判决[《海城市中级人民法院民事判决书》（2020）海民终字第2018号]，盐州市盛祥设备有限公司于资产拍卖后三日内支付款项壹拾壹万元（￥110 000.00）给我公司。

根据企业会计准则和有关税法的规定，无法收回捌万元整（￥80 000.00）应确定为坏账损失。特报董事会研究批准，以便及时办理有关核销手续。

当否，请批示。

同意列作坏账处理。
仇海宇
2020年12月23日

海城市恒易机电设备股份有限公司
2020年12月22日

附件：清算公告复印件。

图4-53-1

业务 53

实训指导：

（1）原始凭证取得时间：2020 年 12 月 23 日。

（2）经济业务内容：确认坏账损失。

（3）凭证传递流程：《关于处理坏账损失的请示报告》经董事会批复后，会计部门将应收债权转作坏账损失。

（4）记账依据：关于处理坏账损失的请示报告批复。

（5）岗位职责：制单员李二香编制记账凭证，辅助会计王楠登记"应收账款——盐州市盛祥设备有限公司"明细账。

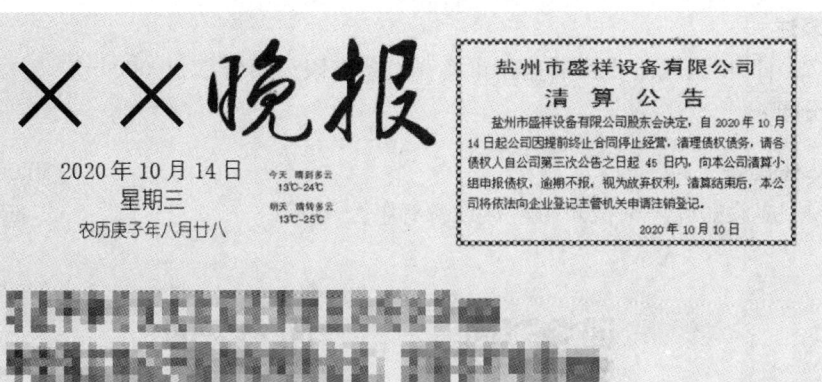

图 4-53-2

54. 12月23日(图 4-54-1 至图 4-54-3)

图 4-54-1

图 4-54-2

文字表述：
12月23日，核销无法收回的盐州市盛祥设备有限公司货款80 000元。
会计分录：

借：坏账准备　　　　　　　　　　　　　　　　　　　　　80 000.00
　　贷：应收账款——盐州市盛祥设备有限公司　　　　　　80 000.00

（扫描查看原始凭证）

（扫描查看记账凭证）

业务54
实训指导：
（1）原始凭证取得时间：2020年12月23日。
（2）经济业务内容：支付前欠货款。
（3）凭证传递流程：出纳王永刚根据海城电子器材厂开来的收款收据"交付款人作付款凭证联"，及时与辅助会计王楠核对"应付账款——海城电子器材厂"明细账，确认应付账款为160 000元，进一步查对合同，付款时间符合2/30的现金折扣条件，应付账款的真实性确认后，出纳王永刚签发转账支票156 800元，将出票联加盖印鉴后并填写进账单到银行办理转账。银行审核无误后办理转账，盖章退回进账单"回单联"。
（4）记账依据：转账支票存根及进账单"回单联"和收款收据"交付款人作付款凭证联"。
（5）岗位职责：制单员李二香编制记账凭证，出纳王永刚登记"银行存款日记账"，辅助会计王楠登记"应付账款——海城电子器材厂"和"财务费用——销售折扣"明细账。

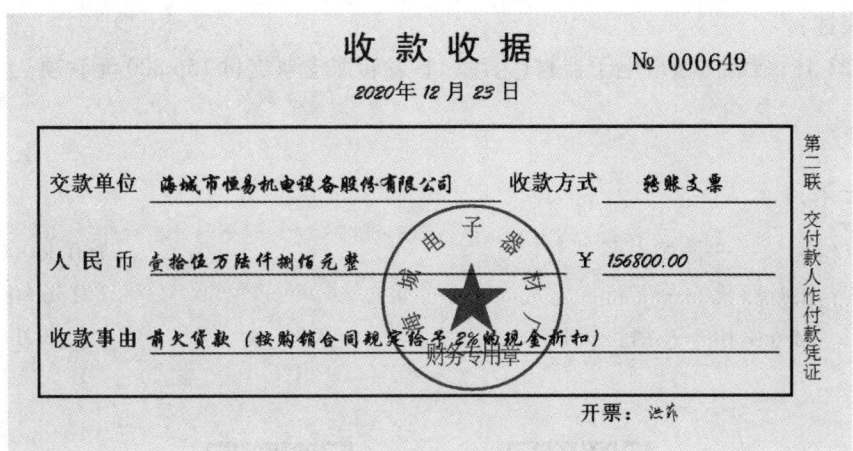

图 4-54-3

55. 12月23日（图4-55-1至图4-55-3）

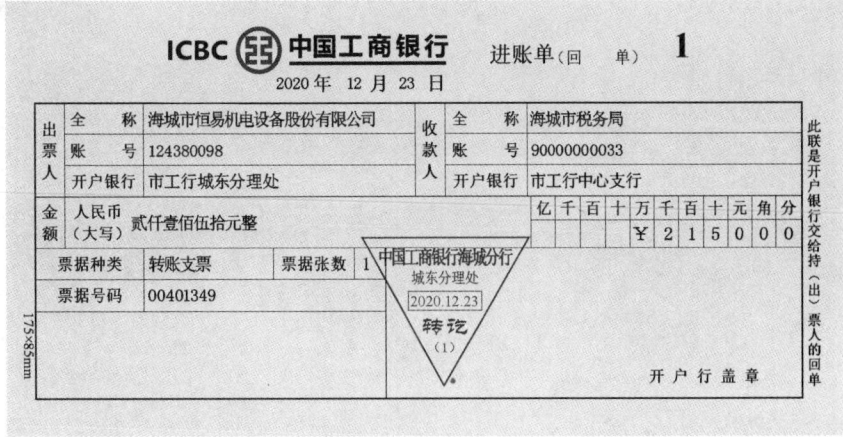

图 4-55-1

图 4-55-2

文字表述：

12月23日，结清海城市电子器材厂货款，签发转账支票支付156 800元款项。

会计分录：

借：应付账款——海城电子器材厂　　　　　　　　　　160 000.00
　　贷：银行存款——工行　　　　　　　　　　　　　156 800.00
　　　　财务费用——销售折扣　　　　　　　　　　　　3 200.00

（扫描查看原始凭证）

（扫描查看记账凭证）

业务55

实训指导：

（1）原始凭证取得时间：2020年12月23日。

（2）经济业务内容：支付印花税款。

（3）凭证传递流程：出纳王永刚根据海城市税务局开出的印花税票销售凭证"购票单位作报销凭证联"签发转账支票2 150元，将出票联加盖印鉴后并填写进账单到银行办理转账。银行审核无误后办理转账，盖章退回进账单"回单联"。

（4）记账依据：转账支票存根及进账单"回单联"和印花税票销售凭证"购票单位作报销凭证联"。

（5）岗位职责：制单员李二香编制记账凭证，出纳王永刚登记"银行存款日记账"。

中华人民共和国印花税票销售凭证

(20) 苏税印 08 号　　填发日期 2020 年 12 月 23 日　　No 001566602

购买单位	海城市恒易机电设备股份有限公司		购买人		冯丹

购买印花税票

面值种类	数量	金额	面值种类	数量	金额
壹角票			伍元票	100	500.00
贰角票			拾元票	50	500.00
伍角票			壹佰元票	10	1000.00
壹元票	50	50.00			
贰元票	50	100.00	总　计		2150.00
合计金额（大写）	×仟×佰×拾×万贰仟壹佰伍拾零元零角零分				
销售单位	收款专用章		售票人	韩冰冰	备注

第二联（收据）购票单位作报销凭证

图 4-55-3

56. 12 月 23 日（图 4-56-1）

中国工商银行
现金支票存根
10203210
00044512

附加信息
_____
_____

出票日期　2020 年 12 月 23 日

收款人：海城市恒易机电设备股份有限公司

金　额：5,000.00

用　途：备用

单位主管 章杏怡　会计 王永刚

（苏州鑫华印刷有限公司 2019 年印制）

图 4-56-1

文字表述：

12月23日，签发转账支票，支付购买印花税款项2 150元。

会计分录：

借：税金及附加	2 150.00
贷：银行存款——工行	2 150.00

（扫描查看原始凭证）　　（扫描查看记账凭证）

业务56

实训指导：

（1）原始凭证取得时间：2020年12月23日。

（2）经济业务内容：签发现金支票提取现金备用。

（3）凭证传递流程：出纳王永刚签发现金支票5 000元，将出票联加盖印鉴并加盖签票人私章后凭其向银行提取现金，银行审核无误后据实支付现金。

（4）记账依据：现金支票"存根联"。

（5）岗位职责：制单员李二香编制记账凭证，出纳王永刚登记"库存现金日记账"和"银行存款日记账"。

文字表述：

12月23日，签发现金支票，提取现金5 000元备用。

会计分录：

借：库存现金	5 000.00
贷：银行存款——工行	5 000.00

（扫描查看原始凭证）　　（扫描查看记账凭证）

57. 12月24日(图4-57-1)

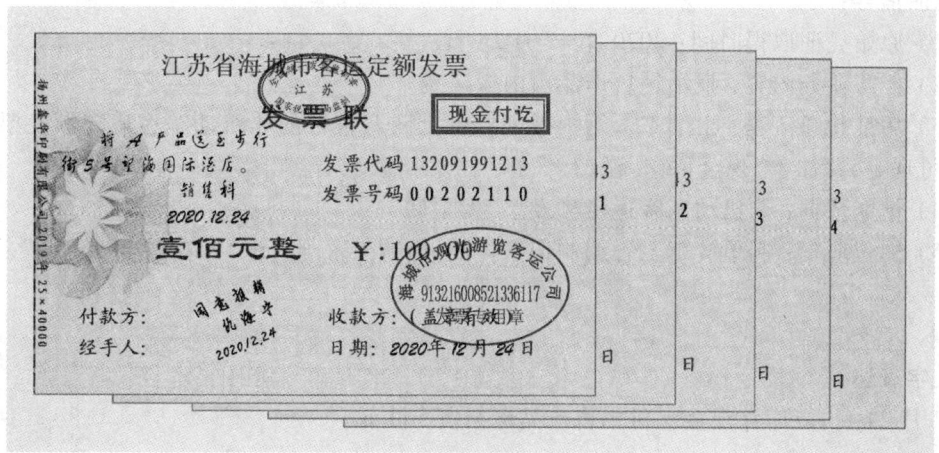

图4-57-1

58. 12月24日(图4-58-1至图4-58-7)

图4-58-1

图4-58-2

217

业务 57

实训指导：

（1）原始凭证取得时间：2020 年 12 月 24 日。

（2）经济业务内容：报销销售产品市内搬运费。

（3）凭证传递流程：出纳王永刚根据领导审批同意报销的非机动车客运定额发票"发票联"支付现金，并加盖"现金付讫"戳记。

（4）记账依据：非机动车客运定额发票"发票联"。

（5）岗位职责：制单员李二香编制记账凭证，出纳王永刚登记"库存现金日记账"。

文字表述：

12 月 24 日，以库存现金支付销售产品运杂费 500 元。

会计分录：

借：销售费用——运杂费　　　　　　　　　　　　　　　500.00
　　贷：库存现金　　　　　　　　　　　　　　　　　　500.00

（扫描查看原始凭证）

（扫描查看记账凭证）

业务 58

实训指导：

（1）原始凭证取得时间：2020 年 12 月 24 日。

（2）经济业务内容：分期收款销售产品。

（3）凭证传递流程：仓储科根据购销合同的规定开具库存商品出库单，配货后由海城市交通运输公司将货物发运至盐州市政府采购中心指定仓库，经盐州市政府采购中心薛逢春验收无误后并签章。同日，出纳王永刚签发转账支票 5 000 元支付运费，将出票联加盖印鉴后并填写进账单到银行办理转账。银行审核无误后办理转账，盖章退回进账单"回单联"。

（4）记账依据：库存商品出库单"会计记账联"、转账支票存根及进账单"回单联"、货物运输业增值税专用发票"发票联"及"抵扣联"。

（5）岗位职责：制单员李二香编制记账凭证，出纳王永刚登记"银行存款日记账"，辅助会计王楠登记"销售费用——运杂费""发出商品——盐州市政府采购中心""库存商品——A 产品""库存商品——B 产品""库存商品——D 半成品"和"应交税费——应交增值税"明细账。

中国工商银行
转账支票存根
10203226
00401350

附加信息

出票日期 2020年 12 月 24 日

收款人：海城市交通运输公司

金　额：5,000.00

用　途：运输费

单位主管 [章杏怡] 会计 [王永刚]

图 4-58-3

ICBC 中国工商银行		进账单（回单）	1
2020年 12月 24日			

出票人	全称	海城市恒易机电设备股份有限公司	收款人	全称	海城市交通运输公司
	账号	124380098		账号	1122888802-1220
	开户银行	市工行城东分理处		开户银行	市交行中心支行

金额	人民币（大写）	伍仟元整		亿 千 百 十 万 千 百 十 元 角 分
				¥ 5 0 0 0 0 0

票据种类	转账支票	票据张数	1
票据号码	00401350		

中国工商银行海城分行
城东分理处
2020.12.24
转讫
（1）

开户行盖章

此联是开户银行交给持（出）票人的回单

175×85mm

图 4-58-4

文字表述：

12月24日，向盐州市政府采购中心分期收款销售产品一批，其中：A产品700台，单位售价2 749.50元；B产品500台，单位售价2 293.20元；D半成品100件，单位售价175.50元。全部款项分三次收取，分别为货款总额的40%、40%和20%。签发转账支票支付销售产品运杂费5 000元（其中增值税412.84元）。发出产品的单位成本按先进先出法确定。

会计分录：

借：发出商品——盐州市政府采购中心	1 878 500.00
贷：库存商品——A产品	1 120 000.00
——B产品	750 000.00
——D半成品	8 500.00
借：销售费用——运杂费	4 587.16
应交税费——应交增值税（进项税额）	412.84
贷：银行存款	5 000.00

（扫描查看原始凭证）

（扫描查看记账凭证）

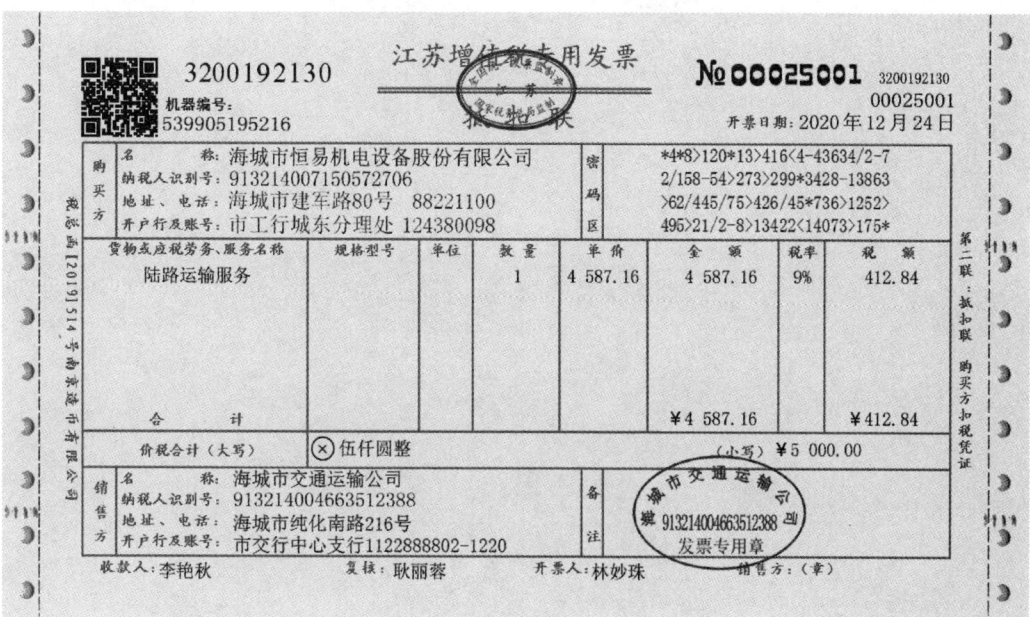

图 4-58-5

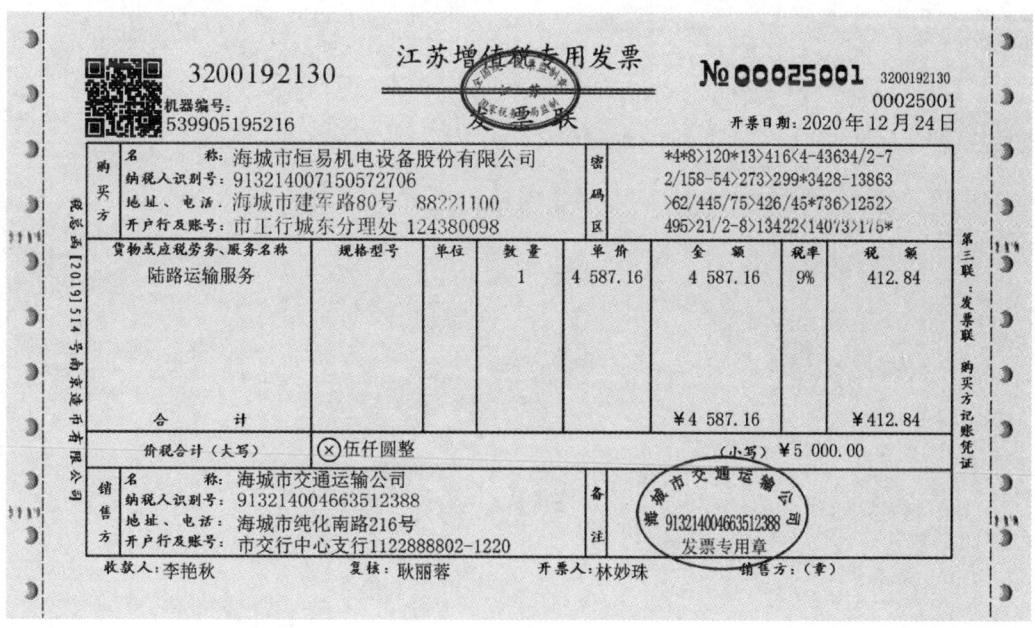

图 4-58-6

购 销 合 同

供方：海城市恒易机电设备股份有限公司
需方：盐州市政府采购中心

一、根据《中华人民共和国经济合同法》规定，供需双方按照平等互利的原则，经协商一致，签订本合同。

二、货物的名称、数量及价格：

产品名称	单位	数量	单价	总金额	备注
A 产品	台	700	2 749.50	1 924 650.00	均为含税价格
B 产品	台	500	2 293.20	1 146 600.00	
D 半成品	件	100	175.50	17 550.00	
合　计	/	/	/	3 088 800.00	

三、付款条件及期限：

货款分三次结算：第一次结算时间为 2020 年 12 月 31 日，结算货款总额的 40%；第二次结算时间为 2021 年 2 月 28 日，结算货款总额的 40%；第三次结算时间为 2021 年 4 月 30 日，结算货款总额的 20%。每次结算货款时，供方开具等额的普通发票。

四、交货时间及地点：

供方应于 2020 年 12 月 26 日将货物送达盐州市政府采购中心指定仓库，送货费用由供方承担。

五、质量要求：

供方保证合格产品符合行业规定的质量标准。

六、争议解决：

合同执行过程中如发生争议，由双方协商解决。协商不成时，可向城东区工商行政管理局经济合同仲裁委员会申请仲裁，也可直接向城东区人民法院起诉。

七、特殊条款：

本合同条款如对特殊情况有未尽事宜，双方可根据具体情况结合有关规定议定特殊条款。

八、附则：

本合同一式贰份，甲、乙方各执壹份，具有同等法律效力。

供方(盖章)： 　　　　需方(盖章)：

法定代表人(签名)： 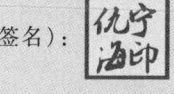　　　　法定代表人(签名)：

开户银行：市工行城东分理处　　　　开户银行：市工行中心支行
账号：124380098　　　　　　　　　　账号：00000115

签约日期：2020 年 12 月 24 日

图 4-58-7

59. 12月24日(图4-59-1至图4-59-4)

图4-59-1

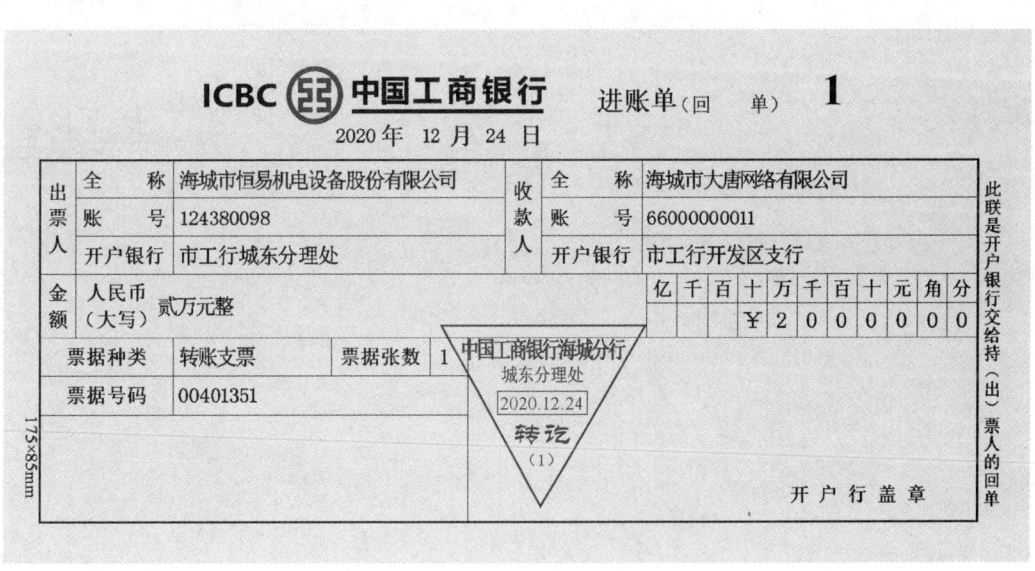

图4-59-2

业务59

实训指导：

（1）原始凭证取得时间：2020年12月24日。

（2）经济业务内容：支付网络维护费。

（3）凭证传递流程：会计部门收到海城市大唐网络有限公司增值税发票的"抵扣联"和"发票联"后，出纳王永刚签发转账支票20 000元，将出票联加盖印鉴后并填写进账单到银行办理转账。银行审核无误后办理转账，盖章退回进账单"回单联"。

（4）记账依据：转账支票"存根联"及进账单"回单联"和增值税发票"抵扣联"和"发票联"。

（5）岗位职责：制单员李二香编制记账凭证，出纳王永刚登记"银行存款日记账"，辅助会计王楠登记"管理费用——其他费用"和"应交税费——应交增值税"明细账。

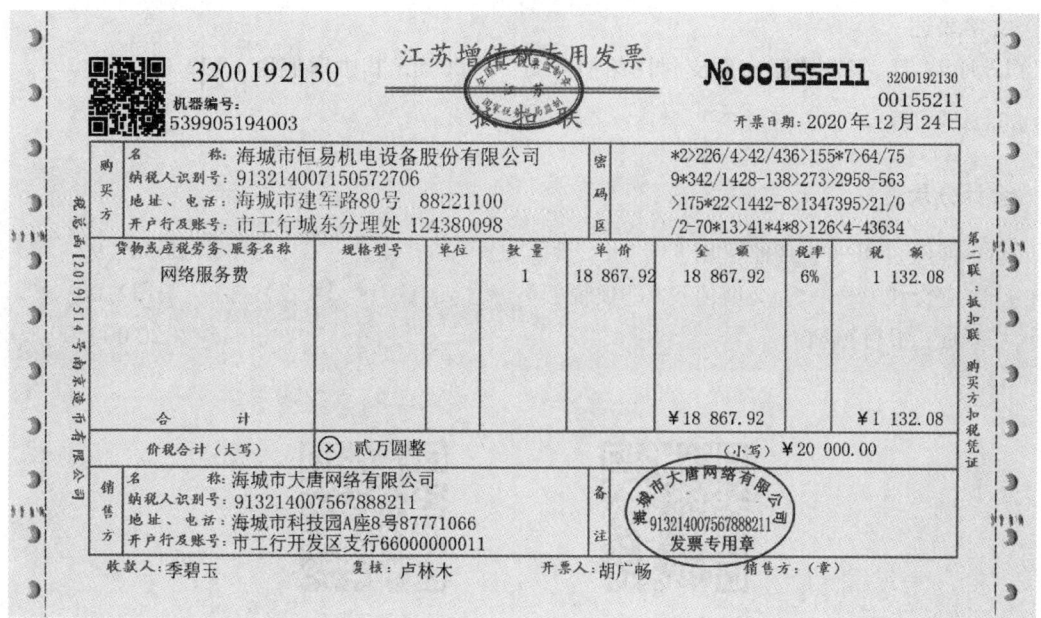

图 4-59-3

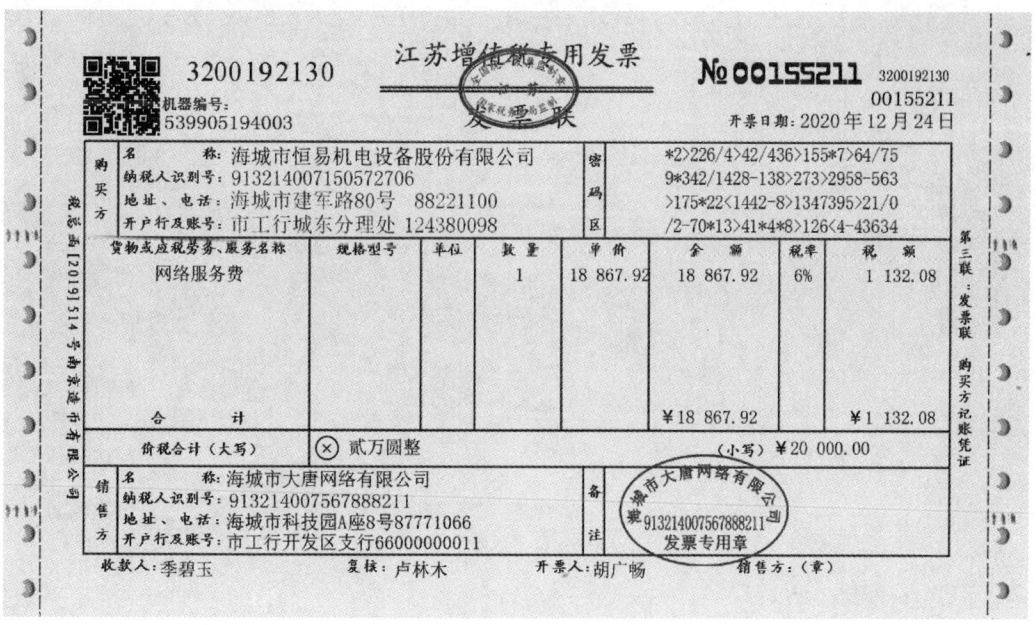

图 4-59-4

文字表述:

12月24日,签发转账支票支付网络服务费20 000元(其中增值税1 132.08元)。

会计分录:

借:管理费用——其他费用　　　　　　　　　　　　　18 867.92
　　应交税费——应交增值税(进项税额)　　　　　　　1 132.08
　　贷:银行存款　　　　　　　　　　　　　　　　　　　　　20 000.00

(扫描查看原始凭证)

(扫描查看记账凭证)

60. 12月25日(图4-60-1至图4-60-2)

图 4-60-1

图 4-60-2

61. 12月25日(图4-61-1至图4-61-2)

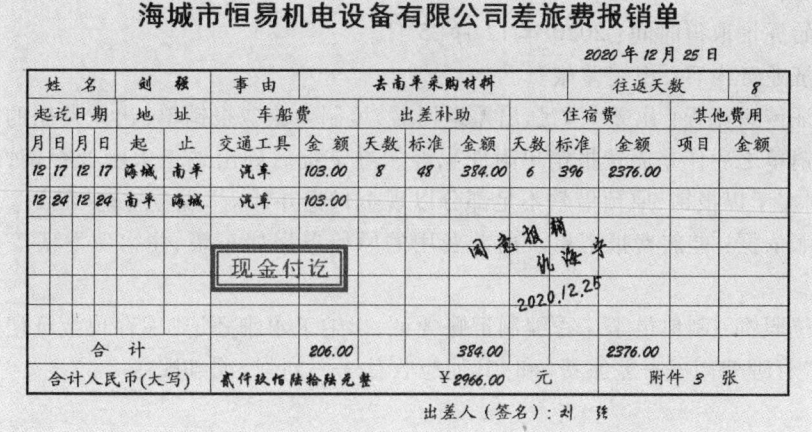

图 4-61-1

业务 60

实训指导：

（1）原始凭证取得时间：2020 年 12 月 25 日。

（2）经济业务内容：收到转让固定资产第二期款项。

（3）凭证传递流程：出纳王永刚从开户行取回进账单"收账通知联"，并开出收款收据，"交付款人作付款凭证联"交海城市海联化工有限公司，留下"会计记账联"作收款凭证。

（4）记账依据：进账单"收账通知联"和收款收据"会计记账联"。

（5）岗位职责：制单员李二香编制记账凭证，出纳王永刚登记"银行存款日记账"。

文字表述：

12 月 25 日，收到转让仓库款项 7 000 000 元存入银行。

会计分录：

借：银行存款——工行　　　　　　　　　　　　　　　　7 000 000.00
　　贷：固定资产清理　　　　　　　　　　　　　　　　　7 000 000.00

（扫描查看原始凭证）　　　（扫描查看记账凭证）

业务 61

实训指导：

（1）原始凭证取得时间：2020 年 12 月 25 日。

（2）经济业务内容：报销差旅费。

（3）凭证传递流程：出差人刘强出差返回后，填制差旅费报销单（出差费用的原始单据附于差旅费报销单之后作差旅费报销单附件），经领导审批后到出纳王永刚处报销，经王永刚复核无误后，据实予以报销，原预借款不足部分以现金付讫并加盖"现金付讫"戳记。

（4）记账依据：差旅费报销单。出差费用的原始单据如车票、住宿费发票等作差旅费报销单的附件。

（5）岗位职责：制单员李二香编制记账凭证，出纳王永刚登记"库存现金日记账"，辅助会计王楠登记"管理费用——差旅费"和"其他应收款——刘强"明细账。

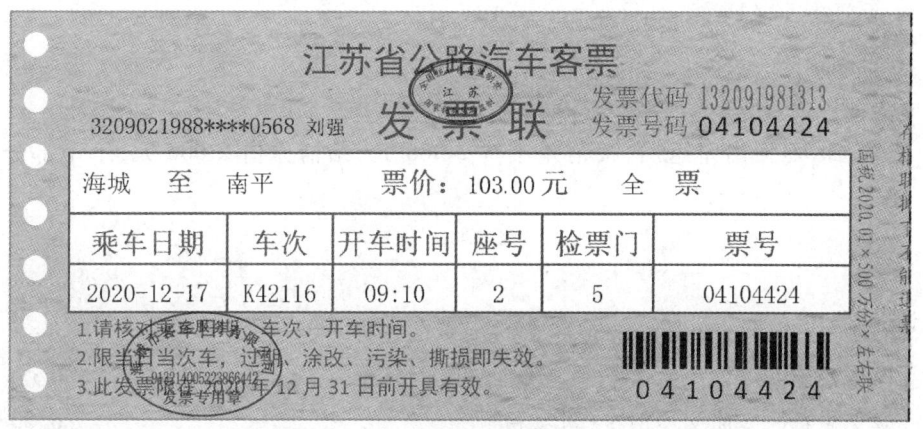

图 4-61-2-1

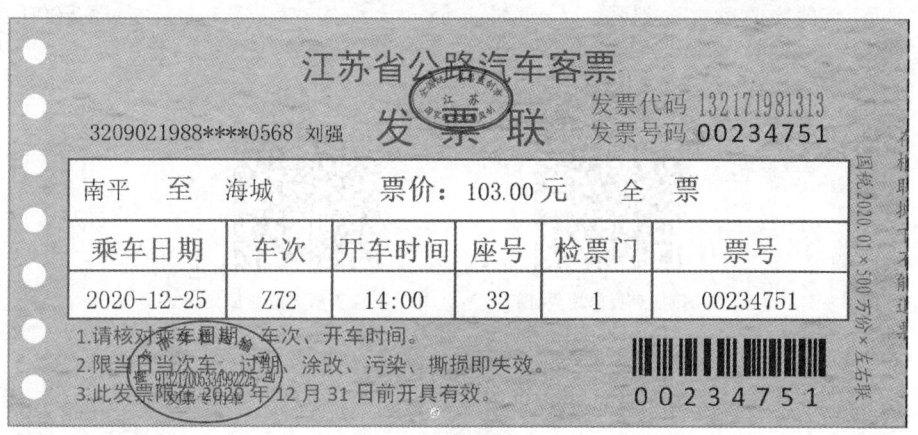

图 4-61-2-2

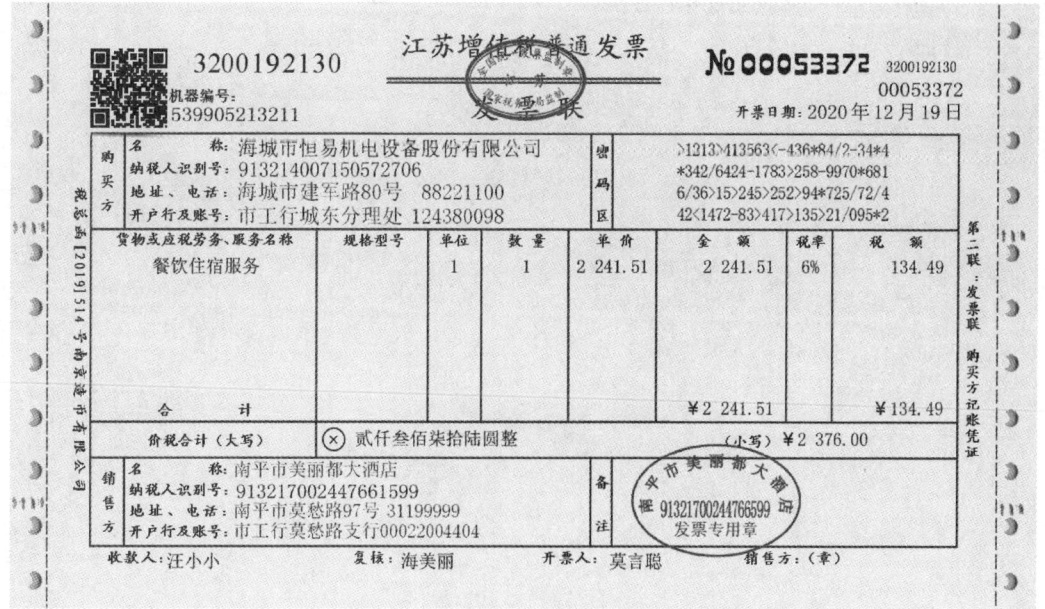

图 4-61-2-3

文字表述：

12月25日，刘强出差返回，报销差旅费2 966元，结清原借2 000元，不足部分以现金付讫。

会计分录：

借：管理费用——差旅费　　　　　　　　　　　　　　　2 960.00
　　应交税费——应交增值税（进项税额）　　　　　　　　　 6.00
　贷：库存现金　　　　　　　　　　　　　　　　　　　　　966.00
　　　其他应收款——刘强　　　　　　　　　　　　　　　2 000.00

（扫描查看原始凭证）

（扫描查看记账凭证）

62. 12月25日(图4-62-1至图4-62-4)

图4-62-1

图4-62-2

图4-62-3

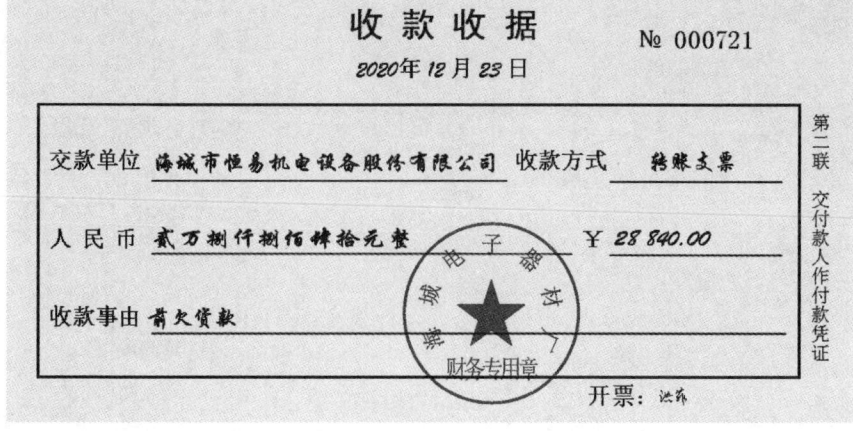

业务 62

实训指导：

（1）原始凭证取得时间：2020 年 12 月 25 日。

（2）经济业务内容：支付前欠货款。

（3）凭证传递流程：出纳会计王永刚根据海城电子器材厂开来的收款收据"交付款人作付款凭证联"，及时与辅助会计王楠核对"预付账款——海城电子器材厂"明细账，确认应付账款为 47 560 元，出纳王永刚签发转账支票 47 560 元，将出票联加盖印鉴后并填写进账单到银行办理转账。银行审核无误后办理转账，盖章退回进账单"回单联"。

（4）记账依据：转账支票存根及进账单"回单联"和收款收据"交付款人作付款凭证联"。

（5）岗位职责：制单员李二香编制记账凭证，出纳王永刚登记"银行存款日记账"，辅助会计王楠登记"预付账款——海城电子器材厂"明细账。

关于购货尾款支付的情况说明

海城市电子器材厂：

　　我公司 12 月 6 日向贵厂购入材料的全部款项（￥528 840.00）已于上月预付￥500 000.00，其尾款￥28 840.00 应于本月 9 日前结清。由于原经手采购员身体健康状况的原因，未能及时向财务部门办理相关手续，故而延期付款 16 天。根据双方签订的购销合同规定，理应支付延期付款利息￥92.29 元（28 840×2/10 000×16），现按实际应付尾款结算，请予以确认为感。

二〇二〇年十二月二十四日

-------------------------------（请将虚线下部分裁剪后回邮我司）-------------------------------

海城市恒易机电设备股份有限公司：

　　贵公司转来的"关于购货尾款支付的情况说明"收悉，经请示财务经理，☑同意 ☐不同意按实际应付尾款结算，请按实际应付尾款结算划款为感。

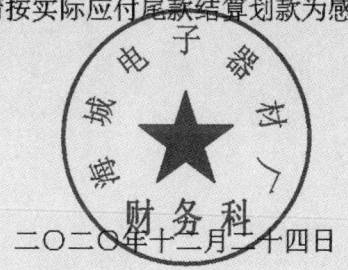

二〇二〇年十二月二十四日

图 4-62-4

文字表述：

12月25日，签发转账支票支付前欠海城市电子器材厂货款28 840元。

会计分录：

借：预付账款——海城市电子器材厂	28 840.00
贷：银行存款	28 840.00

（扫描查看原始凭证）　　　　（扫描查看记账凭证）

63. 12月25日(图4-63-1至图4-63-3)

海城市恒易机电设备股份有限公司

原材料出库单

2020年12月25日

部门	一车间					编号	2012008	
用途	生产A产品					仓库	西4#库	
名称	规格	单位	数量		单价	金额	备注	
			请领	实发				
丁材料		kg	2600	2600	30.00	78 000.00		
							先进先出法	
合计						78 000.00		

记账：王楠　发料：杨林华　领料单位负责人：赵成树　领料：刘国威

第三联　会计记账

图4-63-1

海城市恒易机电设备股份有限公司

原材料出库单

2020年12月25日

部门	二车间					编号	2012009	
用途	生产B产品					仓库	西4#库	
名称	规格	单位	数量		单价	金额	备注	
			请领	实发				
丁材料		kg	1500	1500	30.00	45 000.00		
							先进先出法	
合计						45 000.00		

记账：王楠　发料：杨林华　领料单位负责人：赵成树　领料：孙国权

第三联　会计记账

图4-63-2

237

业务 63

实训指导：

（1）原始凭证取得时间：2020年12月25日。

（2）经济业务内容：生产产品领用材料。

（3）凭证传递流程：生产部门根据生产进度需要，填制原材料出库单从仓储部门领用各种原材料，仓库发货后将其"会计记账联"转交会计部门，会计部门根据原材料出库单"会计记账联"汇总后编制"原材料领用汇总表"，据以登记生产成本账簿。

（4）记账依据：原材料领用汇总表及原材料出库单"会计记账联"。

（5）岗位职责：制单员李二香编制记账凭证，辅助会计王楠登记"生产成本——A产品""生产成本——B产品"和"原材料——丁材料"明细账。

海城市恒易机电设备股份有限公司

原材料领用汇总表

2020年12月25日

原始凭证编号自 2012008 至 2012009 共 2 张

用 途	甲材料			乙材料			丙材料			丁材料			合计
	数量	单价	金额	数量	单价	金额	数量	单价	金额	数量	单价	金额	
生产成本													
A产品耗用										2600	30.00	78 000.00	78 000.00
B产品耗用										1500	30.00	45 000.00	45 000.00
制造费用													
车间一般耗用													
管理费用													
厂部一般耗用													
合 计												123 000.00	123 000.00

记账：李雷生　　复核：冯海霞　　制单：李二香

图 4－63－3

64. 12月26日（图 4－64－1）

中国工商银行 托收凭证（汇款依据或收账通知） 4

委托日期 2020年12月11日　付款期限 2020年12月21日

业务类型	委托收款（☑邮划、□电划）	托收承付（□邮划、□电划）												
付款人	全称	海城市机电商场	收款人	全称	海城市恒易机电设备服务有限公司									
	账号	002155801		账号	124380098									
	地址	江苏省 海城市 开户行 市工行中心支行		地址	江苏省 海城市 开户行 市工行城东分理处									
金额	人民币（大写）	陆拾壹万捌仟元整			亿	千	百	十万	千	百	十	元	角	分
							￥	6	1	8	0	0	0	0
款项内容	销货款	托收凭据名称	银行承兑汇票 0000358	附寄单证张数	1									
商品发运情况		合同名称号码												
备注：	上列款项已划回收入你单位账户。 2020.12.26 转讫(1) 收款人开户银行盖章													
复核：　　　记账：														

此联付款人开户行凭以付款或收款人开户行作收账通知

图 4－64－1

文字表述：

12月25日，领用原材料一批，其中：A产品领用丁材料2 600 kg，B产品领用丁材料1 500 kg。各种材料的单位成本按先进先出法确定。

会计分录：

借：生产成本——A产品　　　　　　　　　　　　　　　　78 000.00
　　　　　　——B产品　　　　　　　　　　　　　　　　45 000.00
　　贷：原材料——丁材料　　　　　　　　　　　　　　　123 000.00

（扫描查看原始凭证）　　（扫描查看记账凭证）

业务64

实训指导：

（1）原始凭证取得时间：2020年12月26日。
（2）经济业务内容：收回销货款。
（3）凭证传递流程：出纳王永刚从银行取回托收凭证"收账通知联"，据以作收款凭证。
（4）记账依据：托收凭证"收账通知联"。
（5）岗位职责：制单员李二香编制记账凭证，出纳王永刚登记"银行存款日记账"，辅助会计王楠登记"应收账款——海城市机电商场"明细账。

文字表述：

12月26日，委托银行向海城市机电商场收取的银行承兑汇票（海城市工商银行中心支行承兑）款收到存入银行，共计618 000元。

会计分录：

借：银行存款——工行　　　　　　　　　　　　　　　　618 000.00
　　贷：应收账款——海城市机电商场　　　　　　　　　　618 000.00

（扫描查看原始凭证）　　（扫描查看记账凭证）

65. 12 月 26 日(图 4－65－1 至图 4－65－2)

中国工商银行进账单（收账通知）3

2020 年 12 月 26 日

出票人	全　称	秦南物贸商场											
	账　号	600420061-1											
	开户银行	市农行秦南分理处											
金额	人民币（小写）	亿	千	百	十	万	千	百	十	元	角	分	
				¥	1	0	4	6	5	2	0	0	
收款人	全　称	海城市恒易机电设备股份有限公司											
	账　号	124380098											
	开户银行	市工行城东分理处											
票据种类		转账支票	票据张数	1									
票据号码		00420011											
		中国工商银行海城分行 城东分理处 2020.12.26 转讫 (1) 收款人开户银行盖章											

此联是收款人开户银行交给收款人的收账通知

复核 冯海霞　　记账 李雷生

图 4－65－1

收 款 收 据

№ 000103

2020年 12 月 26 日

交款单位	秦南物贸商场　　收款方式　转账支票
人 民 币	壹拾万零肆仟陆佰伍拾贰元整　　¥ 104652.00
收款事由	代销商品款

第三联 会计记账

记账：李雷生　　审核：冯海霞　　出纳：王永刚

图 4－65－2

66. 12 月 27 日(图 4－66－1 至图 4－66－2)

中国工商银行进账单（收账通知）3

2020 年 12 月 27 日

出票人	全　称	海城市通达股份有限公司											
	账　号	00084273453											
	开户银行	市工行中心支行											
金额	人民币（小写）	亿	千	百	十	万	千	百	十	元	角	分	
						¥	3	0	0	0	0	0	
收款人	全　称	海城市恒易机电设备股份有限公司											
	账　号	124380098											
	开户银行	市工行城东分理处											
票据种类		转账支票	票据张数	1									
票据号码		00410230											
		中国工商银行海城分行 城东分理处 2020.12.27 转讫 (1) 收款人开户银行盖章											

此联是收款人开户银行交给收款人的收账通知

复核 冯海霞　　记账 李雷生

图 4－66－1

业务 65

实训指导：

（1）原始凭证取得时间：2020 年 12 月 26 日。

（2）经济业务内容：收回代销商品款。

（3）凭证传递流程：出纳王永刚从银行取回进账单"收账通知"并开出收款收据，"交付款人作付款凭证联"交秦南物贸商场，留下"会计记账联"作债权结算凭证。

（4）记账依据：进账单"收账通知联"和收款收据"会计记账联"。

（5）岗位职责：制单员李二香编制记账凭证，出纳王永刚登记"银行存款日记账"，辅助会计王楠登记"应收账款——秦南物贸商场"明细账。

文字表述：

12 月 26 日，收到秦南物贸商场代销商品款 104 652 元存入银行。

会计分录：

借：银行存款——工行　　　　　　　　　　　　　　　　　104 652.00
　　贷：应收账款——秦南物贸商场　　　　　　　　　　　104 652.00

（扫描查看原始凭证）　　　（扫描查看记账凭证）

业务 66

实训指导：

（1）原始凭证取得时间：2020 年 12 月 27 日。

（2）经济业务内容：收回债券利息。

（3）凭证传递流程：出纳王永刚从银行取回进账单"收账通知"并开出收款收据，"交付款人作付款凭证联"交海城市通达股份有限公司，留下"会计记账联"作债权结算凭证。

（4）记账依据：进账单"收账通知联"和收款收据"会计记账联"。

（5）岗位职责：制单员李二香编制记账凭证，出纳王永刚登记"银行存款日记账"，辅助会计王楠登记"应收利息——海城市通达股份有限公司"明细账。

收款收据

2020年12月27日　　No 000104

交款单位　海城市通达股份有限公司　　收款方式　转账支票

人民币　叁仟元整　　　　　　　　　　￥3 000.00

收款事由　2020.6.21——2020.12.20 债券利息

记账：李雷生　　审核：冯海霞　　出纳：王永刚

第三联　会计记账

图 4-66-2

67. 12月27日（图 4-67-1 至图 4-67-3）

图 4-67-1

243

文字表述：

12月27日，收到海城市通达股份有限公司债券利息3 000元存入银行。

会计分录：

借：银行存款——工行	3 000.00
贷：应收利息——海城市通达股份有限公司	3 000.00

（扫描查看原始凭证）

（扫描查看记账凭证）

业务67

实训指导：

（1）原始凭证取得时间：2020年12月27日。

（2）经济业务内容：接受固定资产捐赠。

（3）凭证传递流程：根据华成计算机网络科技有限公司与本公司签署的捐赠协议，华成计算机网络科技有限公司开出外商投资企业统一发票，将其"发票联"连同捐赠货物送至本公司，经办人阮书坤根据协议规定开出非公益性单位接受捐赠统一收据，留下"受赠者联"作为受赠资产依据。

（4）记账依据：外商投资企业统一发票"发票联"和非公益性单位接受捐赠统一收据"受赠者联"。

（5）岗位职责：制单员李二香编制记账凭证，辅助会计王楠登记"固定资产——戴尔电脑"和"营业外收入——捐赠利得"明细账。

捐 赠 协 议

甲方：华成计算机网络科技有限公司

乙方：海城市恒易机电设备股份有限公司

经甲、乙双方友好协商，就甲方向乙方捐赠计算机参与"机电作业管理信息化工程"事宜达成如下协议：

一、合作方式和内容

甲方于本协议签订后成为"机电作业管理信息化工程"的会员单位之一，参与有关活动的组织实施，长期支持此项工程行动的开展。首次捐赠戴尔 E6400 笔记本电脑 20 台，以后视工程需要将持续捐赠。

二、捐赠实施流程

1. 由甲方将捐赠的笔记本电脑送达乙方所在地，安装系统并经调试正常运行后交付乙方。

2. 乙方接收正常运行的笔记本电脑后，按当前市场价格开具"非公益性单位接受捐赠统一收据"（财政部监制）。

三、责任与义务

1. 甲方应及时为乙方开具捐赠发票，保证预装系统为正版授权系统，不存在版权纠纷，同时按照保修承诺进行保修服务。

2. 乙方应做好捐赠电脑的管理和使用工作，确保甲方所捐电脑用于"机电作业管理信息化"相关活动，不得回流市场损害甲方利益。

四、相关事宜

1. 本协议依据《中华人民共和国公益事业捐赠法》及相关法律法规予以解释。

2. 其他未尽事宜，由甲、乙双方协商解决。

3. 本协议一式贰份，甲、乙双方各执壹份，双方代表人签字盖章之日起生效。

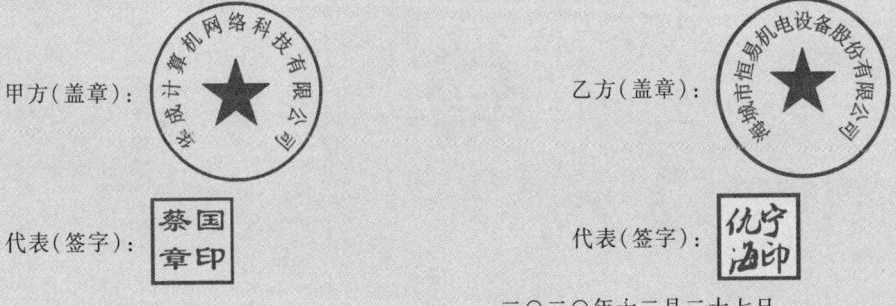

甲方（盖章）： 乙方（盖章）：

代表（签字）： 代表（签字）：

二〇二〇年十二月二十七日

图 4-67-2

文字表述：

12月27日，接受华成计算机网络科技有限公司捐赠戴尔 E6400 笔记本电脑 20 台，发票标明的单价为 8 600 元，共计 172 000 元。电脑已按捐赠者要求分发至相关部门。

会计分录：

借：固定资产——戴尔电脑　　　　　　　　　　　　172 000.00
　　贷：营业外收入——捐赠利得　　　　　　　　　　　172 000.00

（扫描查看原始凭证）　　（扫描查看记账凭证）

图 4-67-3

68. 12月28日（图4-68-1至图4-68-3）

图 4-68-1

业务 68

实训指导：

（1）原始凭证取得时间：2020 年 12 月 28 日。

（2）经济业务内容：支付转让仓库维修工程款。

（3）凭证传递流程：出纳王永刚根据海城市高空维修有限公司开来的增值税普通发票"发票联"签发转账支票 110 000 元，将出票联加盖印鉴后并填写进账单到银行办理转账。银行审核无误后办理转账，盖章退回进账单"回单联"。

（4）记账依据：转账支票存根及进账单"回单联"和增值税普通发票"发票联"。

（5）岗位职责：制单员李二香编制记账凭证，出纳王永刚登记"银行存款日记账"。

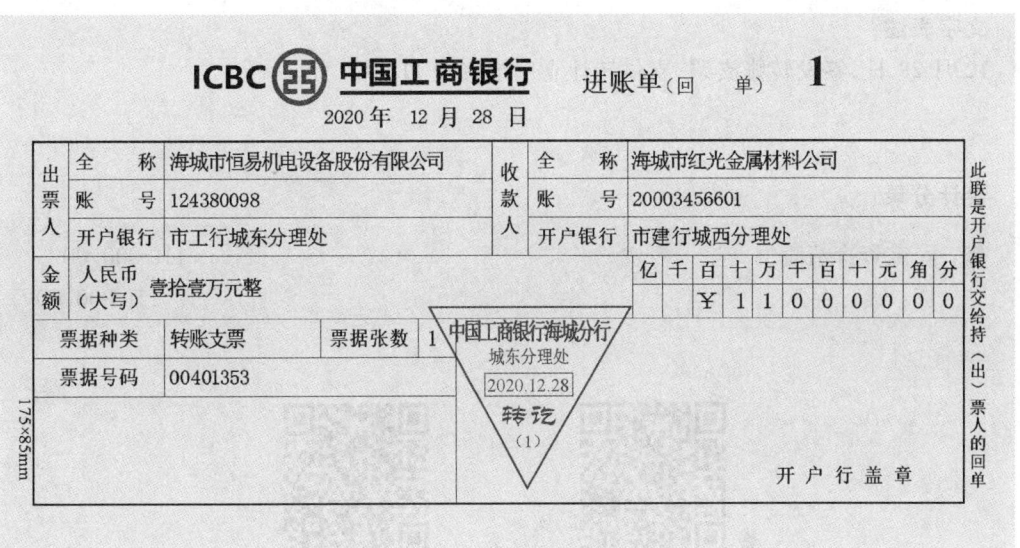

图 4-68-2

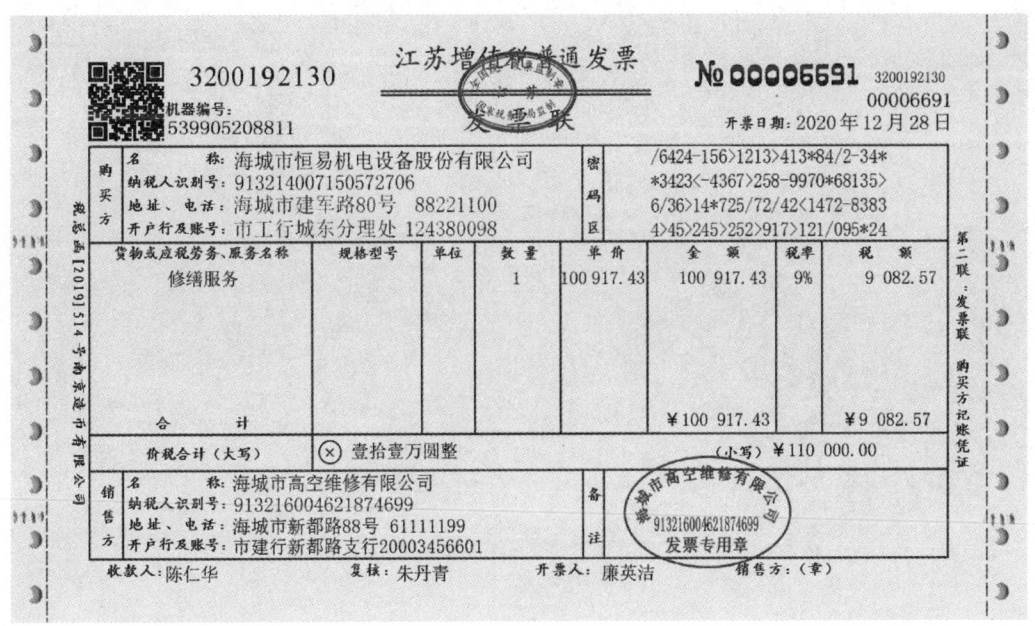

图 4-68-3

文字表述：

12月28日，签发转账支票，支付转让仓库维修费110 000元。

会计分录：

借：固定资产清理	110 000.00
贷：银行存款	110 000.00

（扫描查看原始凭证）　　（扫描查看记账凭证）

69. 12月28日(图4-69-1至图4-69-2)

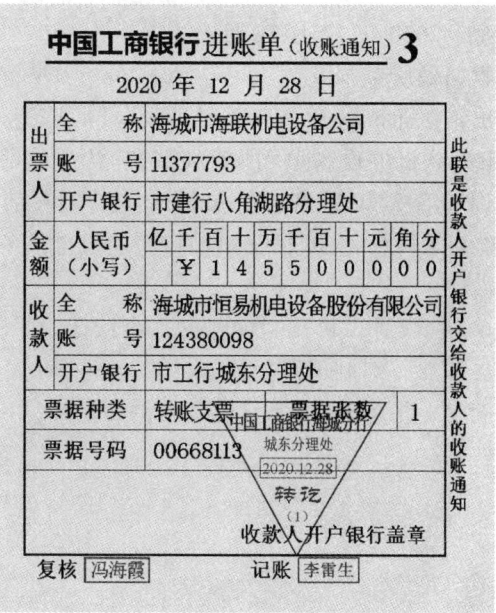

图4-69-1

图4-69-2

业务 69

实训指导：

（1）原始凭证取得时间：2020 年 12 月 28 日。

（2）经济业务内容：收回销货款。

（3）凭证传递流程：出纳王永刚从开户行取回进账单"收账通知联"，经与辅助会计王楠核对"应收账款——海城市海联机电设备公司"明细账，确认应收账款为 1 500 000 元。海城市海联机电设备公司付款时符合 3/10 的现金折扣条件，给予 3% 的折扣，实收货款 1 455 000 元，开出收款收据，"交付款人作付款凭证联"交海城市海联机电设备公司，留下"会计记账联"作收款凭证。

（4）记账依据：进账单"收账通知联"和收款收据"会计记账联"。

（5）岗位职责：制单员李二香编制记账凭证，出纳王永刚登记"银行存款日记账"，辅助会计王楠登记"应收账款——海城市海联机电设备公司"和"财务费用——销售折扣"明细账。

文字表述：

12 月 28 日，结清应收海城市海联机电设备公司货款 1 500 000 元，根据合同规定，给予 3% 的现金折扣，实收 1 455 000 元存入银行。

会计分录：

借：银行存款——工行	1 455 000.00
财务费用——销售折扣	45 000.00
贷：应收账款——海城市海联机电设备公司	1 500 000.00

（扫描查看原始凭证）

（扫描查看记账凭证）

70. 12月29日（图4－70－1至图4－70－4）

中国工商银行 资金汇划电报（代收款通知）

收报日期：2020-12-29

行名：海城市工行城东分理处

业务种类：汇兑

收款人账号：124380098

收款人户名：海城市恒易机电设备的股份有限公司

付款人户名：海照市机械有限公司

大写金额：壹佰玖拾捌万陆仟元整

小写金额：￥1 986 000.00

发报流水号：00020669

发报行行号：0600440022

收报流水号：0042255

发报行行名：海照市工行迎宾路分理处

收报行行号：320119627

打印次数：01

用途：货款

注：本凭证为打印件

图4－70－1

业务 70
实训指导：
（1）原始凭证取得时间：2020年12月29日。
（2）经济业务内容：向海照市机械有限公司销售产品,全部款项以预收账款抵扣部分后其余全部收到存入银行。
（3）凭证传递流程：辅助会计王楠核对"预收账款——海照市机械有限公司"明细账,出纳王永刚从银行取回资金汇划电报"代收款通知联",核对无误后,开票员尹香茗根据销售合同开出增值税专用发票,并将其"发票联"和"抵扣联"交购货方,发票"记账联"交会计部门。仓储科根据销售公司开出的增值税专用发票开具库存商品出库单,配货后由海照市机械有限公司业务员周洁提货。
（4）记账依据：资金汇划电报"代收款通知联"、增值税专用发票"记账联"和库存商品出库单"会计记账联"。
（5）岗位职责：制单员李二香编制记账凭证,出纳王永刚登记"银行存款日记账",辅助会计王楠登记"应交税费——应交增值税""预收账款——海照市机械有限公司""库存商品——A产品"和"库存商品——B产品"明细账。

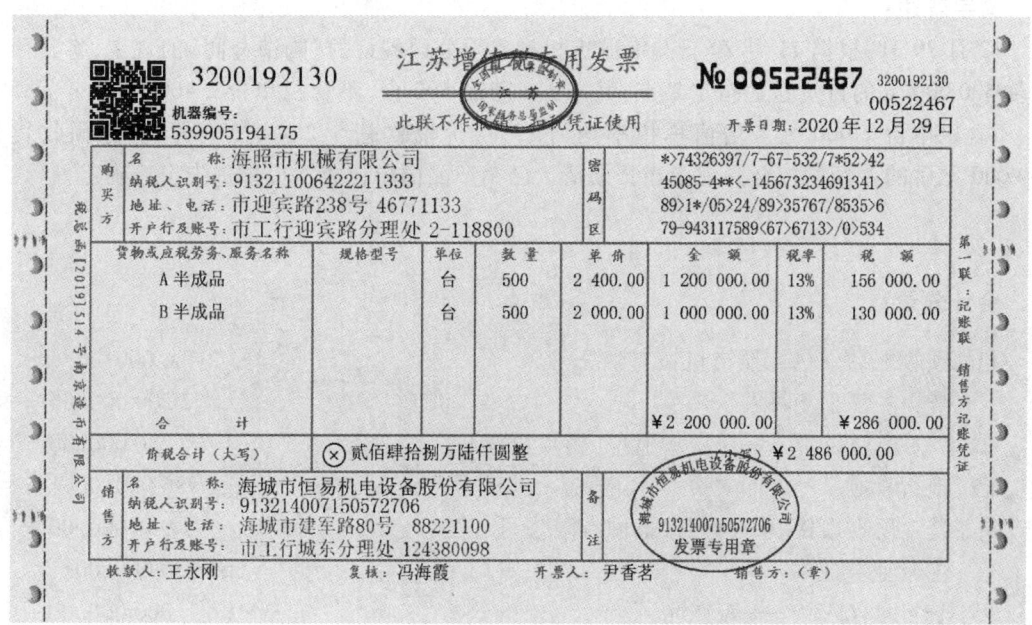

图 4-70-2

图 4-70-3

文字表述：

12月29日，根据11月20日与海照市机械有限公司签订的《购销合同》的规定，将其预付货款500 000元的订货送达指定地点，其中：A产品500台，不含税单价2 400元；B产品500台，不含税单价2 000元。增值税税率均为13%，价税款总计2 486 000元，扣除预收货款500 000元后的差额款按合同规定当日结清。已销产品的单位成本按先进先出法确定。

会计分录：

借：预收账款——海照市机械有限公司　　　　　2 486 000.00
　　贷：主营业务收入　　　　　　　　　　　　　2 200 000.00
　　　　应交税费——应交增值税（销项税额）　　　286 000.00
借：银行存款　　　　　　　　　　　　　　　　1 986 000.00
　　贷：预收账款——海照市机械有限公司　　　　1 986 000.00
借：主营业务成本　　　　　　　　　　　　　　1 550 000.00
　　贷：库存商品——A产品　　　　　　　　　　　800 000.00
　　　　　　　　——B产品　　　　　　　　　　　750 000.00

（扫描查看原始凭证）　　（扫描查看记账凭证）

购销合同

供方：海城市恒易机电设备股份有限公司
需方：海照市机械有限公司

一、根据《中华人民共和国经济合同法》规定，供需双方按照平等互利的原则，经协商一致，签订本合同。

二、货物的名称、数量及价格

产品名称	单位	数量	单价	总金额	备注
A产品	台	500	2 400.00	1 200 000.00	均为不含税价格
B产品	台	500	2 000.00	1 000 000.00	
合计	/	/	/	2 200 000.00	

三、付款条件及期限
1. 本合同签字生效时，需方预付货款人民币伍拾万元整（￥500 000.00）。支付方式为银行汇票结算方式。
2. 需方在供方将货物送达需方指定地点并经验收合格后次日支付人民币壹佰玖拾捌万陆仟元整（￥1 986 000），付款方式为电汇结算方式。

四、交货时间及地点
供方应2020年12月29日将货物送达迎宾路238号指定仓库。

五、质量要求
供方保证合格产品符合行业规定的质量标准。

六、争议解决
合同执行过程中如发生争议，由双方协商解决。协商不成时，可向城东区工商行政管理局经济合同仲裁委员会申请仲裁，也可直接向城东区人民法院起诉。

七、特殊条款
本合同条款如对特殊情况有未尽事宜，双方可根据具体情况结合有关规定议定特殊条款。

八、附则
本合同一式贰份，甲、乙方各执壹份，具有同等法律效力。

供方（盖章）： 　　　　　需方（盖章）：

法定代表人（签名）： 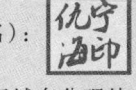　　法定代表人（签名）：

开户银行：市工行城东分理处　　　　开户银行：市工行迎宾路分理处
账号：124380098　　　　　　　　　账号：2-118800

签约日期：2020年11月20日

图4-70-4

71. 12 月 29 日(图 4－71－1 至图 4－71－2)

海城市恒易机电设备股份有限公司

借 款 单（付款凭证） № 0002

借款部门：后勤科　　2020年 12 月 20 日

<table>
<tr><td colspan="3">人民币（大写）：壹万元整</td><td colspan="3">¥：10000.00</td></tr>
<tr><td colspan="2">用　　途</td><td colspan="4">定额备用金</td></tr>
<tr><td colspan="2">付款方式</td><td colspan="2">现金支票</td><td colspan="2">00044513</td></tr>
<tr><td rowspan="3">借款部门</td><td>负责人</td><td>赵冬虹</td><td rowspan="3">财务部门</td><td>负责人</td><td>章杏怡</td></tr>
<tr><td>借款人</td><td>章程</td><td>审　核</td><td>冯海霞</td></tr>
<tr><td>经办人</td><td>袁世佳</td><td>记　账</td><td>李雷生</td></tr>
<tr><td colspan="2">领导审批意见</td><td colspan="4">同意设立备用金 沈海宁 2020.12.29</td></tr>
</table>

<table>
<tr><td rowspan="9">报销记录</td><td rowspan="2">年</td><td rowspan="2">月</td><td rowspan="2">日</td><td rowspan="2">科目</td><td colspan="7">报销金额</td><td colspan="7">结欠金额</td><td rowspan="2">报销人</td></tr>
<tr><td>万</td><td>千</td><td>百</td><td>十</td><td>元</td><td>角</td><td>分</td><td>万</td><td>千</td><td>百</td><td>十</td><td>元</td><td>角</td><td>分</td></tr>
<tr><td></td><td></td><td></td><td></td><td></td><td></td><td></td><td></td><td></td><td></td><td></td><td></td><td></td><td></td><td></td><td></td><td></td><td></td><td></td></tr>
<tr><td></td><td></td><td></td><td></td><td></td><td></td><td></td><td></td><td></td><td></td><td></td><td></td><td></td><td></td><td></td><td></td><td></td><td></td><td></td></tr>
<tr><td></td><td></td><td></td><td></td><td></td><td></td><td></td><td></td><td></td><td></td><td></td><td></td><td></td><td></td><td></td><td></td><td></td><td></td><td></td></tr>
<tr><td></td><td></td><td></td><td></td><td></td><td></td><td></td><td></td><td></td><td></td><td></td><td></td><td></td><td></td><td></td><td></td><td></td><td></td><td></td></tr>
<tr><td></td><td></td><td></td><td></td><td></td><td></td><td></td><td></td><td></td><td></td><td></td><td></td><td></td><td></td><td></td><td></td><td></td><td></td><td></td></tr>
<tr><td></td><td></td><td></td><td></td><td></td><td></td><td></td><td></td><td></td><td></td><td></td><td></td><td></td><td></td><td></td><td></td><td></td><td></td><td></td></tr>
<tr><td></td><td></td><td></td><td></td><td></td><td></td><td></td><td></td><td></td><td></td><td></td><td></td><td></td><td></td><td></td><td></td><td></td><td></td><td></td></tr>
</table>

图 4－71－1

扬州鑫华印刷有限公司 2019 年印制

中国工商银行
现金支票存根

10203210
00044513

附加信息

出票日期　2020 年12月29日

收款人：海城市恒易机电设备股份有限公司

金　额：10，000.00

用　途：设立备用金

单位主管 章杏怡 会计 王永刚

图 4－71－2

业务 71

实训指导:

(1) 原始凭证取得时间:2020 年 12 月 29 日。

(2) 经济业务内容:设立后勤科备用金,签发现金支票付讫。

(3) 凭证传递流程:后勤科备用金经办人袁世佳填制借款单,经相关部门相关人员签章并报公司领导审批后,将借款单交出纳王永刚,王永刚签发现金支票并加盖预留银行印鉴,将出票联交经办人袁世佳到银行提取现金。

(4) 记账依据:借款单"付款凭证联"和现金支票存根联。

(5) 岗位职责:制单员李二香编制记账凭证,出纳王永刚登记"银行存款日记账",辅助会计王楠登记"其他应收款——后勤科"明细账。

文字表述:

12 月 29 日,拨付后勤科定额备用金 10 000 元,签发现金支票付讫。

会计分录:

| 借:其他应收款——后勤科 | 10 000.00 |
| 贷:银行存款——工行 | 10 000.00 |

(扫描查看原始凭证)　　　(扫描查看记账凭证)

72. 12月31日(图4-72-1至图4-72-3)

固定资产转让交接单

2020年12月31日

名称	仓库	坐落地址	郊区南岸镇岸东村西侧
竣工时间	2010年12月10日	建筑面积	40间/4 000平方米
原始价值	3 200 000.00	已提折旧	1 480 000.00
转让方	(海城市恒易机电设备股份有限公司) 经办:邓晓静	受让方	(海城市海联化工有限公司) 经办:孟庆国

图 4-72-1

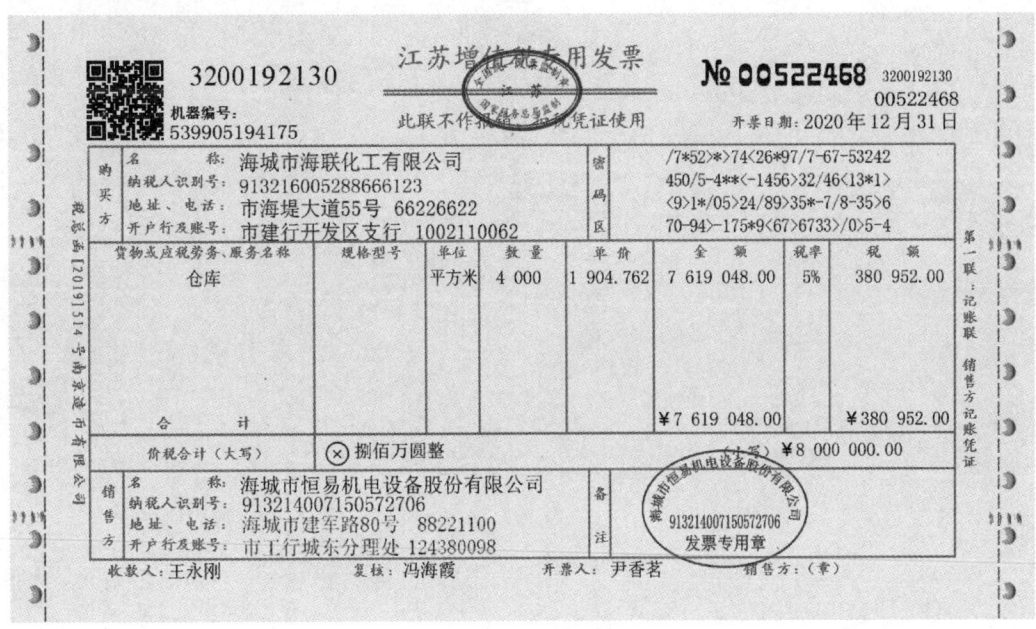

图 4-72-2

业务72

实训指导：

（1）原始凭证取得时间：2020年12月31日。

（2）经济业务内容：办理仓库转让交接手续，开出增值税专用发票，申报应交增值税。

（3）凭证传递流程：与海城市海联化工有限公司办理固定资产转让交接手续，填制固定资产转让交接单，经双方签收后，由公司经办人雷易昆开出增值税专用发票，留下"记账联"。随后，办税员冯丹填制增值税纳税申报表申报增值税。

（4）记账依据：固定资产转让交接单、增值税专用发票"记账联"和增值税纳税申报表。

（5）岗位职责：制单员李二香编制记账凭证，辅助会计王楠登记"应交税费——应交增值税"明细账。

增值税纳税申报表
（一般纳税人适用）

税款所属时间：自 2020 年 12 月 1 日至 2020 年 12 月 31 日　　填表日期：2020 年 12 月 31 日　　金额单位：元至角分

纳税人识别号	9 1 1 4 0 7 1 5 0 5 7 2 0 6	所属行业：	制造业
纳税人名称	滁城市莆正易机电设备股份有限公司	注册地址	市建军路80号
法定代表人姓名	仇海宁	登记注册类型	一般纳税人	生产经营地址	市建军路80号
开户银行及账号	荷工行城东办理处 124380098			电话号码	88221100

		栏次	一般货物、劳务和应税服务		即征即退货物、劳务和应税服务	
			本月数	本年累计	本月数	本年累计
销售额	（一）按适用税率计税销售额	1	7 619 048.00		—	—
	（二）按简易办法计税销售额	5			—	—
	（三）免、抵、退办法出口销售额	7			—	—
	（四）免税销售额	8			—	—
税款计算	销项税额	11				
	进项税额	12				
	应纳税额	19				
	简易计税办法计算的应纳税额	21	380 952.00			
	应纳税额合计	24	380 952.00			
税款缴纳	期初未缴税额（多缴为负数）	25				
	本期已缴税额	27				
	本期应补(退)税额	34	380 952.00		—	—

授权声明	如果你已委托代理人申报，请填写下列资料： 为代理一切税务事宜，现授权初江（地址）为本纳税人的代理申报人，任何与本申报表有关的往来文件，都可寄予此人。 授权人签字：	申报人声明	本纳税申报表是根据国家税收法律法规及相关规定填报的，我确定它是真实的、可靠的、完整的。 声明人签字：孟晓

主管税务机关：　　　　　接收人：赵晓春　　　　　接收日期：2020.12.31

*本表系简化后的表格，未涉及项目均未列出，且营改增全面展开后，有关表格及会计处理还会发生变化，届时应以相关政策进行处理。

图 4-72-3

文字表述：

12月31日，转让仓库交付海城市海联化工有限公司后，申报增值税380 952元。

会计分录：

借：固定资产清理	380 952.00
贷：应交税费——应交增值税（销项税额）	380 952.00

（扫描查看原始凭证）

（扫描查看记账凭证）

73. 12月31日（图4－73－1至图4－73－3）

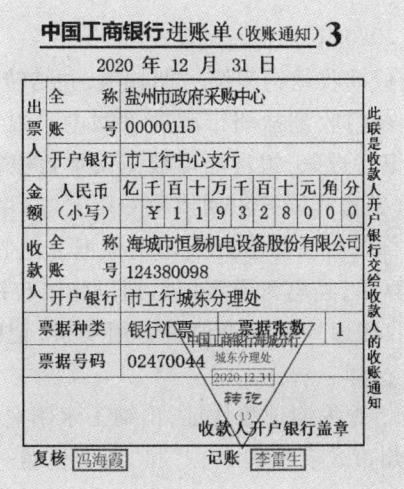

图4－73－1

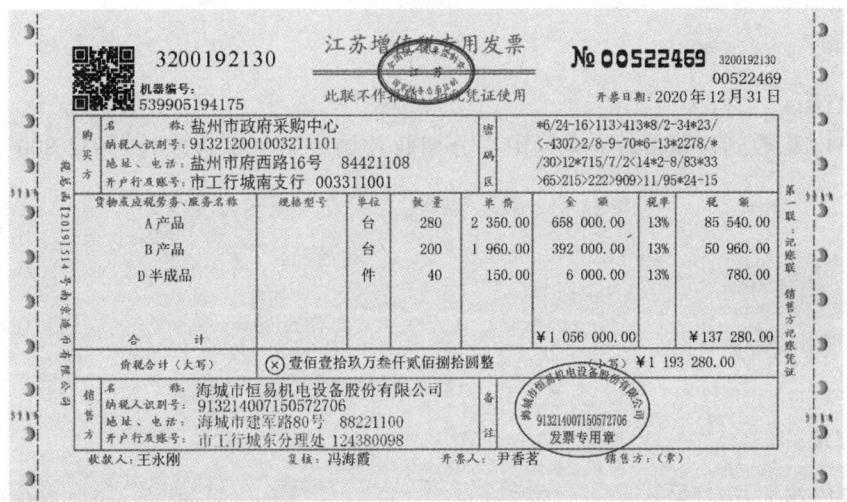

图4－73－2

分期收款销售成本计算单

2020 年 12 月 31 日

品名及规格	单位	开票数量	单位成本	金额
A产品	台	280	1600.00	448 000.00
B产品	台	200	1500.00	300 000.00
D半成品	件	40	85.00	3 400.00
合　计	/	/	/	751 400.00

复核：冯海霞　　　制单：李雷生

图4－73－3

业务 73

实训指导：

（1）原始凭证取得时间：2020 年 12 月 31 日。

（2）经济业务内容：收到分期收款销售第一期款项，并结转销售成本。

（3）凭证传递流程：会计部门收到盐州市政府采购中心银行汇票后，由出纳王永刚及时填制进账单，连同银行汇票送银行进账，银行经审核无误加盖银行业务专用章退回进账单"收账通知联"；开票员尹香茗根据销售合同开出增值税专用发票，并将其"发票联"和"抵扣联"交购货方，发票"记账联"交会计部门。总账会计李雷生根据分期收款销售比例计算确定销售成本，编制分期收款销售成本计算单，经冯海霞审核后据以作结转销售成本的依据。

（4）记账依据：进账单"收账通知联"、增值税专用发票"记账联"和分期收款销售成本计算单。

（5）岗位职责：制单员李二香编制记账凭证，出纳王永刚登记"银行存款日记账"，辅助会计王楠登记"发出商品——盐州市政府采购中心"和"应交税费——应交增值税"明细账。

文字表述：

12 月 31 日，收到盐州市政府采购中心分期收款销售第一批货款计 1 932 800 元，开出增值税专用发票。

会计分录：

借：银行存款——工行　　　　　　　　　　　　　　1 932 800.00
　　贷：主营业务收入　　　　　　　　　　　　　　　1 056 000.00
　　　　应交税费——应交增值税（销项税额）　　　　　137 280.00
借：主营业务成本　　　　　　　　　　　　　　　　　　751 400.00
　　贷：发出商品——盐州市政府采购中心　　　　　　　751 400.00

（扫描查看原始凭证）

（扫描查看记账凭证）

74. 12月31日(图4-74-1至图4-74-3)

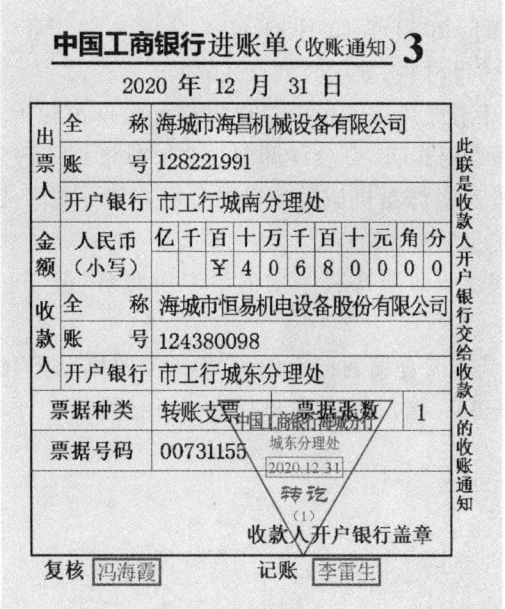

图4-74-1

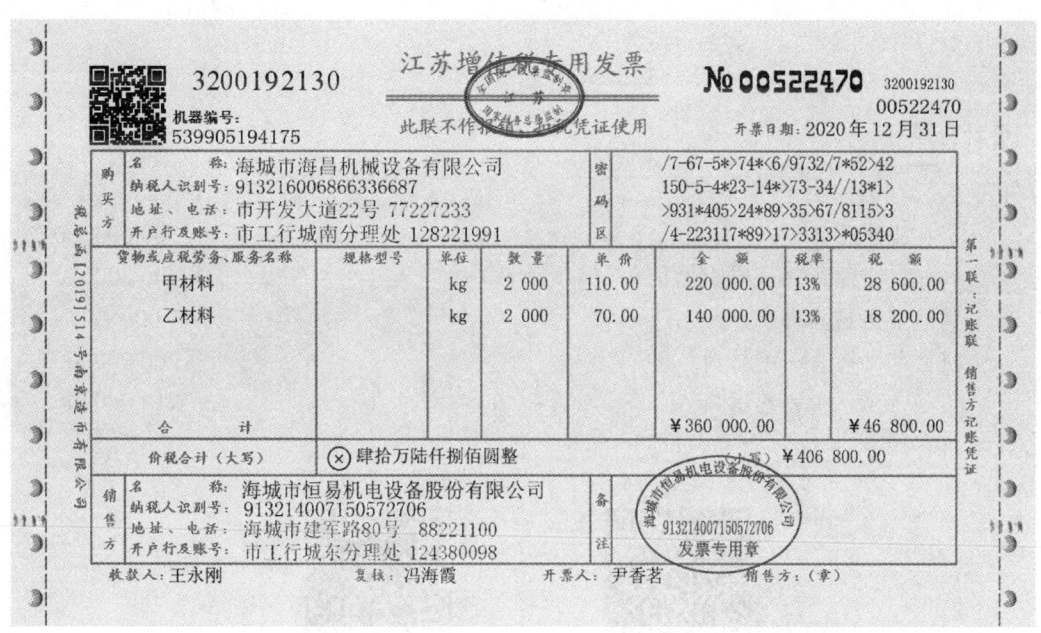

图4-74-2

业务 74

实训指导：

（1）原始凭证取得时间：2020年12月31日。

（2）经济业务内容：销售材料，款项收到存入银行。

（3）凭证传递流程：开票员尹香茗根据工作安排开出增值税专用发票，并将其"发票联"和"抵扣联"交购货方，发票"记账联"交会计部门。仓储科根据销售公司开出的增值税专用发票开具原材料出库单，配货后由海昌机械设备有限公司业务员刘国威提货，出纳王永刚从开户行取回进账单"收账通知联"。

（4）记账依据：进账单"收账通知联"、增值税专用发票"记账联"和原材料出库单"会计记账联"。

（5）岗位职责：制单员李二香编制记账凭证，出纳王永刚登记"银行存款日记账"，辅助会计王楠登记"应交税费——应交增值税""原材料——甲材料"和"原材料——乙材料"明细账。

文字表述：

12月31日，向海城市海昌机械设备有限公司销售原材料一批，其中：甲材料2 000 kg，单位不含税售价110元；乙材料2 000 kg，单位不含税售价70元。适用增值税税率均为13%，价税款均已收到并存入银行。发出材料的单位成本按先进先出法确定。

会计分录：

借：银行存款——工行	406 800.00
贷：其他业务收入	360 000.00
应交税费——应交增值税（销项税额）	46 800.00
借：其他业务成本	317 000.00
贷：原材料——甲材料	200 000.00
——乙材料	117 000.00

 （扫描查看原始凭证）  （扫描查看记账凭证）

海城市恒易机电设备股份有限公司
原材料出库单
2020年12月31日

部门	海昌机械设备有限公司					编号	2012016
用途	销售					仓库	西1#2#库

名称	规格	单位	数量 请领	数量 实发	单价	金额	备注
甲材料		kg	2000	2000	100.00	200 000.00	
乙材料		kg	500	500	60.00	30 000.00	先进先出法
		kg	1500	1500	58.00	87 000.00	
合计						317 000.00	

记账：王楠　发料：杨林华　领料单位负责人：赵成树　领料：刘国威

第三联　会计记账

图 4-74-3

75. 12月31日（图4-75-1至图4-75-2）

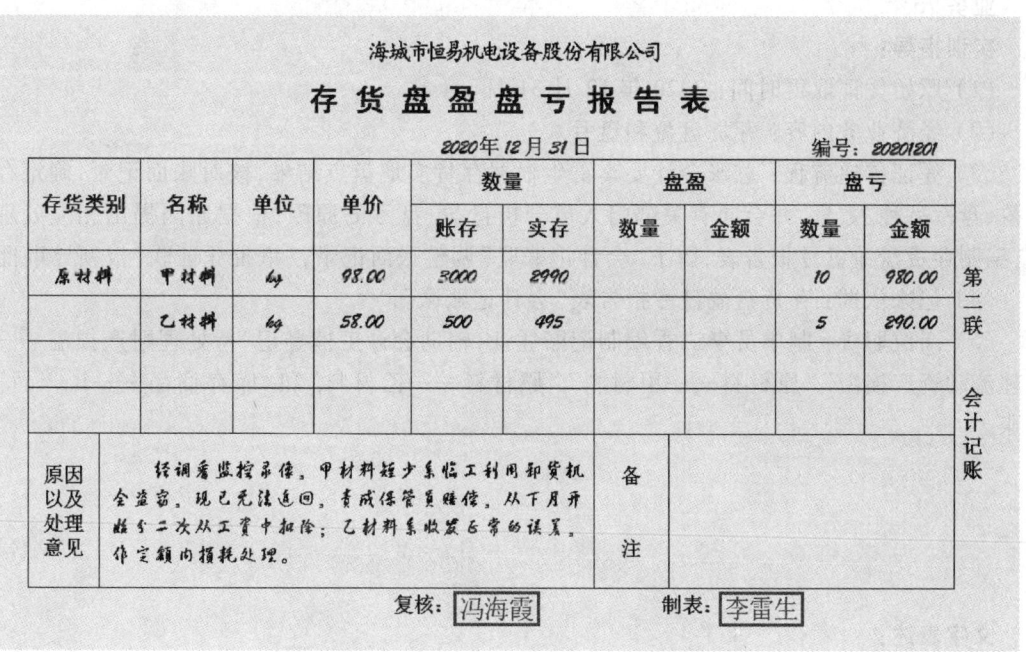

图 4-75-1

业务75

实训指导：

（1）原始凭证取得时间：2020年12月31日。

（2）经济业务内容：存货盘盈和盘亏。

（3）凭证传递流程：总账会计要李雷生根据存货实地盘点结果，核对账面记录，确定存货盘盈、盘亏品种、数量，并会同有关部门人员分析盘盈、盘亏的原因，根据原因提出相应处理意见，编制存货盘盈盘亏报告表，留下"会计记账联"调整账面记录，"审批凭证联"报领导审批。

（4）记账依据：存货盘盈盘亏报告表"会计记账联"。

（5）岗位职责：制单员李二香编制记账凭证，辅助会计王楠登记"待处理财产损溢——待处理流动资产损溢""原材料——甲材料""原材料——乙材料"和"库存商品——B产品"明细账。

文字表述：

12月31日，经盘点：甲材料账面数量3 000 kg，实地盘点数量2 990 kg，盘亏10 kg；乙材料账面数量500 kg，实地盘点数量495 kg，盘亏5 kg；B产品账面数量为51台，实地盘点数量为61台，盘盈10台。根据先进先出法的计算结果，甲、乙材料的单位成本分别为98元和58元，B产品的单位成本为1 500元。其盘亏、盘盈的原因已查明，处理意见报主管领导审批。

海城市恒易机电设备股份有限公司

存货盘盈盘亏报告表

2020年12月31日　　　　　　　　　编号：20201202

存货类别	名称	单位	单价	数量		盘盈		盘亏	
				账存	实存	数量	金额	数量	金额
库存商品	B产品	台	1 500.00	51	61	10	15 000.00		

原因以及处理意见：经核对库存商品出库单和库存商品数量台账，B产品盘盈系补发泰南物贸商场代销产品时少发。现已补送泰南物贸商场。

备注：

复核：冯海霞　　制表：李雷生

第二联　会计记账

图 4-75-2

76. 12月31日（图4-76-1至图4-76-2）

海城市恒易机电设备股份有限公司

存货盘盈盘亏报告表

2020年12月31日　　　　　　　　　编号：20201201

存货类别	名称	单位	单价	数量		盘盈		盘亏	
				账存	实存	数量	金额	数量	金额
原材料	甲材料	kg	98.00	3 000	2 990			10	980.00
	乙材料	kg	58.00	500	495			5	290.00

原因以及处理意见：经调看监控录像，甲材料短少系临工利用卸货机会盗窃，现已无法追回，责成保管员赔偿，从下月开始分二次从工资中扣除；乙材料系收发日常的误差，作定额内损耗处理。

备注：同意。仇海宇　2020.12.31

复核：冯海霞　　制表：李雷生

第三联　审批凭证

图 4-76-1

会计分录：

借：待处理财产损溢——待处理流动资产损溢　　　　　　1 270.00
　　贷：原材料——甲材料　　　　　　　　　　　　　　　　980.00
　　　　　　——乙材料　　　　　　　　　　　　　　　　　290.00
借：库存商品——B产品　　　　　　　　　　　　　　　　15 000.00
　　贷：待处理财产损溢——待处理流动资产损溢　　　　　15 000.00

（扫描查看原始凭证）　　（扫描查看记账凭证）

业务76

实训指导：

（1）原始凭证取得时间：2020年12月31日。

（2）经济业务内容：处理存货盘盈、盘亏。

（3）凭证传递流程：存货盘盈盘亏报告表"审批凭证联"报送相关领导审批后退还会计部门。

（4）记账依据：存货盘盈盘亏报告表"审批凭证联"。

（5）岗位职责：制单员李二香编制记账凭证，辅助会计王楠登记"待处理财产损溢——待处理流动资产损溢""管理费用——其他费用""其他应收款——杨林华"和"库存商品——B产品"明细账。

文字表述：

12月31日，根据领导审批意见，同意甲材料短少部分由保管员赔偿，乙材料盘亏作定额内损耗处理，B产品溢余补送秦南物贸商场。

海城市恒易机电设备股份有限公司
存货盘盈盘亏报告表

2020年12月31日　　　　　　　　　　编号：20201202

存货类别	名称	单位	单价	数量		盘盈		盘亏	
				账存	实存	数量	金额	数量	金额
库存商品	B产品	台	1500.00	51	61	10	15 000.00		
原因以及处理意见	经核对库存商品出库单和库存商品数量台账，B产品溢余系补发泰南物贸商场代销产品时少发。现已补送泰南物贸商场。					备注	同意。 沈海宇 2020.12.31		

第三联　审批凭证

复核：冯海霞　　　制表：李雷生

图4-76-2

77. 12月31日（图4-77-1）

海城市恒易机电设备股份有限公司
工 资 费 用 分 配 表
（应付工资）

2020年12月

分配对象		直接计入	分配计入		合　计
			分配标准 （生产工人工资）	分配金额	
生产成本	A产品	742 836.00	742 836.00	495 224.00	1 238 060.00
	B产品	718 170.00	718 170.00	478 780.00	1 196 950.00
	小　计	1 461 006.00	1 461 006.00	974 004.00	2 435 010.00
制造费用		481 000.00			481 000.00
管理费用		209 220.00			209 220.00
销售费用		119 990.00			119 990.00
合　计		2 271 216.00		974 004.00	3 245 220.00

复核：冯海霞　　　制单：李雷生

图4-77-1

会计分录：

```
借：其他应收款——杨林华                          980.00
    管理费用——其他费用                          290.00
    贷：待处理财产损溢——待处理流动资产损溢        1 270.00
借：待处理财产损溢——待处理流动资产损溢       15 000.00
    贷：库存商品——B产品                        15 000.00
```

（扫描查看原始凭证）

（扫描查看记账凭证）

业务77

实训指导：

（1）原始凭证取得时间：2020年12月31日。

（2）经济业务内容：分配工资费用（应付工资）。

（3）凭证传递流程：总账会计李雷生根据人力资源部提供的工资标准和生产车间、各职能部门提供的考勤考绩情况，编制工资费用分配表（应付工资），报经冯海霞复核无误后作工资分配依据。

（4）记账依据：工资费用分配表。

（5）岗位职责：制单员李二香编制记账凭证，辅助会计王楠登记"生产成本""制造费用""管理费用""销售费用"和"应付职工薪酬"明细账。

文字表述：

12月31日，分配工资如下：直接参加A产品生产的工人工资为742 836元，直接参加B产品生产的工人工资为718 170元，直接参加A、B产品生产的工人工资为974 004元，车间管理人员的工资为481 000元，行政管理人员的工资为209 220元，销售人员的工资为119 990元。

会计分录：

```
借：生产成本——A产品                          1 238 060.00
            ——B产品                          1 196 950.00
    制造费用——职工工资                          481 000.00
    管理费用——职工工资                          209 220.00
    销售费用——职工工资                          119 990.00
    贷：应付职工薪酬——工资                    3 245 220.00
```

（扫描查看原始凭证）

（扫描查看记账凭证）

78. 12月31日(图4-78-1)

海城市恒易机电设备股份有限公司
工 资 费 用 分 配 表
(社会保险、住房公积金、福利费及其他)
2020年12月

分配对象		医疗保险费	养老保险费	失业保险费	住房公积金	工会经费	职工教育经费
生产成本	A产品	247 612.00	99 044.80	24 761.20	123 806.00	24 761.20	18 570.90
	B产品	239 390.00	95 756.00	23 939.00	119 695.00	23 939.00	17 954.25
	小 计	487 002.00	194 800.80	48 700.20	243 501.00	48 700.20	36 525.15
制造费用		96 200.00	38 480.00	9 620.00	48 100.00	9 620.00	7 215.00
管理费用		41 844.00	16 737.60	4 184.40	20 922.00	4 184.40	3 138.30
销售费用		23 998.00	9 599.20	2 399.80	11 999.00	2 399.80	1 799.85
合 计		649 044.00	259 617.60	64 904.40	324 522.00	64 904.40	48 678.30

复核:冯海霞　　　　　　　制单:李雷生

图4-78-1

业务 78

实训指导：

(1) 原始凭证取得时间：2020 年 12 月 31 日。

(2) 经济业务内容：分配工资费用（社会保险、住房公积金、福利费及其他）。

(3) 凭证传递流程：总账会计李雷生根据有关法律法规编制工资费用分配表（社会保险、住房公积金、福利费及其他），报经冯海霞复核无误后作工资分配的依据。

(4) 记账依据：工资费用分配表。

(5) 岗位职责：制单员李二香编制记账凭证，辅助会计王楠登记"生产成本""制造费用""管理费用""销售费用""应付职工薪酬"明细账。

文字表述：

12 月 31 日，分配社会保险、住房公积金、福利费及其他工资费用如下：直接参加 A 产品生产的工人的各项工资费用为 538 556.10 元，直接参加 B 产品生产的工人的各项工资费用为 520 673.25 元，车间管理人员的各项工资费用为 209 235 元，行政管理人员的各项工资费用为 91 010.70 元，销售人员的各项工资费用为 52 195.65 元。

会计分录：

借：生产成本——A 产品	538 556.10
——B 产品	520 673.25
制造费用——职工工资	209 235.00
管理费用——职工工资	91 010.70
销售费用——职工工资	52 195.65
贷：应付职工薪酬——社会保险费	973 566.00
——住房公积金	324 522.00
——工会经费	64 904.40
——职工教育经费	48 678.30

（扫描查看原始凭证）　　（扫描查看记账凭证）

79. 12月31日(图4-79-1)

海城市恒易机电设备股份有限公司
长期借款利息费用计算单
2020年12月31日

借款时间	2018年7月1日	2020年12月1日	合　计
借款本金（万元）	500	200	700
借款年利率（%）	6	6	/
本月应预提利息（万元）	2.5	1	3.5
本月已预提利息（万元）	0.25	0.1	0.35
本月应补提利息（万元）	2.25	0.9	3.15

复核：冯海霞　　　　　　制表：李雷生

图4-79-1

80. 12月31日(图4-80-1和图4-80-2)

海城市恒易机电设备股份有限公司
应付债券利息费用计算单
2020年12月31日

项　目	计算过程或说明	合　计
应付债券面值（万元）		500
债券年利率（%）		6
本月应付利息（万元）	500×6%÷12	2.5
本月已预提利息（万元）	500×6%×3÷360	0.25
本月应补提利息（万元）	2.5-0.25	2.25
本月应摊销溢价（万元）	3.5120÷12	0.292667
本月已摊销溢价（万元）	3.5120×3÷360	0.029267
本月应补摊销溢价（万元）	0.292667-0.029267	0.2634
本月应付债券利息费用（万元）	2.25-0.2634	1.9866

复核：冯海霞　　　　　　制表：李雷生

图4-80-1

业务79

实训指导：

（1）原始凭证取得时间：2020年12月31日。

（2）经济业务内容：预提长期借款利息。

（3）凭证传递流程：总账会计李雷生根据长期借款本金、借款年利率、本月已预提利息确认本月应补提利息，编制长期借款利息费用计算单，报经冯海霞复核无误后作利息费用依据。

（4）记账依据：长期借款利息费用计算单。

（5）岗位职责：制单员李二香编制记账凭证，辅助会计王楠登记"财务费用——利息支出""长期借款——建行"和"长期借款——工行"明细账。

文字表述：

12月31日，预提本月长期借款利息35 000元，其中：2008年7月1日借入的借款应负担25 000元（10 KV高压电机生产楼完工时已预提2 500元），2009年12月1日借入的借款应负担10 000元（10 KV高压电机生产楼完工时已预提1 000元）。

会计分录：

借：财务费用——利息支出	31 500.00
贷：长期借款——建行（应计利息）	22 500.00
——工行（应计利息）	9 000.00

（扫描查看原始凭证）　　（扫描查看记账凭证）

业务80

实训指导：

（1）原始凭证取得时间：2020年12月31日。

（2）经济业务内容：预提应付债券利息费用。

（3）凭证传递流程：总账会计李雷生根据应付债券本金、票面年利率、本月已预提利息以及本月应摊销溢价、本月已摊销溢价确认本月债券利息费用，编制应付债券利息费用计算单，报经冯海霞复核无误后作债券利息费用依据。

（4）记账依据：应付债券利息费用计算单。

（5）岗位职责：制单员李二香编制记账凭证，辅助会计王楠登记"财务费用——利息支出""应付债券——利息调整"和"应付债券——应计利息"明细账。

海城市恒易机电设备股份有限公司

应付债券溢价摊销计算表

（实际利率法）

计息日期	应付利息	实际利率	利息支出	利息调整	摊余成本
2020年12月01日					5 152 300.00
2021年12月01日	300 000.00	5.141%	264 880.00	35 120.00	5 117 180.00
2022年12月01日	300 000.00	5.141%	263 074.00	36 926.00	5 080 254.00
2023年12月01日	300 000.00	5.141%	261 176.00	38 824.00	5 041 430.00
2024年12月01日	300 000.00	5.141%	258 570.00	41 430.00	5 000 000.00
合　计	1 200 000.00	/	1 047 700.00	152 300.00	

＊表中金额均取整计算，2024年数字为倒挤数字。

图 4－80－2

81. 12月31日（图 4－81－1 至图 4－81－2）

中国工商银行（海城市支行城东分理处）

计收利息清单

借款单位	海城市恒易机电设备股份有限公司		原借款金额				3575000				计息日期		2020-12-01		付出利息账号			124380098				
			已还款金额								止息日期		2020-12-31									
	放款账户		计息总积数									利率	利息金额									
			亿	千	百	十	万	千	百	十	元	角	分		亿	千	百	十	万	千	百	十	元	角	分
	051021			1	0	7	2	5	0	0	0	0	0	4.8%					1	4	3	0	0	0	0
合　计	人民币（大写）壹万肆仟叁佰元整																		¥	1	4	3	0	0	0	0
备注：借款期为三个月的借款利息，利息按月结算。

（中国工商银行海城市支行城东分理处 2020.12.31 转讫 (1)）

第四联 代付款通知

图 4－81－1

文字表述：

12月31日，预提本月债券利息25 000元，其中，10 KV高压电机生产楼完工时已预提2 500元，本月应补提22 500元；摊销本月应负担的债券溢价2 926.67元，其中：10 KV高压电机生产楼完工时已摊销292.67元，本月应补摊销2 634.00元。本月应付债券利息费用19 866.00元。

会计分录：

借：财务费用——利息支出	19 866.00
应付债券——利息调整	2 634.00
贷：应付债券——应计利息	22 500.00

（扫描查看原始凭证）

（扫描查看记账凭证）

业务81

实训指导：

（1）原始凭证取得时间：2020年12月31日。

（2）经济业务内容：支付短期借款利息，收到银行存款利息。

（3）凭证传递流程：出纳王永刚从银行取回计收利息清单、存款利息回单作收付款凭证。

（4）记账依据：计收利息清单、存款利息回单。

（5）岗位职责：制单员李二香编制记账凭证，出纳王永刚登记"银行存款日记账"，辅助会计王楠登记"财务费用——利息支出"和"财务费用——利息收入"明细账。

中国工商银行（海城市支行城东分理处）
存款利息回单
2020年12月31日

付款人	账号	00110608	收款人	账号	124380098
	户名	市工行城东分理处		户名	海城市恒易机电设备股份有限公司
	开户银行			开户银行	市工行城东分理处

存款账户	计息总积数										利率	利息金额								
	亿	千	百	十	万	千	百	十	元	角	分		亿	千	百	十	万	千	百	十	元	角	分
124380098		3	9	0	0	0	0	0	0	0	0	1.44%					1	5	6	0	0	0

合计　人民币（大写）壹万伍仟陆佰元整　　¥15600.00

备注：12月份存款利息。

（盖章：中国工商银行海城分行城东分理处 2020.12.31 转讫）

第四联 代收款通知

图 4-81-2

---

82. 12月31日（图 4-82-1）

海城市恒易机电设备股份有限公司
费用分摊计算表
2020年12月31日

费用项目	应借科目	金　额
财产保险费	管理费用	5000.00
设备修理费	管理费用	2150.00
合　计		7150.00

复核：冯海霞　　　制表：李雷生

图 4-82-1

文字表述：

12月31日，接银行通知，本月短期借款利息14 300元，以银行存款支付；本月银行存款利息15 600元，收到存入银行。

会计分录：

借：财务费用——利息支出	14 300.00
贷：银行存款——工行	14 300.00
借：银行存款——工行	15 600.00
贷：财务费用——利息支出	15 600.00

（扫描查看原始凭证）

（扫描查看记账凭证）

业务82

实训指导：

（1）原始凭证取得时间：2020年12月31日。

（2）经济业务内容：分摊应由本月负担的费用。

（3）凭证传递流程：总账会计李雷生根据已预付的费用金额和分摊期限，编制费用分摊计算表，报经冯海霞复核无误后作费用分摊依据。

（4）记账依据：费用分摊计算表。

（5）岗位职责：制单员李二香编制记账凭证，辅助会计王楠登记"管理费用——保险费""制造费用——修理费""预付账款——海城市太平洋保险公司"和"预付账款——设备修理费"明细账。

文字表述：

12月31日，摊销应由本月负担的财产保险费5 000元，应由本月负担的设备修理费2 150元。

会计分录：

借：管理费用——保险费	5 000.00
——修理费	2 150.00
贷：预付账款——海城市太平洋保险公司	5 000.00
——设备维修费	2 150.00

（扫描查看原始凭证）

（扫描查看记账凭证）

83. 12月31日（图4-83-1）

海城市恒易机电设备股份有限公司

固定资产折旧计算表

2020年12月31日

使用部门	固定资产项目	上月折旧额	上月增加固定资产		上月减少固定资产		本月折旧额	费用分配
			原价	月折旧额	原价	月折旧额		
车间	房屋建筑物	130 803.12					130 803.12	
	生产设备	149 525.00	2 568 000.00	21 400.00	1 887 000.00	15 725.00	155 200.00	制造费用
	其他	8 092.53			521 000.00	2 675.00	5 417.53	
	小计	288 420.65					291 420.65	
厂部	房屋建筑物	43 601.04					43 601.04	
	交通运输工具	13 485.00					13 485.00	管理费用
	小计	57 086.04					57 086.04	
	合计	345 506.69		21 400.00		18 400.00	348 506.69	

复核：冯海霞　　　制表：李雷生

图4-83-1

业务83

实训指导：

（1）原始凭证取得时间：2020年12月31日。

（2）经济业务内容：计提本月固定资产折旧。

（3）凭证传递流程：总账会计李雷生根据上月固定资产折旧额、上月增加固定资产应提折旧额和上月减少固定资产应提折旧额，确认本月应提折旧额，编制固定资产折旧计算表，报经冯海霞复核无误后作折旧计提依据。

（4）记账依据：固定资产折旧计算表。

（5）岗位职责：制单员李二香编制记账凭证，辅助会计王楠登记"制造费用——折旧费"和"管理费用——折旧费"明细账。

文字表述：

12月31日，计提本月固定资产折旧348 506.69元，其中：一车间固定资产应计提折旧156 831.30元，二车间固定资产应计提折旧134 589.35元，厂部固定资产应计提折旧57 086.04元。

会计分录：

借：制造费用——折旧费　　　　　　　　　　　　291 420.65
　　管理费用——折旧费　　　　　　　　　　　　 57 086.04
　　贷：累计折旧　　　　　　　　　　　　　　　348 506.69

（扫描查看原始凭证）　　（扫描查看记账凭证）

84. 12月31日(图4-84-1)

海城市恒易机电设备股份有限公司
无形资产摊销计算表
2020年12月31日

无形资产名称	取得成本	摊销期限	本期摊销额
专利权	1 000 000.00	10	8 333.33
商标权	850 000.00	10	7 083.33
合　计	1 850 000.00	/	15 416.66

复核：冯海霞　　　　制表：李雷生

图4-84-1

业务 84

实训指导：

（1）原始凭证取得时间：2020 年 12 月 31 日。

（2）经济业务内容：摊销无形资产价值。

（3）凭证传递流程：总账会计李雷生根据无形资产初始投资成本和摊销期限，确认无形资产本月应摊销额，编制无形资产摊销计算表，报经冯海霞复核无误后作无形资产摊销依据。

（4）记账依据：无形资产摊销计算表。

（5）岗位职责：制单员李二香编制记账凭证，辅助会计王楠登记"管理费用——无形资产摊销"明细账。

文字表述：

12 月 31 日，摊销应由本月负担的无形资产价值计 15 416.66 元。

会计分录：

借：管理费用——无形资产摊销	15 416.66
贷：累计摊销	15 416.66

（扫描查看原始凭证）　　（扫描查看记账凭证）

85. 12月31日(图4-85-1和图4-85-4)

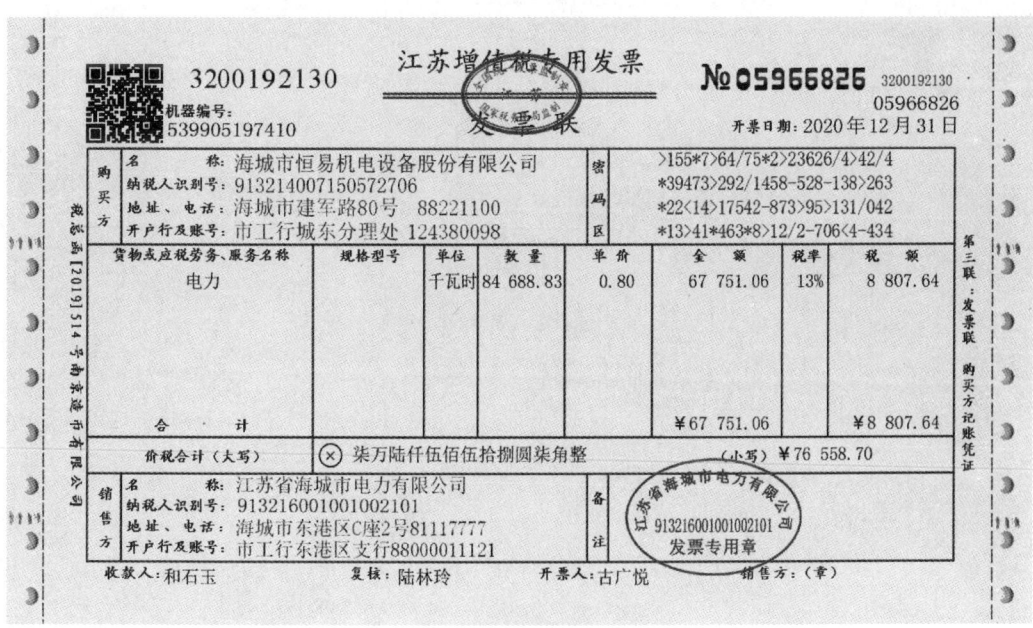

图4-85-1

图4-85-2

业务 85
实训指导：
（1）原始凭证取得时间：2020年12月31日。
（2）经济业务内容：以银行存款支付本月电费。
（3）凭证传递流程：公司后勤科将增值税专用发票送会计科后，出纳王永刚根据有关凭证在规定的付款期内予以付款；总账会计李雷生根据各生产车间和各部门的计量仪表抄报数据，编制费用分割计算表，报经冯海霞复核无误后作费用分摊依据。
（4）记账依据：增值税专用发票的"发票联""抵扣联"托收凭证的"付款通知联"和费用分割计算表。
（5）岗位职责：制单员李二香编制记账凭证，出纳会计王永刚登记"银行存款日记账"，辅助会计王楠登记"制造费用——水电费""管理费用——水电费"和"应交税费——应交增值税"明细账。

中国工商银行 托 收 凭 证（付款通知） 5

委托日期 2020 年 12 月 31 日　　付款期限 2020 年 12 月 31 日

业务类型：委托收款（☑邮划、□电划）　托收承付（□邮划、□电划）

付款人	全　称	海城市恒易机电设备股份有限公司	收款人	全　称	江苏省海城市电力有限公司
	账　号	124380098		账　号	8800011121
	地　址	江苏省海城市县　开户行 工行城东分理处		地　址	江苏省海城市县　开户行 市工行东港区支行

金额　人民币（大写）　陆万柒仟柒佰伍拾壹元零陆角整

亿千百十万千百十元角分
　　　　￥6 7 7 5 1 0 6

款项内容：电力费　　托收凭据名称：　　附寄单证张数：2

商品发运情况：　　合同名称号码：三方合同[2020]0010号

备注：
付款人开户行收到日期
2020 年 12 月 31 日
复核　　记账

付款人开户行盖章（中国工商银行海城分行 城东分理处 2020.12.31 转讫）
2020 年 12 月 31 日

付款人注意：
1、根据支付结算办法，上列委托收款（托收承付）款项在付款期内未提出拒付，即视为同意付款，以此代付款通知。
2、如需提出全部或部分拒付，应在规定期限内，将拒付理由书并附债务证明递交开户银行。

此联付款人开户银行给付款人按期付款通知

图 4－85－3

海城市恒易机电设备股份有限公司
费 用 分 割 计 算 表
2020 年 12 月 31 日

费用项目	应借科目	金　　额
电　费		67 751.06
其中：生产车间用	制造费用	56 610.28
行政办公用	管理费用	11 140.78

复核：冯海霞　　　　　　　　　　制表：李雷生

图 4－85－4

文字表述:

12月31日,以银行存款支付本月电费76 558.70元(其中增值税8 807.64元),其中:应由车间负担56 610.28元,应由厂部行政管理部门负担11 140.78元。

会计分录:

借:制造费用——水电费	56 610.28
管理费用——水电费	11 140.78
应交税费——应交增值税(进项税额)	8 807.64
贷:银行存款——工行	76 558.70

(扫描查看原始凭证)

(扫描查看记账凭证)

86. 12月31日(图4-86-1至图4-86-4)

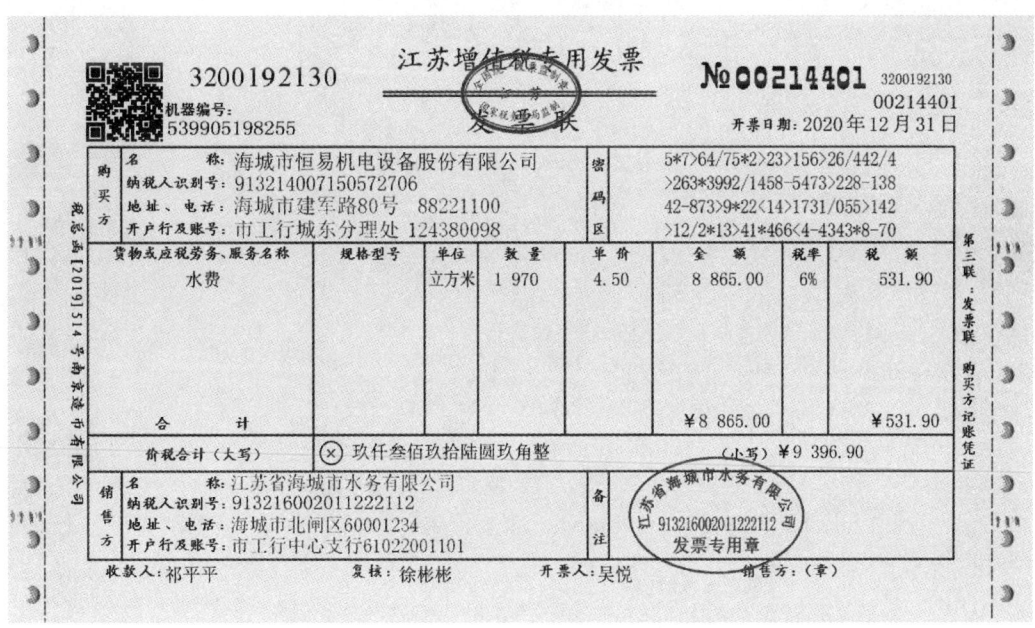

图4-86-1

图4-86-2

业务86

实训指导：

（1）原始凭证取得时间：2020年12月31日。

（2）经济业务内容：以银行存款支付本月水费。

（3）凭证传递流程：公司后勤科将增值税专用发票送会计科后，出纳王永刚根据有关凭证在规定的付款期内予以付款；总账会计李雷生根据各生产车间和各部门的计量仪表抄报数据，编制费用分割计算表，报经冯海霞复核无误后作费用分摊依据。

（4）记账依据：增值税专用发票的"发票联""抵扣联"托收凭证的"付款通知联"和费用分割计算表。

（5）岗位职责：制单员李二香编制记账凭证，出纳会计王永刚登记"银行存款日记账"，辅助会计王楠登记"制造费用——水电费""管理费用——水电费"和"应交税费——应交增值税"明细账。

中国工商银行 托收凭证（付款通知） 5

委托日期 2020 年 12 月 31 日　　付款期限 2020 年 12 月 31 日

业务类型	委托收款（☑邮划、□电划）　托收承付（□邮划、□电划）		
付款人	全称：海城市恒易机电设备股份有限公司 账号：124380098 地址：江苏省海城市　开户行：工行城东分理处	收款人	全称：江苏省海城市水务有限公司 账号：61022001101 地址：江苏省海城市　开户行：市工行中心支行

金额（人民币大写）：玖仟捌佰陆拾伍圆玖角整　　￥ 8 939 6 9 0（亿千百十万千百十元角分）

款项内容：水费　　托收凭据名称：　　附寄单证张数：2

商品发运情况：　　合同名称号码：三方合同 [2020]0009 号

备注：付款人开户行收到日期 2020 年 12 月 31 日　复核　记账

付款人开户行盖章（中国工商银行海城分行城东分理处 2020.12.31 转讫） 2020 年 12 月 31 日

付款人注意：
1、根据支付结算办法，上列委托收款（托收承付）款项在付款期限内未提出拒付，即视为同意付款，以此代付款通知。
2、如需提出全部或部分拒付，应在规定期限内，将拒付理由书并附债务证明递交开户银行。

此联付款人开户银行给付款人按期付款通知

图 4-86-3

海城市恒易机电设备股份有限公司
费用分割计算表
2020 年 12 月 31 日

费用项目	应借科目	金　额
水　费		8 865.00
其中：生产车间用	制造费用	5 776.18
行政办公用	管理费用	3 088.82

复核：冯海霞　　制表：李雷生

图 4-86-4

文字表述：

12月31日，以银行存款支付本月水费9 396.90元（其中增值税531.90元），其中：应由车间负担5 776.18元，应由厂部行政管理部门负担3 088.82元。

会计分录：

借：制造费用——水电费	5 776.18
管理费用——水电费	3 088.82
应交税费——应交增值税（进项税额）	531.90
贷：银行存款——工行	9 396.90

（扫描查看原始凭证）

（扫描查看记账凭证）

87. 12月31日(图4-87-1)

海城市恒易机电设备股份有限公司
制 造 费 用 分 配 表
2020年12月

分配对象	分配标准 （生产工人工资）	分配率	分配金额
A产品	742,836.00	0.817274	607,100.49
B产品	718,170.00		586,941.62
合计	1,461,006.00		1,194,042.11

复核：冯海霞　　　　　　　制单：李雷生

图4-87-1

88. 12月31日(图4-88-1至图4-88-4)

海城市恒易机电设备股份有限公司
库存商品入库单
2020年12月31日　　编号 2012001　第三联 会计记账

生产部门	一车间					
入库库位	东1#库					
名称	规格	单位	数量	单位成本	总成本	备注
A产品		台	2800	1780.18	4,984,504.00	
合计			2800	1780.18	4,984,504.00	

生产主管：陆良波　　　　　　验收保管：郑玲玲

图4-88-1

海城市恒易机电设备股份有限公司
库存商品入库单
2020年12月31日　　编号 2012002　第三联 会计记账

生产部门	二车间					
入库库位	东2#库					
名称	规格	单位	数量	单位成本	总成本	备注
B产品		台	2220	1748.32	3,881,270.40	
合计			2220	1748.32	3,881,270.40	

生产主管：田华生　　　　　　验收保管：郑玲玲

图4-88-2

业务 87

实训指导：

（1）原始凭证取得时间：2020年12月31日。

（2）经济业务内容：分配制造费用。

（3）凭证传递流程：总账会计李雷生根据制造费用发生额，以生产工人工资为分配标准，编制制造费用分配表，报经冯海霞复核无误后作制造费用分配依据。

（4）记账依据：制造费用分配表。

（5）岗位职责：制单员李二香编制记账凭证，辅助会计王楠登记"生产成本——A产品"和"生产成本——B产品"明细账。

文字表述：

12月31日，按生产工人工资的比例分配制造费用，其中：A产品应分配607 100.49元，B产品应分配586 941.62元。

会计分录：

借：生产成本——A产品	607 100.49
——B产品	586 941.62
贷：制造费用	1 194 042.11

（扫描查看原始凭证）　　（扫描查看记账凭证）

业务 88

实训指导：

（1）原始凭证取得时间：2020年12月31日。

（2）经济业务内容：完工产品入库。

（3）凭证传递流程：总账会计李雷生根据本月直接材料、直接工资和制造费用的发生额，按照成本计算方法的惯例，编制产品成本计算单，报经冯海霞复核无误后作产品入库依据。仓储科根据产品成本计算单以及实际入库数量，填制库存商品入库单，由仓库保管员郑玲玲将完工产品验收入库，并将库存商品入库单"会计记账联"转送会计部门。

（4）记账依据：库存商品入库单"会计记账联"和产品成本计算单。

（5）岗位职责：制单员李二香编制记账凭证，辅助会计王楠登记"生产成本——A产品""生产成本——B产品""库存商品——A产品"和"库存商品——B产品"明细账。

海城市恒易机电设备股份有限公司
产品成本计算单
2020年12月

产品名称：A产品　　　　　　　　　　　　　　　　　　单位成本：1780.18元
上月投产：820件　　　　本月投产：2103件　　　　本月入库：2800件

项目	合计	成本项目		
		直接材料	直接工资	制造费用
期初在产品成本	926,200.00	430,100.00	312,400.00	183,700.00
分配材料费用	1,868,000.00	1,868,000.00		
分配工资费用	1,776,616.10		1,776,616.10	
分配制造费用	607,100.49			607,100.49
生产费用合计	5,177,916.59	2,298,100.00	2,089,016.10	790,800.49
完工产品单位成本	1,780.18	786.21	720.75	273.22
完工产品总成本	4,984,504.00	2,201,388.00	2,018,100.00	765,016.00
期末在产品成本	193,412.59	96,712.00	70,916.10	25,784.49

复核：冯海霞　　　　　　　　　　　　　　　　制单：李雷生

图 4-88-3

海城市恒易机电设备股份有限公司
产品成本计算单
2020年12月

产品名称：B产品　　　　　　　　　　　　　　　　　　单位成本：1748.32元
上月投产：910件　　　　本月投产：2150件　　　　本月入库：2220件

项目	合计	成本项目		
		直接材料	直接工资	制造费用
期初在产品成本	955,500.00	442,500.00	331,500.00	181,500.00
分配材料费用	1,925,000.00	1,925,000.00		
分配工资费用	1,717,623.25		1,717,623.25	
分配制造费用	586,941.62			586,941.62
生产费用合计	5,185,064.87	2,367,500.00	2,049,123.25	768,441.62
完工产品单位成本	1,748.32	773.69	708.55	266.08
完工产品总成本	3,881,270.40	1,717,591.80	1,572,981.00	590,697.60
期末在产品成本	1,303,794.47	649,908.20	476,142.25	177,744.02

复核：冯海霞　　　　　　　　　　　　　　　　制单：李雷生

图 4-88-4

文字表述：

12月31日，完工产品入库，其中：A产品完工数量2 800台，单位生产成本1 780.18元；B产品完工数量2 220台，单位生产成本1 748.32元。

会计分录：

借：库存商品——A产品　　　　　　　　　　　　　　　4 984 504.00
　　　　　　——B产品　　　　　　　　　　　　　　　3 881 270.40
　　贷：生产成本——A产品　　　　　　　　　　　　　　4 984 504.00
　　　　　　　　——B产品　　　　　　　　　　　　　　3 881 270.40

（扫描查看原始凭证）

（扫描查看记账凭证）

89. 12月31日(图4-89-1至图4-89-3)

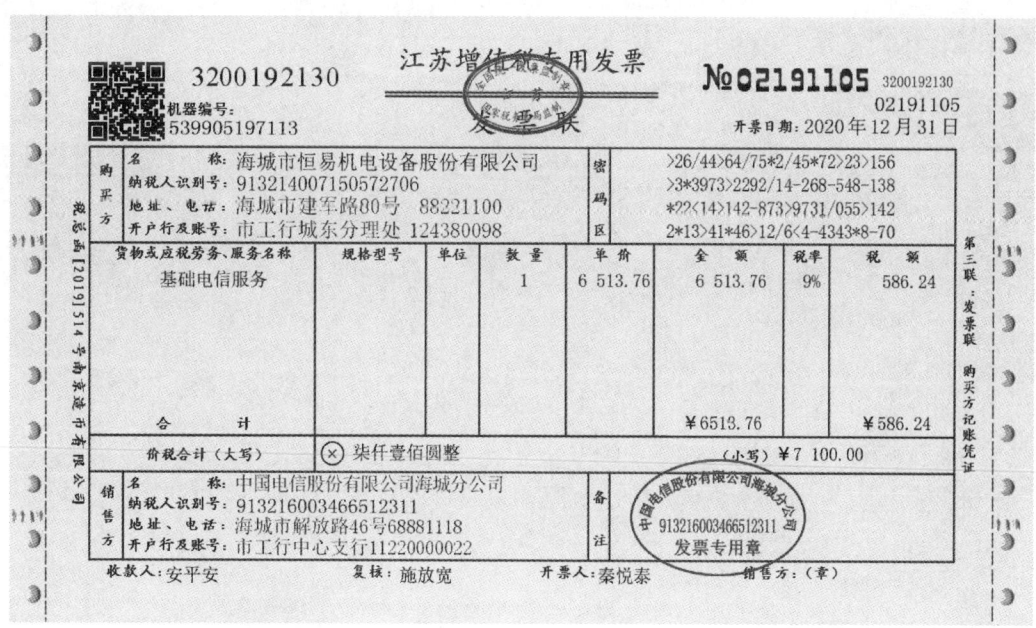

图4-89-1

图4-89-2

业务89
实训指导：

（1）原始凭证取得时间：2020年12月31日。

（2）经济业务内容：支付固定电话费。

（3）凭证传递流程：公司办公室将增值税专用发票送会计科后，出纳王永刚根据有关凭证在规定的付款期内予以付款。

（4）记账依据：增值税专用发票的"发票联""抵扣联"和托收凭证的"付款通知联"。

（5）岗位职责：制单员李二香编制记账凭证，出纳王永刚登记"银行存款日记账"，辅助会计王楠登记"管理费用——办公费"和"应交税费——应交增值税"明细账。

中国工商银行 托收凭证（付款通知） 5

委托日期 2020年12月31日　付款期限 2020年12月31日

业务类型	委托收款（☑邮划、□电划）	托收承付（□邮划、□电划）		
付款人	全称	海城市恒易机电设备股份有限公司	收款人	全称 中国电信股份有限公司海城分公司
	账号	124380098		账号 1122000022
	地址	江苏省海城市　开户行 工行城东分理处		地址 江苏省海城市　开户行 市工行中心支行

金额 人民币（大写）柒仟壹佰圆整　￥7 100 00

款项内容	话费	托收凭据名称		附寄单证张数	2
商品发运情况		合同名称号码		三方合同2020J0012号	

备注：
付款人开户行收到日期
2020年12月31日
复核　记账

（中国工商银行海城分行 城东分理处 2020.12.31 转讫）

付款人开户行盖章
2020年12月31日

付款人注意：
1、根据支付结算办法，上列委托收款（托收承付）款项在付款期限内未提出拒付，即视为同意付款，以此代付款通知。
2、如需提出全部或部分拒付，应在规定期限内，将拒付理由书并附债务证明送交开户银行。

此联付款人开户银行给付款人按期付款通知

图 4-89-3

90. 12月31日（图4-90-1至图4-90-2）

海城市恒易机电设备股份有限公司
利息收入确认表

2020年12月31日　　金额单位：元

项　目	债权投资	备注
投资对象及持有数量	海鲜紫菜股份有限公司债券400张	
面值（单位/总额）	1 000.00/400 000.00	
购买成本（单位/总额）	1 036.295/414 518.00	
年利率（票面利率/实际利率）	5%/4%	
债券期限	2017年1月1日——2020年12月31日	具体计算见附表。
已预计利息	60 000.00	
已摊销溢价	10 673.00	
本期应计利息	20 000.00	
本期应摊销溢价	3 845.00	
本期利息收入	16 155.00	

复核 冯海霞　　制表 李雷生

图 4-90-1

文字表述：

12月31日，签发转账支票支付本月电话费7 100元（其中增值税586.24元）。

会计分录：

借：管理费用——办公费	6 513.76
应交税费——应交增值税（进项税额）	586.24
贷：银行存款——工行	7 100.00

（扫描查看原始凭证）　　（扫描查看记账凭证）

业务90

实训指导：

（1）原始凭证取得时间：2020年12月31日。

（2）经济业务内容：确认债权投资利息收入。

（3）凭证传递流程：总账会计李雷生根据债权投资本金、票面年利率、本期应计利息、本期应摊销溢价确认本期债权投资利息收入，编制利息收入确认表，报经冯海霞复核无误后作债权投资利息收入确认的依据。

（4）记账依据：利息收入确认表。

（5）岗位职责：制单员李二香编制记账凭证，辅助会计王楠登记"债权投资——应计利息"和"债权投资——利息调整"明细账。

海鲜紫菜股份有限公司债券溢价摊销计算表（实际利率法）*

计息日期	应计利息	实际利率	利息收入	利息调整	摊余成本
2017年01月01日					414 518.00
2017年12月31日	20 000.00	4%	16 581.00	3 419.00	411 099.00
2018年12月31日	20 000.00	4%	16 444.00	3 556.00	407 543.00
2019年12月31日	20 000.00	4%	16 302.00	3 698.00	403 845.00
2020年12月31日	20 000.00	4%	16 155.00	3 845.00	400 000.00
合　计	80 000.00	/	65 482.00	14 518.00	

*表中金额均取整数计算，2020年数字为倒挤数字。

图 4-90-2

91. 12月31日（图4-91-1至图4-91-2）

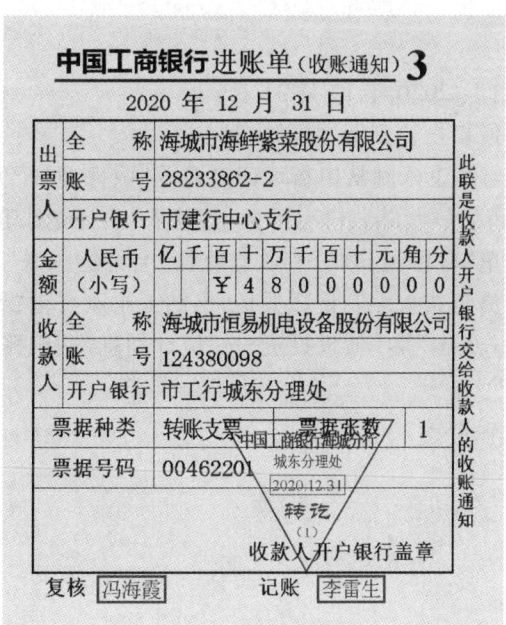

图 4-91-1

文字表述：

12月31日，预提债权投资（海鲜紫菜股份有限公司债券）利息20 000元，摊销溢价3 845元，本期利息收入16 155元。

会计分录：

借：债权投资——海鲜紫菜股份有限公司（应收利息）	20 000.00
贷：投资收益	16 155.00
债权投资——海鲜紫菜股份有限公司（利息调整）	3 845.00

（扫描查看原始凭证）　　（扫描查看记账凭证）

业务91

实训指导：

（1）原始凭证取得时间：2020年12月31日。

（2）经济业务内容：债权投资到期，收回本息。

（3）凭证传递流程：出纳王永刚从银行取回进账单"收账通知"并开出收款收据，"交付款人作付款凭证联"交海城市海鲜紫菜股份有限公司，留下"会计记账联"作债权结算凭证。

（4）记账依据：进账单"收账通知联"和收款收据"会计记账联"。

（5）岗位职责：制单员李二香编制记账凭证，出纳王永刚登记"银行存款日记账"，辅助会计王楠登记"债权投资——成本"和"债权投资——应计利息"明细账。

收款收据

No 000106

2020年12月31日

第三联 会计记账

交款单位	海城市海鲜紫菜股份有限公司	收款方式	转账支票

人民币 肆拾捌万元整　　　　　￥480 000.00

收款事由 海鲜紫菜股份有限公司债券到期：本金400 000元，利息80 000元

记账：李雷生　　审核：冯海霞　　出纳：王永刚

图 4-91-2

92. 12月31日（图4-92-1）

海城市恒易机电设备股份有限公司
交易性金融资产价值测试表

2020年12月31日

项 目	债 券	股 票
投资对象	通达股份公司	悦达集团
持有数量	100张	20 000股
单位面值	1 000元	1元
单位购买成本	1 060元	5.899 73元
资产负债表日收益价	1 100元	6.148 05元
单位公允价值变动值	40元	0.248 32元
公允价值增值收益	4 000元	4 966.40元

复核：冯海霞　　制表：李雷生

图 4-92-1

文字表述：

12月31日，收到债权投资（海鲜紫菜股份有限公司债券）本金及利息存入银行，其中：本金 400 000 元，利息 80 000 元。

会计分录：

借：银行存款——工行	480 000.00
贷：债权投资——海鲜紫菜股份有限公司（成本）	400 000.00
——海鲜紫菜股份有限公司（应计利息）	80 000.00

（扫描查看原始凭证）　　（扫描查看记账凭证）

业务 92

实训指导：

（1）原始凭证取得时间：2020 年 12 月 31 日。

（2）经济业务内容：交易性金融资产价值测试。

（3）凭证传递流程：总账会计李雷生根据所持通达股份公司债券、悦达集团股票的资产负债表日收盘价和持有数量，进行价值测试，编制交易性金融资产价值测试表，报经冯海霞复核无误后确定交易性金融资产公允价值变动损益。

（4）记账依据：交易性金融资产价值测试表。

（5）岗位职责：制单员李二香编制记账凭证，辅助会计王楠登记"交易性金融资产——通达股份公司债券"和"交易性金融资产——悦达集团股票"明细账。

文字表述：

12月31日，交易性金融资产价值测试结果如下：通达股份公司债券的公允价值增值收益为 4 000 元，悦达集团股票的公允价值增值收益为 4 966.40 元。

会计分录：

借：交易性金融资产——通达股份公司债券（公允价值变动）	4 000.00
——悦达集团股票（公允价值变动）	4 966.40
贷：公允价值变动损益	8 966.40

（扫描查看原始凭证）　　（扫描查看记账凭证）

93. 12月31日(图4-93-1)

海城市恒易机电设备股份有限公司
坏 账 准 备 计 算 提 取 表
2020年12月31日

项　　目	金额
"坏账准备"月初余额	110,757.00
加：本月收回已核销坏账	60,000.00
减：本月转销坏账准备	95,687.50
其中：债务重组转销	15,687.50
发生坏账转销	80,000.00
"坏账准备"月末调整前余额	75,069.50
本月应提取坏账准备	43,740.00
应收账款期末余额	471,000.00
预期信用损失率	9.286624%
预期信用损失额	43,740.00
本月应冲销坏账准备	31,329.50

复核：冯海霞　　　制表：李雷生

图 4-93-1

业务93

实训指导：

（1）原始凭证取得时间：2020年12月31日。

（2）经济业务内容：确认本期坏账准备。

（3）凭证传递流程：总账会计李雷生根据本月收回已核销坏账、本月转销坏账准备等账面记录，按照账龄分析法计算本月应提取坏账准备，并确定本月应冲销坏账准备金额，根据计算结果编制坏账准备计算提取表，报经冯海霞复核无误后作本月坏账准备提取的依据。

（4）记账依据：坏账准备计算提取表。

（5）岗位职责：制单员李二香编制记账凭证。

文字表述：

12月31日，经计算，本月应冲销坏账准备31 329.50元。

会计分录：

借：坏账准备　　　　　　　　　　　　　　　　　　　　　　　31 329.50
　　贷：信用减值损失　　　　　　　　　　　　　　　　　　　31 329.50

（扫描查看原始凭证）　　（扫描查看记账凭证）

94. 12月31日(图4-94-1)

江苏省税务局 城市维护建设税 教育费附加 申报表

表号：SB10511

申报单位名称：海城市恒易机电设备股份有限公司　　税务计算机代码：47785521
纳税人税务识别号：913214007150572706
税款所属日期：2020年12月1日至2020年12月31日　　单位：元（列至角分）

计征依据		城市维护建设税				教育费附加			
税种名称	计税（费）税额	税率	应纳税额	已纳税额	本期应补（退）税额	费率	应纳附加额	已纳附加额	本期应补（退）附加额
增值税	1 847 708.87	7%	129 339.62		129 339.62	3%	55 431.27		55 431.27
消费税									
合　计	1 847 708.87	—	129 339.62		129 339.62	—	55 431.27		55 431.27

申报单位盖章：　　　　负责人（签章）：优宁海印　　　经办人员（签章）：冯丹

税务机关审理申报日期：2020年12月31日　　审核人（签章）：赵晓春

填表说明：1、纳税（费）义务人缴纳增值税、消费税后申报城市维护建设税和教育费附加时填写此表。
　　　　　2、"计税（费）税额是指缴纳的增值税、消费税税额。
　　　　　3、"税（费）率"是指申报单位所在地适用的城市维护建设税税率和教育费附加率。
　　　　　4、纳税（费）义务人随增值税、消费税规定的申报时间向当地方税务机关报送此表。
　　　　　5、此表一式二份，税务机关审核后留存一份，返回申报单位一份。

图4-94-1

业务 94

实训指导：

(1) 原始凭证取得时间：2020 年 12 月 31 日。

(2) 经济业务内容：申报城市维护建设税和教育费附加。

(3) 凭证传递流程：税务经办人冯丹根据本期流转税申报本期城市维护建设税和教育费附加，申报表经海城市税务局审核后退回一份。

(4) 记账依据：城市维护建设税和教育费附加申报表。

(5) 岗位职责：制单员李二香编制记账凭证，辅助会计王楠登记"应交税费——应交城市维护建设税"和"应交税费——应交教育费附加"明细账。

文字表述：

12 月 31 日，申报城市维护建设税和教育费附加，其中：城市维护建设税 129 339.62 元（属于转让不动产负担的为 26 666.64 元），教育费附加 55 431.27 元（属于转让不动产负担的为 11 428.56 元）。

会计分录：

借：税金及附加	146 675.69
固定资产清理	38 095.20
贷：应交税费——应交城市维护建设税	129 339.62
——应交教育费附加	55 431.27

（扫描查看原始凭证）

（扫描查看记账凭证）

95. 12月31日(图4-95-1)

海城市恒易机电设备股份有限公司

转让固定资产损益结算单

2020年12月31日

转让固定资产名称	仓　库
转让时间	2020年12月22日
原始价值	3 200 000.00
已提折旧	1 480 000.00
净值	1 720 000.00
转让收入	8 000 000.00
清理费用	110 000.00
税收负担	419 047.20
转让收益	5 750 952.80

复核：冯海霞　　　　　制表：李雷生

图4-95-1

业务 95

实训指导：

（1）原始凭证取得时间：2020年12月31日。

（2）经济业务内容：确认转让仓库损益。

（3）凭证传递流程：总账会计李雷生根据转让仓库的有关记录，编制转让固定资产损益结算单，报经冯海霞复核后作转让固定资产损益结转依据。

（4）记账依据：转让固定资产损益结算单。

（5）岗位职责：制单员李二香编制记账凭证，辅助会计王楠登记"资产处置损益——非流动资产处置收益"明细账。

文字表述：

12月31日，结转转让仓库收益 5 750 952.80 元。

会计分录：

借：固定资产清理	5 750 952.80
贷：资产处置损益	5 750 952.80

（扫描查看原始凭证）　　（扫描查看记账凭证）

96. 12月31日（图4-96-1）

海城市恒易机电设备股份有限公司
内 部 损 益 结 转 单
2020年12月31日

损益表账户名称	账户余额	
	借方	贷方
主营业务收入		13,466,900.00
其他业务收入		360,000.00
主营业务成本	9,515,400.00	
其他业务成本	317,000.00	
税金及附加	148,825.69	
销售费用	293,069.76	
管理费用	519,592.70	
财务费用	80,068.45	
信用减值损失	-31,329.50	
公允价值变动损益		8,966.40
投资收益		18,663.03
资产处置损益		5,750,952.80
营业外收入		172,000.00
营业外支出	108,062.50	
合 计	10,950,689.60	19,777,482.

复核：冯海霞　　　制表：李雷生

图4-96-1

业务 96

实训指导：

（1）原始凭证取得时间：2020 年 12 月 31 日。

（2）经济业务内容：结转本年利润。

（3）凭证传递流程：总账会计李雷生根据损益类账户结转前的余额，编制内部损益结转单，报经冯海霞复核无误后结转本年利润。

（4）记账依据：内部损益结转单。

（5）岗位职责：制单员李二香编制记账凭证。

文字表述：

12 月 31 日，结转"本年利润"账户。

会计分录：

借：主营业务收入		13 466 900.00
其他业务收入		360 000.00
公允价值变动损益		8 966.40
投资收益		18 663.03
资产处置损益		5 750 952.80
营业外收入		172 000.00
贷：本年利润		19 777 482.23
借：本年利润		10 950 677.60
贷：主营业务成本		9 515 400.00
其他业务成本		317 000.00
税金及附加		148 825.69
销售费用		293 069.76
管理费用		519 592.70
财务费用		80 068.45
信用减值损失		31 329.50
营业外支出		108 062.50

（扫描查看原始凭证）

（扫描查看记账凭证）

97. 12月31日(图4-97-1)

中华人民共和国
企业所得税月(季)度预缴纳税申报表(A类)

税款所属期间：2020年12月1日至2020年12月31日

纳税人识别号：91321400715057272706

纳税人名称：海城市恒易机电设备服份有限公司

金额单位：人民币元(列至角分)

行次	项目	本期金额	累计金额
1	一、据实预缴		
2	营业收入	19,777,482.23	171,097,234.17
3	营业成本	10,950,689.60	130,252,557.89
4	利润总额		40,844,676.28
5	税率		25%
6	应纳所得税额(4行×5行)		10,211,169.07
7	减免所得税额		
8	实际已缴所得税额		8,004,470.91
9	应补(退)的所得税额(6行-7行-8行)		2,206,698.16
10	二、按照上一纳税年度应纳税所得额的平均额预缴		
11	上一纳税年度应纳税所得额		
12	本月(季)应纳税所得额(11行÷12行或11行÷4)		
13	税率(25%)		
14	本月(季)应纳税所得额(12行×13行)		
15	三、按照税务机关确定的其他方法预缴		
16	本月(季)确定预缴的所得税额		
17	总分机构纳税人		
18	总机构 总机构应分摊的所得税额(9行或14行或16行×25%)		
19	总机构 中央财政集中分配的所得税额(9行或14行或16行×25%)		
20	分支机构 分支机构分摊的所得税额(9行或14行或16行×50%)		
21	分支机构 分配比例		
22	分支机构 分配的所得税额(20行×21行)		

谨声明：此纳税申报表是根据《中华人民共和国企业所得税法》、《中华人民共和国企业所得税法实施条例》和国家有关税收规定填报的，是真实的、可靠的、完整的。

法定代表人(签字)： 2020年12月31日

纳税人公章： 代理申报中介机构公章： 主管税务机关受理专用章：

会计主管： 经办人： 受理人：陶国庆

填表日期：2020年12月31日 经办人执业证件号码： 填表日期：2020年12月31日

代理申报日期： 年 月 日

国家税务总局监制

图 4-97-1

业务 97

实训指导：

（1）原始凭证取得时间：2020年12月31日。

（2）经济业务内容：申报企业所得税。

（3）凭证传递流程：税务经办人根据本月实现的应纳税所得额申报本月企业所得税，编制企业所得税月（季）度预缴纳税申报表（A类），申报表经海城市国家税务局审核后退回一份。

（4）记账依据：企业所得税月（季）度预缴纳税申报表（A类）。

（5）岗位职责：制单员李二香编制记账凭证，辅助会计王楠登记"应交税费——应交所得税"明细账。

文字表述：

12月31日，计算本月应交所得税 2 206 698.16 元。

会计分录：

借：所得税费用	2 206 698.16
贷：应交税费——应交所得税	2 206 698.16
借：本年利润	2 206 698.16
贷：所得税费用	2 206 698.16

（扫描查看原始凭证）　　（扫描查看记账凭证）

98. 12月31日（图4-98-1至图4-98-2）

海城市恒易机电设备股份有限公司
盈余公积计算表
2020年12月31日

项 目	金 额
计提依据（净利润）	30,633,507.21
法定盈余公积提取比例	10%
任意盈余公积提取比例	5%
应提盈余公积	4,595,026.08

复核：冯海霞　　制表：李雷生

图4-98-1

业务98

实训指导：

（1）原始凭证取得时间：2020年12月31日。

（2）经济业务内容：提取盈余公积。

（3）凭证传递流程：总账会计李雷生根据本年度实现的净利润和本公司《关于2020年度利润分配的预案》精神，编制盈余公积计算表，报经冯海霞复核无误后作提取盈余公积的依据。

（4）记账依据：盈余公积计算表。

（5）岗位职责：制单员李二香编制记账凭证，辅助会计王楠登记"利润分配——提取法定盈余公积""利润分配——提取任意盈余公积""盈余公积——法定盈余公积"和"盈余公积——任意盈余公积"明细账。

海城市恒易机电设备股份有限公司董事会
关于 2020 年度利润分配的预案

2020 年 12 月 30 日，董事会召开第一次会议，会议决定，2020 年度利润分配预案如下：

一、盈余公积提取方案

法定盈余公积按照国家规定执行，任意盈余公积按当年净利润的 5% 提取。

二、红利分配方案

每 10 股派送 1 股的比例送股，每 10 股派发 1 元（含税）的比例发放现金红利。

红利分配方案经股东大会审议通过并报江苏省证券管理办公室批准后执行。

海城市恒易机电设备股份有限公司

二〇二〇年十二月三十一日

图 4-98-2

文字表述：

12月31日，分别按10%和5%计提法定盈余公积金和任意盈余公积金。

会计分录：

借：利润分配——提取法定盈余公积	3 063 350.72
——提取任意盈余公积	1 531 675.36
贷：盈余公积——法定盈余公积	3 063 350.72
——任意盈余公积	1 531 675.36

（扫描查看原始凭证）　　（扫描查看记账凭证）

99. 12月31日(图4-99-1至图4-99-3,注：经济业务发生的时间为模拟时间,与实际工作中的发生时间不一致)

海城市恒易机电设备股份有限公司

关于 2020 年度红利分配方案的公告

根据二〇二〇年十二月三十一日第二次董事会会议决定，经股东大会审议通过并报江苏省证券管理办公室批准，二〇二〇年度红利分配方案如下：

一、红利分配方案

每 10 股派送 1 股的比例送股（市价 1.80 元），每 10 股派发 1 元（含税）的比例发放现金红利。

二、红利分配对象

红利分配对象为全体股东，新老股东同股同权。

三、股权登记日

2021 年 1 月 31 日。

四、股权除息日

2021 年 2 月 1 日。

五、现金红利发放日

2021 年 2 月 10 日。

海城市恒易机电设备股份有限公司

二〇二〇年十二月三十一日

图 4-99-1

业务99

实训指导：

（1）原始凭证取得时间：2020年12月31日。

（2）经济业务内容：分派现金股利和股票股利。

（3）凭证传递流程：总账会计李雷生根据本公司《关于2016年度红利分配方案的公告》，编制应付股利计算表，报经冯海霞复核无误后作股利分派的依据。

（4）记账依据：应付股利计算表。

（5）岗位职责：制单员李二香编制记账凭证，辅助会计王楠登记"利润分配——应付现金股利""利润分配——转作股本股利"和"资本公积——股本溢价"明细账。

江苏正平会计师事务所有限公司
Jiangsu Zhengping Certified Public Accountants CO.,LTD.

苏平验字 2020[Y-386]

验 资 报 告

海城市恒易机电设备股份有限公司：

我们接受委托，审验了贵公司截至 2020 年 12 月 31 日止新增注册资本实收情况。按照国家相关法律、法规的规定和协议、章程的要求出资，提供真实、合法、完整的验资资料，保护资产的安全、完整是全体股东及贵公司的责任。我们的责任是对贵公司新增注册资本的实收情况发表审验意见。我们的审验是依据《中国注册会计师审计准则第 1602 号——验资》进行的。在审验过程中，我们结合贵公司的实际情况，实施了检查等必要的审验程序。

贵公司原注册资本为人民币贰仟贰佰万元，根据贵公司股东会决议和修改后章程的规定，以每 10 股派送 1 股的比例申请增加注册资本人民币贰佰贰拾万元。经我们审验，截至 2020 年 12 月 31 日止，变更后的注册资本为人民币贰仟肆佰贰拾万元。

本验资报告仅供贵公司申请变更注册资本及据以向全体股东签发出资证明时使用，不应被视为对贵公司验资报告日后资本保全、偿债能力和持续经营能力等的保证。因使用不当造成的后果，与执行本验资业务的注册会计师及本会计师事务所无关。

附件：1、注册资本实收情况明细表
　　　2、验资事项说明

江苏正平会计师事务所有限公司

中国注册会计师：  刘国光

中国注册会计师：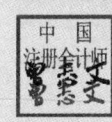

报告日期：2020 年 12 月 31 日

地址：海城市迎宾道 32 号时代大厦 2120 房间　　电话：88101234　　邮编：229000

图 4－99－2

文字表述：

12月31日，按每10股派送1股的比例分派股票股利，按每10股派发1元的比例发放现金红利。

会计分录：

借：利润分配——应付现金股利	2 200 000.00
贷：应付股利	2 200 000.00
借：利润分配——转作股本股利	3 960 000.00
贷：股本	2 200 000.00
资本公积——股本溢价	1 760 000.00

（扫描查看原始凭证）

（扫描查看记账凭证）

海城市恒易机电设备有限公司
应付股利计算表
2020年12月31日

项 目	股票股利	现金股利
派送红利前股权总数	2 200万股	2 200万股
股票股利派送比例	1:10	
派送股票股数	220万股	
现金股利派送比例		1元/10股
派送现金金额		220万元

复核：冯海霞　　　　制表：李雷生

图4-99-3

100. 12月31日（图4-100-1）

海城市恒易机电设备股份有限公司
本年利润和利润分配结转表
2020年12月31日

项 目	结转金额	
	借方	贷方
一、本年净利润		30,633,507.21
二、利润分配		
1、提取法定盈余公积	3 063 350.72	
2、提取任意盈余公积	1 531 675.36	
3、应付现金股利或利润	2 200 000.00	
4、转作股本的股利	3 960 000.00	
5、盈余公积补亏		

复核：冯海霞　　　　制表：李雷生

图4-100-1

业务 100

实训指导：

（1）原始凭证取得时间：2020 年 12 月 31 日。

（2）经济业务内容：结转本年利润和利润分配。

（3）凭证传递流程：总账会计李雷生根据"本年利润"账户和"利润分配"账户的余额，编制本年利润和利润分配结转表，报经冯海霞复核无误后作年终结转的依据。

（4）记账依据：本年利润和利润分配结转表。

（5）岗位职责：制单员李二香编制记账凭证，辅助会计王楠登记"利润分配——提取法定盈余公积""利润分配——提取任意盈余公积""利润分配——应付现金股利""利润分配——转作股本股利"和"利润分配——未分配利润"明细账。

文字表述：

12 月 31 日，将"本年利润"和"利润分配"予以结转。

会计分录：

借：本年利润　　　　　　　　　　　　　　　　　　　　　30 633 507.21
　　贷：利润分配——未分配利润　　　　　　　　　　　　30 633 507.21
借：利润分配——未分配利润　　　　　　　　　　　　　　10 755 026.08
　　贷：利润分配——提取法定盈余公积　　　　　　　　　3 063 350.72
　　　　　　　　——提取任意盈余公积　　　　　　　　　1 531 675.36
　　　　　　　　——应付现金股利　　　　　　　　　　　2 200 000.00
　　　　　　　　——转作股本的股利　　　　　　　　　　3 960 000.00

（扫描查看原始凭证）　　（扫描查看记账凭证）　　（扫描查看下旬科目汇总表）

知识拓展：

（扫描查看总分类账）　　（扫描查看明细分类账）　　（扫描查看会计报表）

参考文献

[1] 财政部.企业会计准则2014[M].北京:经济科学出版社,2014.
[2] 财政部.企业会计准则——应用指南2014[M].北京:中国财政经济出版社,2014.
[3] 财政部会计司编写组.企业会计准则讲解2007[M].北京:人民出版社,2008.
[4] 杨火青,王建萍.中级财务会计学模拟实验教程[M].上海:立信会计出版社,2007.
[5] 支春红.中级财务会计实验教程[M].北京:经济科学出版社,2008.
[6] 李秀真.中级财务会计模拟实验教程[M].北京:中国电力出版社,2005.
[7] 卢太平.会计实验教程[M].天津:天津大学出版社,2009.
[8] 黄辉.会计实验教程[M].成都:西南交通大学出版社,2008.
[9] 樊彩霞,刘欣华.会计模拟综合实验教程[M].2版.北京:中国纺织出版社,2009.
[10] 田昆儒.新编会计模拟实验教程[M].大连:东北财经大学出版社,2007.
[11] 吕学典,董红.基础会计学[M].5版.北京:高等教育出版社,2019.
[12] 刘永泽,陈立军.中级财务会计[M].大连:东北财经大学出版社,2007.
[13] 葛家澍,杜兴强.中级财务会计学[M].3版.北京:中国人民大学出版社,2007.
[14] 张耘.中级财务会计[M].北京:经济科学出版社,2007.
[15] 杨有红.中级财务会计[M].北京:中央广播电视大学出版社,2008.
[16] 黄爱玲.中级财务会计模拟实验教程[M].镇江:江苏大学出版社,2011.
[17] 路国平,黄中生.中级财务会计[M].3版.北京:高等教育出版社,2019.
[18] 财政部.关于修改《企业会计准则——基本准则》的决定[EB/OL]. http://tfs.mof.gov.cn/zhengwuxinxi/caizhengbuling/201407/t20140729_1119494.html.
[19] 财政部.关于印发修订《企业会计准则第9号——职工薪酬》的通知[EB/OL]. http://kjs.mof.gov.cn/zhengwuxinxi/zhengcefabu/201401/t20140129_1040561.html.
[20] 财政部.关于印发修订《企业会计准则第30号——财务报表列报》的通知[EB/OL]. http://kjs.mof.gov.cn/zhengwuxinxi/zhengcefabu/201401/t20140128_1040393.html.
[21] 财政部.关于印发《企业会计准则解释第7号》的通知[EB/OL]. http://kjs.mof.gov.cn/zhengwuxinxi/zhengcefabu/201511/t20151113_1559056.html.
[22] 财政部.关于修订印发2019年度一般企业财务报表格式的通知[EB/OL]. http://kjs.

mof. gov. cn/zhengwuxinxi/zhengcefabu/201905/t20190510_3254992. html.

[23] 财政部.关于修订印发《企业会计准则第 14 号——收入》的通知[EB/OL]. http：//kjs. mof. gov. cn/zhengwuxinxi/zhengcefabu/201707/t20170719_2653110. html.

[24] 财政部.关于修订印发《企业会计准则第 21 号——租赁》的通知[EB/OL]. http：//kjs. mof. gov. cn/zhengwuxinxi/zhengcefabu/201812/t20181213_3092629. html.

[25] 财政部.关于印发修订《企业会计准则第 22 号——金融工具确认和计量》的通知[EB/OL]. http：//kjs. mof. gov. cn/zhengwuxinxi/zhengcefabu/201704/t20170406_2575699. html.

郑重声明

高等教育出版社依法对本书享有专有出版权。任何未经许可的复制、销售行为均违反《中华人民共和国著作权法》，其行为人将承担相应的民事责任和行政责任；构成犯罪的，将被依法追究刑事责任。为了维护市场秩序，保护读者的合法权益，避免读者误用盗版书造成不良后果，我社将配合行政执法部门和司法机关对违法犯罪的单位和个人进行严厉打击。社会各界人士如发现上述侵权行为，希望及时举报，本社将奖励举报有功人员。

反盗版举报电话　（010）58581999　58582371　58582488
反盗版举报传真　（010）82086060
反盗版举报邮箱　dd@hep.com.cn
通信地址　北京市西城区德外大街4号　高等教育出版社法律事务与版权管理部
邮政编码　100120

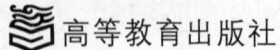

教学资源索取单

尊敬的老师：

　　您好！

　　感谢您使用**吕学典**等编写的《**中级财务会计实训（第三版）**》。为便于教学，本书另配有课程相关教学资源，如贵校已选用了本书，您只要添加服务 QQ 号 800078148，或者把下表中的相关信息以电子邮件或邮寄方式发至我社即可免费获得。

　　我们的联系方式：

联系电话：（021）56718921/56718739　　　　电子邮箱：800078148@ b.qq.com

服务 QQ：800078148（教学资源）　　　　　　会计教师论坛 QQ 群：116280562

地址：上海市虹口区宝山路 848 号　　　　　　邮编：200081

姓　　名		性别		出生年月		专　　业	
学　　校				学院、系		教研室	
学校地址						邮　　编	
职　　务				职　　称		办公电话	
E-mail						手　　机	
通信地址						邮　　编	
本书使用情况		用于＿＿＿＿＿学时教学，每学年使用＿＿＿＿＿册。					

您对本书有什么意见和建议？

您还希望从我社获得哪些服务？

☐ 教师培训　　　　☐ 教学研讨活动

☐ 寄送样书　　　　☐ 相关图书出版信息

☐ 其他＿＿＿＿＿＿＿＿＿＿＿＿＿＿＿＿＿＿＿＿＿＿＿＿＿＿＿＿＿＿＿＿＿